文革文學大系

（五）

小說卷五

王　　堯主編

現代文學研究叢刊

文史哲出版社印行

現代文學研究叢刊　30

文革文學大系（全十二冊）

主　編　者：王　　　　　　　　堯
出　版　者：文　史　哲　出　版　社
http://www.lapen.com.tw
登記證字號：行政院新聞局版臺業字五三三七號
發　行　人：彭　　　　正　　　　雄
發　行　所：文　史　哲　出　版　社
印　刷　者：文　史　哲　出　版　社
臺北市羅斯福路一段七十二巷四號
郵政劃撥帳號：一六一八○一七五
電話886-2-23511028・傳真886-2-23965656

十二冊定價新臺幣五○○○元

中華民國九十六年（2007）十二月初版
中華民國九十八年（2009）二月初版訂正

"文革文學"大系
小説卷五

目　　錄

楓葉殷紅……………………………………陸星兒……1297

大路上………………………………………理　由……1308

膠林新曲……………………………………李惠薪……1322

塞外鶯歌……………………………………溫小鈺……1338

嚴峻的日子…………………………………伍　兵……1344

公開的情書…………………………………靳　凡……1361

波　動………………………………………趙振開……1480

附錄

長篇小説（存目）……………………………………1601

楓葉殷紅

陸星兒

一

北國深秋，在豐收的喜悅裡，生產建設兵團召開了"農業學大寨經驗交流會"。

這天，大會發獎，會場上格外熱鬧。喇叭裡高奏著歡快的樂曲。榮獲"學大寨先進連"稱號的連隊代表們，容光煥發地登上了主席台。台上每一個人領過獎，台下就掀起一陣掌聲。領獎人或送上一份決心書，或走到話筒邊，表述一下體會和決心。

當大會叫到最後一個領獎單位時，走上台來的是二十連連長王德祥。他身後還跟著一個女青年，是連隊推派的群眾代表。

王德祥從政委手中接過獎旗，一雙機敏的眼裡，浮起了得意的微笑。他神氣地舉著旗子，大步流星走到講台邊，湊近話筒就亮開了大嗓門："這'綱要'並不是什麼高不可攀的！"由於離話筒太近，傳出的聲音在會場裡激起了很大的迴響，"明年，我們有信心，還要領著小麥到'黃河'邊逛遊逛遊。"他說得很自信，很有氣魄。

"連長，我說幾句！"

沉浸在興奮之中的王德祥，突然聽到一聲堅決、清脆的話音，他扭頭轉向了那位同他一起上台來領獎的姑娘。

這位姑娘，是二十連養豬班班長，名叫金楓。她中等個兒，穿一套褪了色的工作服，乾淨、俐落，紮著兩條齊肩短辮，細長的眉毛下，有一雙靈靈有神的眼睛，顯得秀氣文靜。上台來接獎狀的時候，她嘴角漾著謙遜的微笑。聽過連長講的幾句話，她忽然微蹙起眉，緊抿上嘴，好像在思考決定著什麼大事。換上來的這副嚴肅神情，變得和會場上的氣氛有些不協調了。

王德祥猶豫了一下，無可奈何地朝後退了兩步。

金楓捷步走近話筒時，王德祥不放心地輕輕提醒了一句："這是全團大會，說話可要掌握分寸。"

金楓好像根本沒聽進連長的話，用堅毅的眼光大膽從容地掃視了一下會場。

會場上一陣騷動，隨後變得更加安靜了。

"同志們，我是二十連的群眾代表，能夠參加這次大會，看到全團農業學大寨的形勢這麼好，心裡真像揣了把火，渾身熱騰騰……"金楓的音色清亮，話又說得流暢、生動。接著，她的目光變得深沉了，"但是，還有沒有問題呢？我們想，如果看不到問題，就不會有革命的深入，不會有明年農業生產的更大躍進。現在，我就來提個問題。"

"提問題？"會場頓時捲起一陣聲浪。有的人對這意外的一著，感到新奇，但大多數人眼裡閃出了贊同的神色。坐在前排的幾個青年，還舉起拳頭，向金楓有力地揮了幾下，彷彿在說："支持你，支持你！"

"靜一靜，聽完了再議論。"政委站起來，安頓了一下會場，兩道欣慰的目光投向金楓。

金楓還是那樣鎮定，人們的這些反應，似乎早在她意料之中。等會場上稍稍平靜後，她又提高了聲音，一句句說得更清楚、更有力了："我想提的問題是：糧食產量上了'綱要'，能不能說這個連隊就一定是學大寨的先進單位呢？"這個大問號，像盛夏夜空中劃過一道明晃晃的閃電，緊接著，會場轟的一聲，就似滾過一陣霹靂。

王德祥舉著獎旗，一時間不知所措。愣了一會兒，他氣鼓鼓地瞪金楓一眼，轉身衝下臺去。

金楓望瞭望坐在主席台邊的政委。政委親切地朝她擺擺手，好像在鼓勵她：“不用理會。”她點點頭，乾脆放下手裡的獎狀，準備痛痛快快地說一說：“今年，我們連的莊稼長得很好，這不假。領導上給我們評為學大寨的先進連，這是對我們的鼓勵，可作為連裡的同志，應該自己對自己有個估計。當我們連上‘綱要’的產量一算定，有人就說：‘這下，學大寨先進連的獎旗是拿定了。’可我們不這麼看。大寨經驗根本的一條，是要堅持走社會主義道路，堅定不移地按照毛主席革命路線辦農業。一個學大寨的先進連，在方向路線問題上應該是毫不含糊的……”

金楓正說著，下面遞上來一張紙條。她打開一看，馬上把紙條舉過頭，向大家揚了揚，說：“有人提出了不同意見，說：‘路線不對，汗水不流，難道糧食是從天上掉下來的？’ —— 這話不對！對生產好，也要作分析，生產裡有政治，有路線，有社會主義的生產，也有資本主義、修正主義的生產，這是必然嚴格區分開來的。下面，我就想和大家一起來擺事實，分路線……”

可惜，金楓的話剛開個頭，外面操場上廣播喇叭響了，到開飯時間了。

“講下去，講下去！”下面座席裡的呼聲很熱切。

大會主席團開了緊急會議，政委提議把下午的議程往後順延，讓金楓把話說完。

二

像發了電訊一樣，一散會，人們都在紛紛議論有關金楓的傳聞：

"她是北京知識青年,文化大革命中是個區的紅代會負責人,有股子紅衛兵革命造反精神。"

"乍看上去,這姑娘挺文靜,沒想到這麼敢想敢說!"

"人家是理論學習小組的輔導員呢!"

唯有王德祥遠遠地避開了人群。中午,他只吃了半個饅頭,撂下筷子就獨自坐到籃球架下悶悶地抽菸,心想:"在金楓眼裡,什麼時候都斷不了問題。有問題回連再說嘛,偏要在全團大會上搞得沸沸揚揚的。再落後的戰士,多少也有點集體榮譽感。就她,偏喜歡給自己的連隊抹黑。還積極要求入黨呢!"

王德祥滿肚子火氣,不禁又想起去年這時候發生的一件事 ——

去年這時候,金楓在養豬班已經埋頭幹了兩年。兩年來,她和養豬班的夥伴們,把連隊的養豬業搞得越來越興旺。團裡決定在她們這兒召開現場會,向全團推廣二十連養豬班的經驗。

這事兒可忙壞了王德祥。他天天催著金楓擺觀點,寫材料,總結先進經驗。他還私下裡對金楓說:"開好這個會很關鍵。養豬班在全團掛了名,你這當班長的成績就被肯定了。"又弦外有音地補充一句:"最近黨支部就準備研究組織發展工作啦!"可是,金楓沒有動心,還跟往常一樣,從早到晚忙碌著,好像沒有這回事似的。

開現場會那天,金楓發言,首先談了飼養員在黨支部領導下如何大打養豬業翻身仗。開始,王德祥滿意地咧著嘴,漸漸地,他眼角垂了下來。 —— 金楓的發言又"越軌"了。

"我們連養豬工作取得了一些成績,但問題還很多,最主要的一點是養豬不積肥。畜牧業要促著農業跑,一個豬圈應該是一座小化肥廠。可我們連豬不少,肥不多……"

最後在評"紅旗養豬班"時,金楓說啥也不肯接受這個稱號。有的連也提出,養豬不積肥,確是個大問題,希望他們明年再爭取。

　　眼看到手的“紅旗”，因爲金楓揭問題給砸了鍋。就在那次研究組織發展工作的支委會上，王德祥搶先投了反對票。“這同志潑辣，踏實，各方面都不錯，可就是太傲氣，好挑剔，不夠成熟老練，再考驗考驗吧。”由於支委們的意見不統一，金楓的入黨問題擱下了……

　　過幾天，支部又要研究組織發展工作了，可金楓她……想到這兒，王德祥搯滅了菸頭，喃喃自語：“就這個脾氣，撞了南牆，還不知道拐彎。打我這兒就通不過！”

　　“連長！”一聲清脆親切的叫喊，打斷了王德祥的思緒。站在面前的正是金楓。她手裡捧著一包東西，好像是急急趕來的，滿頭熱氣給鬢髮染上了一層細巧的霜花。

　　“上午，我原沒有準備發言，可看你表態的時候，一點兒也沒攏問題，就憋不住了。事先來不及徵求你的意見，你生我的氣了吧？”不管臉上冷冰冰的王德祥願意不願意，像團火似的金楓，三勸兩說把他拉進了會議室。金楓打開紙包，把剛買來的麵包擺到連長面前：“中午我看你才吃了半個饅頭，一過三點，胃痛非叫你像蝦米一樣捲起來不可。”二十連的戰士都知道，忙得很少準點吃飯的連長有胃病。金楓說著，又給連長倒了一杯滾燙的開水。

　　王德祥氣消了些，接過茶杯喝了一口，沒話找話地問：“中午沒休息？”

　　金楓噗哧一下笑出了聲，又趕忙捂住嘴，掏出筆記本，翻開一頁，對王德祥說：

　　“問題既然提出來了，下午就得詳細說說。這是我的發言提綱……”

　　一提“發言”，王德祥剛平息的心裡又呼呼躥出了火苗。他迅速地用不易覺察的目光睨了一眼提綱，見那上面第一行就寫著：“不自力更生搞積肥造肥──用小豬等東西換化肥。”心裡的火苗躥得更高了。

金楓平靜地注視著緊鎖眉頭的連長，兩人都沉默起來⋯⋯

年初，黨委向各連提出了每垧增加施肥的新指標。王德祥感到很為難：去年連隊積肥工作沒抓實，備耕一開始人力又緊張，這施肥新指標能保證嗎？後來他打聽到附近一個生產大隊還有不少化肥，心頭一亮，當即親自出馬去聯繫。

過了兩天，一溜馬車直奔豬舍，王德祥拿著一張條子找金楓簽字。金楓一看，是要拉走四十頭小豬去換化肥，就果斷地說："這樣做有問題，不行！"

王德祥生氣地咽了幾口唾沫，但又控制了自己的情緒，用緩和的口氣，對金楓擺開了利弊："金楓同志，不要忘記，咱連以農為主，化肥是個寶，要顧全大局。再說，今年小豬春產成活率高，抓走幾十隻並不影響上交任務。"

王德祥才講完，金楓就理直氣壯地說："連長，請你也不要忘記，第一，我們要靠艱苦奮鬥、自力更生的精神辦農業；第二，黨委號召我們，今年的畜牧業也要大發展，不能滿足一般地完成計畫；第三，我們要政治掛帥，不能埋頭拉車不看路。打著集體的旗號，用小豬搞以物易物，更是錯上加錯。"

金楓說得堅決，一點商量的餘地都沒有。一個自稱是生產大隊保管員的人，挑撥性地問王德祥："你們這兒是班長權力大，還是連長權力大？"

這話可真激怒了王德祥，他的臉色像雷雨前的天空，突然佈滿了烏雲。沒等他瀉下"傾盆大雨"，金楓一步衝到那個保管員面前，說："連長、班長都是幹革命工作，都要按毛主席的指示辦事。"

這樣的僵局是不易打破的。王德祥氣呼呼地把馬車打發走，又把其他飼養員支開，單單留下了金楓。

"這兒坐吧！"王德祥搬來一個樹墩子，自己靠牆角一蹲，吧嗒吧嗒抽了幾口菸，悶了一會兒，才感慨地對金楓說：“我和你談了多少回了，希望你改改脾氣，不要總像吹火棍那樣直來直去，不然對你沒什麼好處。”

“我不需要什麼個人的好處。”金楓的回答很乾脆，“你指的是什麼好處？無非就是個人的榮譽、利益或和和睦睦的關係。”她停頓了一下，那兩隻凝視的眼睛就像兩塊不含一點雜質的水晶一樣潔淨純澈，“也有人常勸我要隨和一些、厚道一點，我仔細琢磨過這些話的味道。這不就是毛主席批評的‘明哲保身，但求無過’的自由主義嗎？不制止那些錯誤的東西，社會主義事業就邁不開步。”

“講大道理沒個錯。”王德祥心想，“可是在實際生活中，都按本本條條辦事，行不通！”他一聲不語地走了。

第二天趁金楓和飼養員出外放豬的空兒，王德祥還是叫那個保管員把四十頭小豬拉走了……

現在，金楓把這事兒作為說明路線問題的例子，要在全團大會上捅出去，王德祥覺得心裡像熬著一服中藥，翻滾著一股不可名狀的味道。

“連長，這是咱們班訂的養豬積肥措施，你看行不？”金楓遞過筆記本，誠懇地問道。

“你說的話辦的事沒個不行！”王德祥說完，轉身就走，門砰的一聲帶緊了，震得牆角沙沙地落下了一些灰沙。

金楓把筆記本輕輕地放回桌上，佇立著，沉思著，明淨的眼裡噴出兩道焦灼而又堅定的光芒……

三

還不到開會時間，禮堂裡已經坐滿了人。

金楓在一片熱烈的掌聲中走上講台，她雙頰緋紅，眼光熱烈,沒看講稿,一張口就開門見山地說起來。

"我接著上午的話往下說吧,就拿我們連作例子。今年收成好於往年,這當然和全連同志大幹苦幹的精神分不開,可是,還有個很重要的因素是肥料充足。但這肥料是從哪裡來的呢?一部分化肥,是用小豬和白麵換來的。大家看看,這是一個學大寨先進連該幹的事嗎?上午我接獎狀,只覺得那獎狀框子像燒紅的鐵條,捏不住呀!"金楓原原本本地把連隊用小豬換化肥的事講了一遍,突然收住口,側身朝政委望了一眼。政委向她點了點頭。只聽她接著激動地說下去:"有人說,'這也是為了生產,為了連隊,又沒往個人腰包裡揣什麼,算不上錯誤。'今天,我們請來了公社的張書記,讓他給回答這個問題。"說著,她招呼一個臉膛紅黑的中年人走上了講台。

會場上又活躍起來。坐在後排的人好奇地站了起來,張望著。椅座和椅背碰撞,響起了一片劈哩啪啦的聲音。

張書記向座位中的一些熟人熱情地打招呼,又揮起一封信,他那洪亮的聲音馬上壓倒了會場裡的嘈雜聲:"年初,公社黨委接到二十連戰士金楓等同志寫來的一封信,要求我們瞭解一下那個生產大隊用化肥換回的小豬是怎麼處理的。在黨委會上,我們讀了這封信,大家都感到革命小將們的政治眼光很敏銳,都說這個事一定要好好追查一下。後來,查清楚了,那個保管員欺上瞞下,把拉回的小豬,有的圈進了自己家,有的送了人情,有的轉手倒賣了。順藤摸爪,再往深裡瞭解,群眾揭發了大量事實,證明那個保管員是個一貫利用職權大搞資本主義的壞分子。今天晌午,金楓同志打電話來,要叫我們給講講資本主義是怎樣內外勾結的。我看,要講這場鬥爭,還是金楓同志最有發言權。"

可是,這時大家才發現,金楓已經不在講台上了。人們前後左右地挪動身子尋找著。

"我在這兒。"從會場的最後排,傳來一聲大家都已感到熟悉、親切的聲音。

幾百個人頭唰地向後轉了過來，幾百雙滿含期待的眼睛熱切地注視著金楓。

和金楓同時站起來的，還有王德祥，他的神色有些異常。金楓用胳膊肘輕輕推了他一下，他才跨出座椅，一邊走一邊對大家說：「我來講吧！現在我看清楚了，都明白了……」

王德祥發言結束後，各連代表圍繞著在生產鬥爭中反映出來的兩條路線鬥爭進行了討論。討論延遲了半天又是半天，問題越看越明，路線越辯越清。誰都說，這次「農業學大寨經驗交流會」開得特別，特別成功。

四

層林盡染。樺樹滿枝的圓葉像塗上了一層金子，黃得發亮；白楊、榆樹卻綠得更深了；密密的榛柴叢已是一片棕色；最好看的還是被秋風染透的楓葉，一簇簇一蓬蓬豔紅豔紅的，給色彩斑斕的秋野，綴上了最美的一筆。

政委組織部分黨委成員下連搞典型解剖。一行數人到達二十連時，最後一抹晚霞已像一條淡粉色的輕紗漸漸飄遠了。

營區靜得出奇，只有幾個剛學會走步的小孩在大道旁攆著大鵝玩耍。

「人呢？都到哪去了？」

「政委──」從很遠處傳來一聲脆亮悅耳的喊聲。

朦朧的暮色中，只見從西邊田間道上，有一大團白白的東西緩緩而來，似乎還飄忽著一個小紅點，隱隱能聽到囉囉的吆喝聲。

金楓和夥伴們趕著豬群走近了。她圍著一條似楓葉一樣豔紅的圍巾，手裡輕快地揮動著一截短小的鞭子。奇怪的是，這些放豬姑娘身後都背著用柳條編成的背簍，背簍裡還插著一把小巧的鐵鏟。

"這是幹什麼?"政委馬上對背簍發生了興趣。

"這是我們班長發明的。"一個胖乎乎的姑娘搶先答了話,"一邊放豬一邊拾糞。連背簍、小鏟都是班長帶著我們自己動手做的呢。"

"少說幾句吧!"金楓輕輕一拳打在那姑娘渾圓的肩胛上,又欣然地對政委說:"你看,連隊都空了,一下班大家都搞積肥去了。"她眼裡溢出喜悅的神采,"大會結束後,第二天一大早,連長就帶著連幹部還包括他們的家屬一起搞積肥去了。這事一揚開,全連就像開了鍋一樣,呼呼地都幹開了,真帶勁呀!"

金楓說得正熱烈,王德祥從她們身後插了過來。政委緊緊握住他的手高興地說:"好啊,趕到前頭去了。"

王德祥略帶愧意地笑了,猛然間又想起了什麼,急切地對金楓說:"快把豬趕回去吧!晚上指導員找你有事。"

目送金楓走遠了,王德祥從口袋裡拿出一份東西:"政委,這是金楓在那天大會後交給黨支部的思想匯報,我反覆讀了好幾遍,也翻騰了好幾宿……三年了,我好像第一次才認識她。"

政委打開折疊著的紙,仔細看起來,看著看著不禁讀出了聲:

"……我常想,毛主席為什麼提出要讓廣大人民群眾都懂得馬列主義,都能識別路線是非呢?因為人民群眾有覺悟、有能力都來參加反修防修的戰鬥,這就好比築起一道思想上的長城。在這道反修防修的長城上,我們每個人都應該是堅強的一磚一石。我常常叩問自己:你這塊磚是不是守得牢牢的?我的決心下定了,在我這兒,修正主義、資本主義的東西別想通過!這是毛主席交給我們的任務,這是毛主席所期望的……"

王德祥目不轉睛地凝視著這幾篇密密麻麻寫滿小字的稿紙,等政委看完才激動地報告說:"昨天支委會專門研究了金楓的入黨問題,一致通過了。"

　　"金楓是個自覺反修防修的好戰士。"政委把一隻手搭在王德祥寬厚的肩膀上，語重心長地說，"如果我們每個同志都能像把鐵掃帚，見到灰塵就清除，黨的肌體就能永遠保持清潔健康，才會有戰鬥力。"

　　夜深了，靛藍色的天幕上繁星點點，月牙像一彎銀鉤高高地懸掛著。連部的燈光下，政委和王德祥還在仔細地翻閱著金楓的檔案和剛填寫完的入黨志願書。

　　他們凝重激動的目光久久地停留在金楓剛填完的入黨志願書上。

　　在這份入黨志願書左上角，用紅絲線縫著一片楓葉。楓葉雖然已經乾枯了，但它的顏色卻還是那麼鮮紅。志願書的第一段是這樣寫的：

　　當我熱切而又莊重地向黨組織提出申請時，我想應該把這片在我身邊珍藏了多年的楓葉一起呈上。因為從我懂事開始，是這片楓葉首先告訴我，共產黨員的戰鬥任務是什麼。

　　朝鮮停戰前夕，我爸爸在一次阻擊戰中犧牲了。媽媽整理他的遺物時，在日記本的最後一頁，發現了這片楓葉。爸爸日記的最後一頁，是這樣寫的：我們的防線，堅如磐石。預料敵人還會瘋狂反撲。讓他們來送死吧！每個戰士心中，都有一道鋼鐵長城。這是無產階級的防線，任何力量也突不破的，永遠突不破！

　　政委拿起了楓葉，在燈光映照下，它像一團火苗呼呼地燃燒著。

　　"永遠突不破的防線！"王德祥的聲音有些暗啞了。

　　楓葉殷紅，在政委手心上閃著光。政委滿懷深情地看著它，自言自語地說："兩代人的心……"

　　　　　　　　　　　　　（原載《人民文學》1976 年第 1 期）

大　路　上

理　由

　　大嶺子公社有個生產隊叫望山青，望山青有個趕車的老貧農叫楊懷聰。楊懷聰對牲口的習性摸得透熟，對車繩套具使得精心，對方圓幾十里的岔路渡口，上坡下崗，更是瞭若指掌。遇有長途重載任務，生產隊大都讓他出車。七十年代又一個戰鬥的冬天到來了，在轟轟烈烈的"農業學大寨"運動中，楊懷聰接受了去縣裡拉水泥的任務。這天老楊起個大早，料理停當，就揚鞭催馬，出村上路了。

一

　　從望山青到縣城，是一條寬敞的油明大道。東方現出一縷嫩紅，太陽還沒露頭。從田野上升起的炊煙，被風一吹，橫飄過來，給大路撒下一幅乳白色的紗巾，輕輕拂動著，伸向很遠的遠處。

　　在這樣的清晨縱馬驅車，是一件很愜意的事。楊懷聰悠然自得地坐在車上，近幾天隊裡發生的事又浮上心頭……

　　連日來，望山青展開了一場熱烈的辯論。按照最初的打算，望山青今冬明春應該修坡整地，保持水土；但是多數人認為這個步子邁得太小，楊懷聰就是其中的一個。他們發揚大幹快上的精神，提出一項新方案：鑿通小青山的峭壁，把山下的小彎河修直，這樣不但能灌溉更多的山地，還能利用舊河道大搞小平原。方案一變更，各路齊動員，昨晚任務剛剛確定下來，楊懷聰一夜沒睡穩。這是打好農業翻身仗啊！想到這裡，楊懷聰身上發熱，手心發癢，他把紅纓鞭子一甩，兩匹高頭大馬奔跑開來，迎面招來陣陣晨風，"呼嚕嚕"地鑽進懷裡，渾身覺得痛快！

　　眼前這條大路，老楊不知走過多少遍了。在學大寨運動中，這條路很繁忙，平日裡各隊的車輛南來北往，擰成一股水兒。車把式打照面，大都是熟眉熟眼。出遠門，趕遠路，從來不感到寂寞。今天楊懷聰老漢出發心切，動身太早，大路上看不見別的車影。一去二三里，才遠遠看見前面有一輛大車。楊懷聰心想："不知哪位夥計，跟我一個樣兒，也是貪時辰，不戀炕的主兒。"便"叭，叭！"兩聲響鞭，緊趕幾步，追了上去……

　　還差十來丈遠，老楊猛然覺得有點眼生，又收住了韁繩。前面是一掛雙套的運糧大車，黃花松木打成的底盤，添著鵝黃色的亮油，車上的麻袋堆得像座小山，頂兒上還有個綠瑩瑩的東西，仔細看去，原來是塑膠布裹緊的行李捲。俗話說，幹什麼的喜好琢磨什麼，老楊尾隨在車後琢磨起來。車下走著掌鞭的把式，是一個身材剽悍的背影，穿一身農村常見的青布棉褲襖，戴一頂猞狸皮護耳帽子，寬肩膀，闊腰背，脖梗子曬得油黑發亮，閃著油墨一樣的光彩。走起路來腰桿子筆挺，大步生風，不用看正面，就猜出是個年富力壯的漢子。

　　楊懷聰老漢覺得奇怪，暗想："這位車把式以前沒露過呀。"便清了清嗓子，朝前問道："上哪去呀？"

　　前面的大車把式答道："縣糧庫！"

　　"打哪來呀？"

　　"幹校來！"

　　楊懷聰老漢點點頭，心想："難怪不認得，原來是五七幹校的。如今呀，人不可貌相，當幹部的和農民越發分不清了！"

　　忽然，前面的車把式身子一縱，跨上車轅。趕車的有句行話：

“爬大坡，先壓轅。”楊懷聰老漢抬頭一看，果然來到瞪眼坡前。這瞪眼坡原先是一座直上直下的高崗，修公路時把崗子削掉一半，仍然留下一道長長的陡坡。過往的大車把式，都把這兒當做要動真功夫的一關。楊懷聰老漢看看車上滿載的糧食，不由得手心裡捏了一把汗……

　　前面的大車不慌不忙，穩穩地壓住步子，漸漸抵達坡根。只聽一聲吆喝，那個把式用鞭桿輕輕敲打轅馬的後胯，緊接著驟然在空中一甩，恰似晴天響起個炸雷，鞭梢不高不低，正好落在拉套黃馬的前膀子眼兒上，轅套頓時像繃緊了的弓弦。兩匹馬前蹄跑地，後腿猛蹬，一鼓作氣衝上坡頂。會看的看門道，楊懷聰舒了口氣，心裡一陣喝彩！

　　老楊很想和大路上的新夥伴拉拉話，結識一番，也廝跟著翻過坡頂。下了瞪眼坡，來到杏石口，這裡是望山青水利工程的起點。在學大寨運動中煥發出衝天幹勁的社員，翻山越梁趕到杏石口，大清早就幹上了。大路近旁紅旗招展，人聲鼎沸，好一派熱火朝天的場面。途經這裡，不料前邊的大車停住了。那位車把式跳下來，用頂杠把車轅支穩，讓牲口喘口氣；趁這功夫，自己卻甩開大步，朝地頭走去。

　　楊懷聰老漢由運糧大車的側畔相挨駛過，心裡不免有些惋惜。馬蹄嘚嘚，膠輪滾滾，老楊坐在車上止不住回過頭來，朝地裡張望。只見那位車把式和幾位老石匠聊起天來，從那股有說有笑的勁頭來看，聊得還滿熱乎。老楊邊走邊想：“這位幹校的同志趕車功夫不淺，跟莊稼人也能說到一塊兒……過去是幹什麼工作的呢？”

二

　　楊懷聰正在納悶，只見大路上迎面駛來一輛自行車，騎車的是個中年人，圓白臉盤，穿一身灰布衣褂，像是幹部打扮。老楊一眼就認出了這是縣裡農村組的負責人尹瑞林，便招手說：“老尹，上哪兒去呀？”

老尹下了車，眯起眼看了看：“噢，原來是老楊頭。我正要到你們那兒轉轉去。”

老楊會意地笑了笑，忽然又感到有些拘束，不想再問下去。他和這位農村組負責人見過兩次面，一次是去年麥收時節，縣裡推廣伏種高粱，尹瑞林來過望山青一趟。前半晌沿著地埂搖搖擺擺地走了一遭，後半晌在地裡不伶不俐地幹了一會兒活，晚上開罷動員會就返回縣裡了。尹瑞林下來的時間不長，回縣以後聲勢卻造得不小。幾天以後，楊懷聰還從大喇叭裡聽到望山青一帶超額完成伏種高粱播種任務的報導。豈知伏種高粱雖是一種高產作物，種到望山青並不適合。這一帶地勢高寒，無霜期短，本來播種季節就比較靠後，莊稼還沒長成，經霜一打，反倒減了產。秋後，楊懷聰出車進城，順便到縣裡反映意見，接待他的就是尹瑞林。老楊還記得，那是一次不大愉快的談話。楊懷聰希望縣裡的幹部深入實際指揮生產，不要擺花架子；尹瑞林卻埋怨望山青經營不當，沒管好。兩人的話油是油，水是水，總攪不到一塊兒。眼下，尹瑞林顯出一副對上次談話毫不介意的樣子，從懷裡掏出一個筆記本，輕輕在臉邊扇著，由於匆匆騎車趕路，他的臉上微微散發著熱氣：“老楊頭，你們隊平整土地的數字怎麼報不上來呀？”

老楊存著幾分戒心，慧點地眨巴眨巴眼睛：“這個，得去問幹部。”

尹瑞林的視線越過老楊的肩膀，朝西邊隱約可見的幹活人群望瞭望：“你們的幹部在家嗎？”

“這是什麼當口？誰還能坐在屋裡！有的下地幹活，有的進山備料，當家主事的都忙得團團轉。”老楊說得有聲有色，詼諧地望著老尹，"拿昨天來說，有個供銷社的同志想找隊長，瞭解瞭解怎麼做好學大寨的後勤工作，你猜怎麼著？……從東山頭，繞到西山頭，鑽了一道溝，爬了兩面坡……好不容易才找著。"

"難怪呢！我一連打了幾次電話，只聽嘟嘟響，就是沒人接。"尹瑞林顯出有些為難的樣子，"這樣吧，我去公社看看。"

楊懷聰慢騰騰地裝上一袋煙，看了尹瑞林一眼："公社幹部？我們那兒也有幾個。昨天晚上來的，說是搬到地頭辦公哩！"

尹瑞林想了想，提高嗓門說："老楊頭，你們哪裡平整土地到底動了沒有？"

楊懷聰見尹瑞林越著急，越想逗逗他："沒動，一畝都不好說。"

"真的？"尹瑞林臉色沉下來。

"那還有錯！"楊懷聰忍住笑說。

尹瑞林問："為什麼沒動？"

楊懷聰往前湊了湊，認真地說："唉呀同志，百聞不如一見，去我們那蹲一蹲就知道了。"

尹瑞林撩起袖子，看看手錶："來不及了。這幾天，基層一行動，我們也很緊張哪！不瞞你說，一連幾宿我都沒睡個踏實覺。平整土地的進度只差望山青報不下來，管統計的同志又脫不開身，我好不容易抽空來看看。既然你這麼肯定，情況已經基本上清楚了。以後再說吧，下午還要向領導匯報，事挺急呀……"

楊懷聰本想將一將他，老尹也許會親臨其境地去看看望山青瞬息萬變的躍進形勢。不料，只見電鍍的瓦圈在眼前一閃，自行車來個一百八十度調頭，尹瑞林蹬上自行車，朝著縣城的方向揚長而去。

望著尹瑞林遠去的背景，楊懷聰油然產生一種感慨："由他去吧。沒有尾巴的風箏，想留也留不住。"

老楊剛要驅車趕路，背後傳來一陣清脆的馬蹄聲，調頭看去，後面那輛運糧大車已經跟了上來。等那位掌鞭的把式走到近前，老楊心裡一驚：剛才路上光見背影兒，只當這位車把式是個年富力壯的漢子，可是從他臉上黑茸茸的鬍子碴和縱橫皺褶來看，年紀並不在自己以下。眉宇間還很眼熟，老楊一時想不起在哪兒見過了⋯⋯

那位車把式見到楊懷聰，也收住了韁繩，用一雙明銳的大眼盯著老楊，上下打量一遍，問道：「老把式，你是哪個隊的？」

楊懷聰說：「望山青。」

「你姓⋯⋯」

「我姓楊⋯⋯」

那車把式眼裡驚異的神色漸漸消失，轉而迸發出喜悅的火花：「你是⋯⋯楊懷聰！」

老楊困惑地點了點頭。

頓時，老楊的肩膀被一雙有力的大手抓住，使勁搖晃個不停：「哎喲喲，沒想到在這碰上了！」

楊懷聰老漢如夢初醒：「你是雲大哥！」

「對！我是舒雲峰。」

「呵，變了，變了！」楊懷聰又驚又喜，凝視著舒雲峰，「⋯⋯不，氣色還沒有變！」

往事像流水一般，在楊懷聰的腦海中掠過⋯⋯

三

解放前，楊懷聰在跑馬川給地主侯羅鍋子餵牲口，侯羅鍋子和當時的偽縣長是一擔挑。這傢伙對待長工一肚子壞水。那年麥秋，一天夜裡牲口咬槽，大青騾子踢傷了小騍馬。侯羅鍋子聽說這信兒，硬逼著楊懷聰給大車拉梢子，往場院上運麥捆。這天，地主的一個狗腿子趕車，大青騾子駕轅，楊懷聰拖著套股，真不是滋味。剛上大路,就累得出了一身白毛汗。他滿腔怒火直頂腦門,把套股往地上一摔:"這不是人幹的活兒!"那個狗腿子跳下大車,掄圓了手中的鞭子,朝楊懷聰劈頭蓋腦地抽來,楊懷聰側身一躲,忽見鞭桿在空中停住了。從狗腿子身後,閃出一個陌生的人,伸出鐵鉗似的大手,緊緊扣住狗腿子的手腕。楊懷聰仔細看去,那人肩上背個小包裹,大高個兒,眉眼英俊,站在哪裡,凜然像根結實粗壯的拴馬椿一般……

這人就是舒雲峰。

舒雲峰進得莊裡,說是從河東過來賣短的。侯羅鍋子覺得麥收人手正緊,又看中了他那一副好身子骨,就把他留下來。舒雲峰也真行,提糧下種,篩簸揚拿,樣樣都幹,很快和扛活打短的窮苦弟兄搞熟了。

一天晌午,楊懷聰牽著牲口到大路邊的草灘去放牧,碰見舒雲峰收工回來,在他身邊坐下了。舒雲峰問:"懷聰兄弟,你家住在哪兒?"

楊懷聰指了指背後的大山:"家在望山青。"

"望山青……"舒雲峰自言自語地說:"多好聽的名字呀。"

"名字好聽,水土不濟!"楊懷聰愁眉不展地說,"我們哪裡看山山不青,盼水水不來……"

舒雲峰向楊懷聰靠了靠:"水土不濟,可以改變!眼下川台溝壑都在地主老財手裡把持著,等咱們窮人把山河掌握在自己手裡,願意怎麼安排,就怎麼安排。"

舒雲峰說的,是楊懷聰以前想又不敢想的事。他轉身望著家鄉白雲繚繞的山峰:"要有那麼一天,真太好了……"

幾天以後,侯羅鍋子一家男女忙碌起來,他那個當縣長的連襟要下鄉消暑,準備大擺酒宴。就在偽縣長到的那天夜裡,跑馬川的莊裡響起陣陣槍聲。楊懷聰跑出門外一看,侯羅鍋子的後院燃起熊熊大火，燒紅了半拉天。在火光的輝映下，看得出牆上貼滿反霸除奸的大字標語。一個個持槍的遊擊隊員，從楊懷聰面前飛奔而過。人群中，楊懷聰一眼看見舒雲峰提著盒子槍，大步生風地走著，更顯得英姿勃勃。舒雲峰也看見楊懷聰，他走上前笑著說：「遊擊隊派我來探路，任務已經完成了。剛才把偽縣長和侯羅鍋子幹掉了。今夜我們就走，以後還會見面。不管是走到哪裡，也忘不了我們在一個鍋裡攪馬勺的日子！」……

　　一分手，倆人再沒見著。這往後，楊懷聰的家鄉和祖國的山山水水一樣，經歷了激揚沸騰的歲月，天翻地覆的變遷！解放後，倆人都曾打聽對方的下落。去年，舒雲峰調到這個縣來工作，縣委派他去幹校抓幹部學習班。幹校實行開門辦學的方針，舒雲峰曾經帶領一支考察隊踏遍全縣的山山水水，幫助各隊制定學大寨的長遠規劃，也到望山青住過一段時間；望山青眼下治水改土方案雛形，就是舒雲峰和老農一起通過實地勘察，最早提出來的。當時正趕上楊懷聰被隊裡派出去支援水庫建設，又沒得機會見面。事有湊巧，今天竟然在大路上碰見了。

四

　　清爽的北風，驅散了大路上的煙霧；蔚藍的天際，升起一團胭脂紅的雲彩。舒雲峰把紅纓鞭往車轅上一插，轉身跳到楊懷聰的車上。

　　老相識多年不見，湊在一起總有說不完的話。舒雲峰說：「老夥計，一晃這麼多年，你的腰板還挺硬邦吧？」

　　「莊稼人嘛，整天活動筋骨，閒不住。」楊懷聰也扭過臉來，看了看舒雲峰：「你也不顯老哇！剛才過瞪眼坡的時候，我一直跟在你的車後，光看背影，真猜不出是五十好幾的人呢！」

　　舒雲峰微微一笑：「刀不磨要生銹，人不勞動要變修。轟轟烈烈的農業學大寨運動，使多少幹部煥發了革命的青春！拿我來說，一到農村抄起鋤頭扁擔，常常想起過去和窮苦弟兄出風入雨的日子，渾身的勁頭就來了。”

楊懷聰問：“你什麼時候到咱縣來的？”

舒雲峰說：“前些年我一直在市裡工作，去年春天組織上批準了我到縣裡來的要求。你想，我是農村生，農村長，多希望能夠重新到農村回爐淬火呀！”

楊懷聰興奮地說：“太好了，把根紮在泥土裡，才經得起風吹雨打。當幹部的可別像沒尾巴的風箏！”

忽然，舒雲峰跳下車轅，凝視前方的路面。楊懷聰當是要躲車讓路，伸手去抓韁繩。豈知舒雲峰追上前面的運糧大車，取下一把鐵鍬，彎腰鏟起路邊的一溜馬糞，揚到車上的糞筐裡。楊懷聰猛然想起，聽人說大路上有個勤拾糞的大車把式，走到哪兒，揀到哪兒；趕上哪個隊的糞堆，就不聲不響地倒在那兒。他頓時醒悟說：“聽說有個勤拾糞的車把式，原來就是你呀！”

舒雲峰搖搖頭說：“也許是我，也許不是我。如今，我們幹校拾糞的人多了，誰知是誰呢？”

楊懷聰連連點頭說：“咱縣的幹部都這樣就好了，當‘官’不像官。如今各級都在貫徹學大寨，幹部們上來下去咱也見過不少。是真學還是假學，摸摸他手上有沒有老繭就知道了。”

倆人說說笑笑，話題又轉到望山青治水改土的事情上，越聊興致越高，不知不覺進了縣城。舒雲峰要到糧庫去卸車，楊懷聰要去水泥廠進貨，可他倆好像還有好些話要說，都依依不捨。舒雲峰約楊懷聰辦完手續再去縣委會扯扯，說完就各忙各的去了。

五

楊懷聰到水泥廠辦完交款進貨的手續，匆忙來到縣委會，向傳達室的人一打聽，被引進一個窗明几淨的房間，只見舒雲峰和尹瑞林正面對面地坐在哪裡。

尹瑞林一眼看見楊懷聰，驚異地睜大眼睛：“咦！你怎麼也來了？”

舒雲峰搬過一把椅子，請楊懷聰坐下，向尹瑞林介紹說：“這是我的老搭檔，剛才在路上遇見了。”

“呵，原來是這樣。”尹瑞林猶豫一會兒，站起身來，“你們先談，我等會兒再來吧……”

看見尹瑞林踟躕的樣子，舒雲峰爽朗地說：“有事接著談吧。”

尹瑞林指了指桌上一疊厚厚的報表：“這是全縣平整土地上馬的數字。看來聲勢不小哇。”尹瑞林的臉上顯得生動起來。和往常相比，語氣裡也增添了抑揚頓挫的感覺：“您看，這是各公社的分別統計，這是全縣的累計統計，這是前後增加的百分比……”

尹瑞林一邊說，一邊注意舒雲峰臉上的表情，似乎有所期待。舒雲峰翻看報表良久，微微皺了皺眉頭，尹瑞林趕快補充說：“全縣進度也不平衡，就讓望山青拖住後腿。不然的話，真叫全面開花，放個衛星呢！”

舒雲峰抬起頭來：“呵，望山青為什麼推不動？”

尹瑞林瞅瞅老楊，又想了想說：“認識不夠，抓得不緊唄！”

舒雲峰問：“依你看該怎麼辦？”

尹瑞林說：“是不是寫個簡報發下去促一促，我們已經擬好了……”

聽這話，楊懷聰像是被針紮了一下，渾身不自在。他低著頭看看那雙被乾冷的山風吹得裂開口子的大手，想想家裡社員熬得發紅的雙眼，感到一陣憤懣。他的頭一扭，把煙袋磕得“叭，叭”地山響。

舒雲峰從容地推開報表，調過頭來，笑著說："老楊，說說你的意見。"

楊懷聰"哼"一聲："咱不知道那報表是怎麼來的。"

尹瑞林一聽，頓時滿臉通紅："咦！這個情況是你跟我說的嘛！"

楊懷聰一拍大腿："我是說百聞不如一見，讓你去看看。你呢，扭頭就走！"

舒雲峰飽經風霜的臉上，此時顯得有些激動。如火如荼的革命群眾運動，和尹瑞林不相適應的工作作風，就像激流拍打著礁石，在他胸中激起漩渦，使他心潮沸騰。沉了沉，他深情地說："老楊說得對呀！作為一個指揮生產的同志，不光要掌握必要的數字，還要瞭解那些不斷發生的活情況。依我看，望山青看得準，也抓得緊。鑿通小青山，修直小彎河的方案上馬了，幹得好！他們不是小修小整了，而是實現治水改土雙躍進！"

楊懷聰一聽，臉上立刻展出笑容。他走到舒雲峰身邊，美滋滋地和老搭檔站在一起："我也是這麼說哩。我們不管那些報表不報表，我們為的是大打農業翻身仗，看山山更青，盼水水進村呀！"

尹瑞林震驚地說："呵！這項工程幾天之內就上馬，技術力量、材料、車輛……都備齊了嗎？再說，鑿通那座峭壁談何容易！"

楊懷聰說："哎呀！老尹，別怪我嘴直，你咋跟我們村裡那些'智叟'說法一個樣哩！"

舒雲峰轉向楊懷聰，他那雙明銳的眼睛顯得光彩照人："我記得你們那兒有句俗話'守著望山青，自有開山斧'。村裡像石老大那幾位多年跟石頭打交道的人信心挺足吧？"

楊懷聰一點頭："捋胳膊，挽袖子，勁可足啦，還帶了一大幫徒弟呢！"

舒雲峰說："搞副業的車子都抽回來了吧？"

楊懷聰說：“是，是。方向盤把正了，大車、拖拉機通通上！”

舒雲峰說：“青石溝裡的那些料動手開採了吧？”

楊懷聰說：“對，對……哎喲喲，你可真門兒清，說起我們那的事兒，就像數手指頭哩！”

尹瑞林聽見這一番有來有往的對話，直愣愣地坐在一旁插不上嘴了。這時舒雲峰已經踱到他的面前，投來深沉的目光：“老尹，你們組的人有多少時間蹲在下頭？”

尹瑞林窘困地說：“眼前事務多，人手緊，特別是我，總騰不開身……”

舒雲峰語重心長地說：“同志，當前學大寨的群眾運動風起雲湧，發展很快。浮在上頭，按常規走路，就會產生唯心的估量。任務越重，越要深入第一線，才能站在運動的前頭，掌握領導的主動權。望山青大幹快上的精神對全縣都有普遍意義，應該把他們因地制宜的經驗抓上來，對全縣也是個推動。”

一番話說得尹瑞林的額上沁出汗珠。他漸漸抬起頭來：“我是跟不上趟了。您說得對，我們一定儘快行動……”

楊懷聰望著尹瑞林遠去的背影，把嘴咂個不停：“雲大哥，你想的跟我想的一樣呀，生產要上去，幹部得下去。”說著一捂胸口，“心得跟群眾貼在一起啊！”

功夫不大，尹瑞林又返回來：“老舒同志，開會的人到齊了，正等著您呢！”

舒雲峰站起身來，對楊懷聰戀戀不捨地說：“你多歇會兒，吃完飯再走！”說罷匆匆走了出去。楊懷聰見舒雲峰那樣忙碌，不由得自言自語說：“他這個趕大車的跟我這個趕大車的可不一樣啊，我撂下鞭桿一身輕，他撂下鞭桿閒不住哇……老尹，他什麼時候趕車回去呀？”

尹端林奇怪地問：“回哪兒？”

楊懷聰一比劃：“回幹校！”

"哎!"尹瑞林一擺手,"他不回去了。舒雲峰同志運回最後一車豐收的糧食,也是來縣裡報到。他是新任命的縣委副書記,分工管農業的。"

"是這碼事呀!?"楊懷聰老漢拍了拍後腦勺,邊走邊對老尹說:"春節時我再來看他吧。老舒他身挑重擔,別再耽誤他的功夫。咱縣這麼大,方圓幾十裡,九山十八壑,有多少事要勞他牽腸掛懷!我不忍心再給他添麻煩了……"

六

楊懷聰到水泥廠把貨裝好,又到新華書店給隊裡捎上幾本學大寨的小冊子,驅車離開縣城。

車上載得滿滿當當,老楊的心裡更是滿滿漾漾。老舒,新任命的縣委副書記,對望山青治水改土給予的熱情鼓勵,像釜底添柴,使楊懷聰渾身熱烘烘的。在學大寨運動中,黨和群眾是息息相通的啊!他急於趕回望山青,把工程需用的水泥送到現場,把縣委副書記的支持告訴正在和岩石搏鬥的鄉親。他相信,他捎回的喜訊會給那一雙雙緊握鐵錘和鋼釺的手增加千斤的力量!

"豁出命也要幹到底!"楊懷聰充滿了決心,"春節的時候去縣裡探望老舒,一定拉他來望山青瞅瞅,咱望山青的人是說話算數的硬骨頭,管保讓山河變個樣兒。"

老楊一路想,一路走,馬不停蹄,兼程趕路。薄暮時分,來到瞪眼坡前。

老楊抬頭看看地勢,回頭看看車上。瞪眼坡的這面比那面還陡,坡身還長;車上的水泥超重滿載,分量不輕。楊懷聰沉著地壓住車轅,催馬上了坡。兩匹馬打著響鼻、伸長脖子,轅套嘎嘎作響。老楊瞄準拉梢子的白馬,甩開長鞭,猛抽了一下,不料馬失前蹄,撲到地面上。大車向後一坐,向坡下滑去。楊懷聰剛要伸手去扳車閘，背後傳來一陣急促的腳步聲。

　　“鉚足勁，衝上去！”隨著一聲吶喊，後面來的人已經把大車頂住。這當口，拉梢子的白馬躍起身來，重新繃緊了繩套。

　　楊懷聰全力揮動鞭子，大車起動了。身後，推車人喊著沉重的號子，像重錘擂響鼓，聲聲扣動楊懷聰的心弦。他忍不住回過頭來，不由得吃了一驚：推車人卻是舒雲峰和尹瑞林！

　　舒雲峰正用渾厚寬闊的肩膀，緊緊抵住車幫。他側著身子，弓著腰腿，一串豆大的汗珠從他臉上淌下來，滴在車旁的路面上……

　　膠輪在運轉，道路在閃動，車升高了，坡變低了。楊懷聰激動地問：“你們怎麼來了？”

　　“去望山青！”舒雲峰簡短地答道。

　　楊懷聰已經明白了一切。坐在車上，一時百感交集。他自言自語地說：“過去，咱窮人趕車，當官的和財主們拿咱當牛馬使喚；如今，咱群眾要徹底改變家鄉的面貌，當幹部的奮不顧身往前衝。有這樣和群眾血肉相連的幹部，在農業學大寨道路上哪怕有千難萬阻，也能闖過去呀……”想到這裡，這個樸樸實實的老農的臉上，激動地滾下兩顆晶瑩的淚珠……

　　大車衝上坡頂，三個人停下來喘口氣。舒雲峰向後一指，坡下停著兩輛自行車，車上馱著那個原封不動的綠瑩瑩的行李捲：“咱們住在一塊兒，幹在一塊兒，大幹快上，打好今冬明春這場硬仗。縣委研究了，全縣的動員大會就在你們山裡開！”

　　從坡頂向前眺望，雲蒸霞蔚的望山青呈現在眼前。漫天的彩霞，像無數翻飛翩舞的鳳凰，向天邊張開金色的羽翼。在絢麗的天空輝映下，大路上灑滿一層錦繡般的光輝……

（原載《北京文藝》1976 年第 1 期）

膠 林 新 曲

李 惠 薪

兵團的報紙《膠林新兵》原定在下一期刊登三團軍醫 —— 袁朝的先進事蹟,文章的校樣已經打出來了,突然接到了一封揭發袁朝的檢舉信,從信中反映的問題看來是嚴重的,標題異常醒目:

聽診器下面的階級鬥爭。

……她利用醫生的職權,在個人力所能及的範圍內,凡對自己有利或有用的人,可以千方百計巧立各種病名,爲某些人回城市大開綠燈,而對一些確有疾病,不適合在邊疆工作者,卻大加阻撓,嚴重地破壞了毛主席關於知識青年上山下鄉走與工農相結合的指示,干擾了偉大領袖毛主席的戰略部署……

編輯部接到這封由上級機關轉來的檢舉信後,產生了分歧意見。一種意見是:信中反映了重要問題,乾脆撤掉稿子;一種意見是:登不登稿子是次要問題,主要是應該對領導和同志負責,檢舉信是由上級機關轉來的,一定要有一個肯定的回答。此外對於被提意見的袁朝也需要有個恰如其分的結論。如果檢舉信中所寫的情況是屬實的,那麼看來她這個醫生是否稱職,也值得認真地考慮考慮了。最後編輯部決定派人火速進行調查,並且決定讓我去。

任務艱鉅,時間緊迫,雖然三團與我們僅隔著一條瀾滄江,但交通極爲不便。自從五月份西雙版納進入雨季以來,江水猛漲,連兩岸衝刷的沙壩都被渾濁的江水淹沒了。特別是昨晚剛剛下過一場暴雨，瀾滄江濁浪起伏，從上游傾注下來的江水奔騰叫囂，震耳欲聾。看來在這樣的情況下，坐船是相當危險的，江面上也看不到一隻船。

當我從渡口返回，途經允景洪大橋時，看見一輛拖拉機停在橋頭，車頭是向著橋東邊。心頭不覺一亮。看樣子拖拉機有可能過橋，興許我還能搭一段路呢！走近一看，司機室裡空蕩蕩的，沒有一個人。圍著拖拉機轉了一圈，司機到哪兒去了？正在納悶兒。突然，在拖拉機的後輪旁，發現了兩隻露在外邊的綠軍用球鞋，原來司機正仰躺在地上檢修呢。

“同志，去孔雀壩嗎？”我站在司機的兩隻腳邊問。

“去。”聲音是由車底下傳出來的，顯得有些暗啞。

我能想像出此刻司機在車下面檢修的姿勢是多麼不舒服，耐心地等待了一會兒。司機從車底下鑽出來，我高興地嚷起來，“噢，原來是祁小兵，真太巧了。”我不由得埋怨說：“什麼時候來的，不打個招呼，害得我跑了一上午去找船。”

“運輸任務緊，沒有來得及去看你們。”祁小兵笑笑說，“躺在車廂底下，我就聽出了你的聲音。老黎，要到我們團去？”

“是呀！多虧碰到了你，我正發愁呢！”

祁小兵用棉絲搓了搓沾滿油垢的手說：“來得正巧，車子也修好了，可以走了。”她衝司機室的座位旁點了點頭。

我看了看拖拉機的掛車上，面袋堆得有車幫那麼高，還有裝著鹽巴的麻袋，感歎地說：“真是滿載呀！”

祁小兵迅速地跨進駕駛室，發動了油門，拖拉機龐大的車身震動了一下，向前爬行了。她兩眼凝視著前方，手扶方向盤說：“不行呀，這兒已進入了雨季，運輸成了大問題，橡膠要及時運出來，日用品也需要運進去，後勤工作總得緊緊跟上。”

拖拉機開過了允景洪大橋，順著瀾滄江的岸邊爬行。暴雨後，開拖拉機也是冒著一定危險的，坡陡路滑。特別是三團的路更難走些。因為是繞道，拖拉機比坐船要多走近四個小時。女司機緊閉著嘴，全神貫注，樣子顯得格外嚴肅、認真。

　　"老黎同志，到哪兒去？"在開過一個小溝壑以後，祁小兵問。

　　"想到團部衛生所……"

　　"找袁朝吧！"她搶著說，"你又來巧了！"

　　"這是怎麼回事？"我暗自納悶兒，"難道她已經知道我來三團的意圖了，不可能呀！這事並沒有公開，只有編輯部的幾個同志才知道……"我發現祁小兵斜睄了我一眼，只聽她說："她剛剛回來，要不然你會撲個空。"

　　這下我才放心了。不過她外出的事情我可不大清楚。

　　"去北京探親唄！"車子爬過了一個小土丘，車身震動了一下，祁小兵頗有感觸地說，"她來兵團的六七年中，一共探了三次親。開始她在連隊的時候，因為是大家輪流，她連讓了三次，後來調到團部當醫生，工作任務緊，機會就更少了……"

　　我知道她們是一起從北京來的知識青年，對於袁朝一定很熟悉，想借此機會瞭解一下情況："小袁在擔任團部的醫生以後，她的工作怎麼樣？"話脫口而出，我卻覺得沒能恰如其分地表達我的意思。

　　"這還用我介紹。"小祁不屑回答地說，"來人瞭解過許多次，我們談的也不少了……"

　　"是呀。"應該承認我自己就來採訪過不止一遍，但為了不帶任何條條框框，不被某些表面現象所蒙蔽……"我解釋說，"有什麼新內容還可以補充進來，總得不斷繼續革命，為人民立新功嘛！"

　　祁小兵噗哧一聲笑了，說："到底是耍筆桿子的人，嘴沒有能說瘓了的時候。不過，你可真說對啦，要是回回談，回回都可以講一點新內容，從哪兒談起呢？"她略微停頓了一會兒，用右手扶著方向盤，左手向前平伸，指著遠處：“老黎，你往前看！”

我看了看，除了鄉間土路兩旁綠盈盈的稻地，還有一棵枝葉茂盛、鬱鬱蔥蔥的大青樹以外，再也沒有發現什麼，感到有些困惑不解。

“老黎，看見了麼，大青樹前邊……”

“那是道邊的公共廁所。”我說。在大青樹旁有兩間白牆灰頂的小草棚。

“是呀，就從廁所談起吧！”祁小兵爽朗地笑出聲來。

我覺得有些奇怪，不知她在搞什麼名堂，只有耐著性子聽下去。

“是呀，這是兩間普普通通的廁所。”祁小兵用兩手把握著方向盤，拖拉機要拐彎了，她頗有感觸地說，“這樣兩間普普通通的公共廁所，在我們內地看起來是一件極為平常的事情，而在我們這兒 —— 孔雀壩卻是需要經過一番艱苦的思想鬥爭的。這事要說給外人聽，他們會把它當做故事，可你是能夠體會的。西雙版納的傣族是最厭惡糞便的，他們不利用它施肥，種的是白水田，也叫衛生田。我講這些其實和袁朝的工作應該是沒有什麼直接的聯繫。你是知道的，她雖是衛生學校的畢業生，但她沒有等學校分配，就自願和我們這些人一起，響應偉大領袖毛主席發出的知識青年到農村去的偉大號召，作為一名橡膠兵團的軍墾戰士來到了西雙版納。不論是她做軍墾戰士，還是在團部當醫生，建立公廁和她都沒有密切的關係，可她從來沒有這樣想過，就是她在做戰士的時候，也屢次關心這個建廁問題，現在她親自抓衛生工作更是這樣。她三番五次強調說，把糞便管理好，既做了衛生防病工作，又有利於農業的豐產。但是，這是一場移風易俗的艱鉅鬥爭啊！有些好心人勸告她，算了吧！袁朝，建廁所這件事不是你第一個發起的，以前很多人都搞過，沒有個結果。袁朝呢，卻不顧這些，一往直前。她常常自豪地說：‘我們這一代年青人，要

在西雙版納深深地紮下根兒來,要向一切傳統的觀念和舊的習慣
勢力決裂,每前進一步,都準備要付出巨大的代價,遇到困難決
不低頭、氣餒。'從此,她開始了苦口婆心的宣傳工作,一些傣
族青年被發動起來,得到某些當地農民的支援。她還和炊事班的
老班長合夥,在宿營地附近開出了稻地,種了豐產試驗田。從大
青樹旁,這個公廁開始,再往前走,到處都可以看到袁朝他們努
力的痕跡。四年來,這方面的成績是顯著的,附近幾個生產隊做
了統計,從修建的幾十個廁所中,積攢的肥料有……"她扭頭看
了看我,"你大概有記錄吧!"

我點了點頭。

"這件事看來你已經知道了。"祁小兵有些遺憾地說,"不
過,我想關於糞便沼氣化的問題,大概你沒有聽說過吧!這是最
近才搞成功的。應該說老實話,自從糞便管理起來以後,不但是
我們兵團,就是這一帶的社員們,發病率都明顯降低了。用衛生
學的角度來看這個問題,那就是水源清潔、不被污染,胃腸道傳
染病是明顯減少了。"祁小兵沉默了,緊張地盯著前方,拖拉機
正在從一條小河中開過,車身左右搖晃,上下顛簸足足有兩分鐘,
年輕女司機的額頭上滲出了汗水,那褪了色的綠軍帽的帽檐兒,
已經是濕淋淋的了。

拖拉機爬過了窄窄的河床,女司機竭力把握住方向盤,車身
漸趨穩定下來。

"接著說下去呀!"在緊張的行車後,又想起了剛才我們的
談話。

祁小兵用左手抹了一下額頭的汗水,笑笑說:"袁朝並不滿
足於一般化地建立了公廁。半年前,她去專區開會回來後,又提
出了糞便的沼氣化。開始我們都不大相信。"她停頓了一下,兩
眼射出了熠熠照人的光輝,說:"三天前,我們團部那兒進行了
現場表演。原來糞便經過處理沼氣化後,不僅可以施肥,產生的

沼氣還可以點燈，當懸掛在大青樹上的燈，利用沼氣點亮的時候，圍聚在大青樹周圍的傣族貧下中農，不論男男女女，還是老老少少都歡快地翩翩起舞，鑼鼓敲得震天響。人們說這是擂響了向舊傳統觀念和舊習慣勢力決裂的戰鼓。這震撼人心的鼓聲至今還響在我的耳邊。"

"這可是最新消息。"我聽完了也著實受到鼓舞。恰好這時路旁的大青樹下又有一個公廁，這使我自然聯想起袁朝，她多麼像西雙版納獨有的大青樹一樣，筆直挺拔的樹幹，那龐大的、巨傘狀的樹冠，鬱鬱蒼蒼、蔥蔥蘢蘢，在這塊土地上深深地紮下根來。樹旁建成的一個公廁，就是堅實可靠的憑證……

"按一般道理講，袁朝只消做好自己的醫生工作就可以了，看看門診，最多下下連隊，再有參加參加勞動。可袁朝不是這樣，她所做的工作大大超出了她的工作範圍。她不僅僅是我們三團的醫生，她還是傣族貧下中農喜愛的好摩雅（傣語：醫生），尤勒族的貧下中農也很喜歡她！"

這個我們清楚，刊物上準備發表的文章中也談到了這一點。為了能回答檢舉信中所提出的尖銳的問題，我有意地進行了誘導："她對於自己的醫療工作怎麼樣？"

"那更不用說了。"祁小兵讚歎地說，"毛主席在紀念白求恩一文中講過，我們大家要學習他毫無自私自利之心的精神。從這一點出發，就可以變為大有利於人民的人。一個人能力有大小，但只要有這點精神，就是一個高尚的人……。論醫道袁朝並不高，充其量她不過是一個中專生，論實踐經驗也不多，可正因為在工作中，她處處以白求恩為榜樣，解決了甚至連大醫院也沒有解決的問題……"拖拉機戛然停住了。原來前邊有一頭小豬橫穿過土路，司機目送著它驚慌地鑽進路旁的飛機草叢中，車子又繼續向前開動了。

"就拿李衝的病來說吧！如果沒有袁朝，他恐怕連命都沒有了。"

"噢，有這麼嚴重。"

"你沒有看見過，李衝喘息發作的時候有多麼厲害，嗓子裡發出呼啦呼啦的響聲，就像拉風箱一樣，連嘴唇都是青紫的，只要看見過一次，一輩子都難以忘記。"祁小兵輕輕地搖了搖頭，看來至今她想起來還很痛苦。

"他是和你們一起來西雙版納的嗎？"

"是呀！他是第二年得了這種喘病的。聽人說這種病是對某種東西過敏後引起來的，爲了這個，他回到北京，曾經到醫院做過各種脫敏的檢查，竟沒有檢查出來。還是袁朝仔細地觀察病情，注意他每次發病的時間，發病的嚴重程度和外界環境的關係……最後，終於摸索出了一些規律：每次李衝在犯病的時候，住在州醫院喘息很快就控制住了，在團部犯的就厲害些，一上山砍壩或割膠喘得越發嚴重。當時個別人對他還有反映，說他有意逃避出工，對於'勞動'過敏，其實我們很瞭解李衝，他是自願來西雙版納當一名橡膠工人的。"祁小兵用右手撩拂了一下耳邊的短髮，"袁朝爲他的病花盡了腦筋，也爲他試用了各種可能致敏的東西，最後終於找到了。"姑娘眼睛一亮，像考學生似的問："你猜猜是什麼東西？"

"這個我可不大清楚，因爲我對醫學是一竅不通的。"

"不只是你不清楚。"祁小兵笑了，"說出來連州醫院的醫生們都非常驚訝，他對飛機草過敏！"

"飛機草！？"我吃驚地喊了起來，眼前土路兩旁，就長著一人身多高的、茂盛的飛機草，這種草在西雙版納遍地都是，聽傳說是在解放軍向西南進軍時，爲了區別陸地和沼澤，在高空中由飛機上投灑下來的，因而得名。這種草的生活力極強，如果是對這種一年四季茂盛的飛機草過敏，可如何能在這兒生活呀！

"袁朝是用這種草的葉子浸成水，爲李衝做的試驗，這符合他的發病規律，飛機草在州裡少一些，在團部衛生所附近就多一些，上山砍壩，割膠，那遍地都是飛機草，所以每次出工回來，喘病發作就很嚴重。以後李衝的病發展的越來越厲害。聽醫生們講，這種過敏就像連鎖反應一樣，一環扣一環，開初對飛機草過敏，以後對稻花過敏，接著對鳳梨、芒果……最後，是袁朝向上級建議把李衝轉回北京，聽說易地治療也是一種方法呢。」

　　……可以千方百計巧立各種病名，為某些人回城市大開綠燈……我在反覆地思索著這幾句話。如果信中所指的是這件事情的話，確實從某種意義上講，袁朝當真做到了千方百計，但和信中的指責卻沒有絲毫的聯繫。由於我長時間的沉默，司機也緊抿著嘴，不講話了。

　　突然拖拉機停了下來，祁小兵迅速地跳下車子，衝我揮了一下手：「來，幫一把。」

　　我急忙跳下車，發現拖拉機停在一棵被暴雨衝刷倒的櫻桃樹前邊。我和祁小兵一起把樹扶正，培好土。

　　她跑到路邊的清泉旁洗了洗手，抹了一把臉上的汗水，從上衣的口袋裡拿出了一個折疊的信封，遞給我說：「這是李衝寄來的信，你看看吧！」

　　一看信封上寫的是陝西延長縣東方紅公社，我有些奇怪，心想她大概是拿錯了，正在躊躇不決的時候……

　　祁小兵笑笑說：「看吧，這是李衝的來信。」

　　「他怎麼又到了陝北？」我好奇地問，「他不是病退回到了北京嗎？」

　　「看看信就知道了。」祁小兵說。

　　我急不可耐地拆開了這封來自陝北黃土高原的信，這信是寄給現在的兵團戰士們的，經過大家傳閱，信紙都有些折皺了，但那字字句句卻鏗鏘作響，彷彿擂響的戰鼓似的，激勵著人們去迎接新的戰鬥。

"……每當我回想起和你們在西雙版納並肩戰鬥的日日夜夜，總是心潮翻滾，激情滿懷。老實說，當哮喘病的頻繁發作，就像一條纏裹在我身體上的巨蟒一樣，不能自拔……是組織、是同志們向我伸出了親切、熱情援助的手。是黨、是毛主席給了我第二次生命，給了我重新生活、工作、勞動、戰鬥的權利。

"特別應該提到的是袁朝同志，她不僅作爲一個醫生，全心全意爲病人服務，精心爲我尋找病因，一年來經在北京易地治療，去除了病因，喘病已經完全得到了控制。更重要的是在我失掉了生活信念的時候，她熱情地鼓勵我，真心誠意地幫助我，尤其是那無聲的語言 ── 年輕的共產黨員的實際行動，給了我非常深刻的教育。我牢牢地記住袁朝常說的一句口頭禪：用我們的實際行動縮小三大差別，開闢一條通向共產主義的光明大道。

"現在，我隨北京知識青年們一道，又來到毛主席生活戰鬥過的地方，插隊落戶，鐵心務農。我們接過南泥灣的老钁，正在戰山河、鬥天地，繪製社會主義新農村的宏偉圖景。我一定爲首都青年爭氣，爲無產階級爭氣，爲毛主席爭氣，甘灑熱血寫春秋，繼續革命譜新篇。'世上無難事，只要肯登攀。'讓毛主席雄偉壯麗的詩句永遠激勵我們奮勇前進。讓那些帝國主義預言家們抽泣去吧！讓那些搞復辟倒退的資產階級老爺們發抖去吧！我們要用革命青年的心聲，鐵心務農的革命行動，證明我們，無產階級革命事業的接班人，將在農村三大革命運動中茁壯成長，在砸爛舊世界，實現共產主義遠大理想的鬥爭中，讓青春放射出絢麗燦爛的光輝……"

看了這封激動人心的來信，使我久久不能平靜下來，這字字句句的語言猶如千斤鐵錘，敲打在那些躲在陰暗角落裡大放冷箭的人們的頭上。我要求說："這封信讓我帶回編輯部去吧！"

祁小兵想了想，慷慨地點了點頭，"拿去吧！這對於你們可能發揮更大的作用，教育更多的人呢！"

　　拖拉機又開動了。走了沒有多遠，車子就停在瀾滄江畔，汽艇靠岸的碼頭附近。司機因為要到附近村寨去，還要再辦些事情，我就下了車。瀾滄江河床很深，新築的、寬大的洋灰階梯有數十級，近來因為雨季漲水，有一半已經被江水淹沒了。這使我自然地聯想起三個月前，我來到這兒的情景。就在前邊不遠的、陡峭的河堤上，看見袁朝正在挑水。當時，我奇怪地問："為什麼不到碼頭這邊來挑？"

　　她解釋說："這兒常常有船來往，水的溫度高些。"

　　我笑著問："這有什麼關係。"

　　袁朝說："相差的這點兒溫度，對於降低高熱病人的體溫可有很大的關係呢！"

　　原來衛生所正住著一個患中毒性痢疾的、高熱的尤勒族小孩。在西雙版納是看不見水的。她就這樣，每天從高高的河堤上往來挑水，用毛巾沾濕了，起到水的降溫作用。我在衛生所停留的幾天內，她一直堅持這樣做了，結果病兒在她和全體醫務人員精心照顧下很快恢復了健康。

　　拖拉機柴油引擎發出的巨大響聲，把我從回憶中拉了回來，我急忙向司機道謝。·

　　祁小兵不在意地揮了揮手，說："自己人還客氣什麼呀！"

　　"這感謝有雙重意義：一方面感謝你帶了我這樣一個乘客；另一方面你為我提供了非常寶貴的材料。" 我拍了拍斜背著的背包。

　　"向報刊提供材料，這是我們應盡的義務。" 她風趣地說。

　　車子已經開動了。

　　祁小兵趕忙叫住我說："請你告訴袁朝，明天早上我們倆約定的事情，還按原計劃進行，你一說她就知道了。我因為忙著去村寨，就不去衛生所了。" 很快，拖拉機就在鬱鬱蔥蔥的橡膠林中消失了。

三團衛生所原來設在膠林深處，三面環繞著土丘的小山坳裡，三個月沒來，這兒發生了很大變化，如今靠南邊的土丘推掉了，又蓋起了一拉溜幾間草房。兩排草房間是一叢叢含翠欲滴的芭蕉，那紫紅色牛心樣的花朵，在陽光下顯得格外鮮豔，一轉轉嫩綠的芭蕉，異常豐滿，著實惹人喜愛。草房後面是一排剛剛高過房脊的木瓜樹，樹幹棵棵都很粗壯，枝葉茂盛，樹冠上懸掛著一簇簇果實累累的木瓜，有的全部變成金黃的顏色，有的黃中還浸點著青綠……雖然這是個衛生所，房屋簡單，但一眼看上去卻顯得生機勃勃。

有個年輕的姑娘正在碾中草藥。她告訴我："袁醫生回家去了，下午下連隊，現在是午休，你可以到她家去看看。"

我才發現已經是一點鐘了，坐了一上午的拖拉機把時間都忘了。草房後面種的那排木瓜樹的影子開始偏歪了。我按著年輕姑娘指引的方向，爬上了一個小土坡，彎過一片橡膠林帶，眼前是一排排整齊的草房，外表看上去，雖然簡陋了些，卻高大、周正。

"房前有一棵高大的鳳凰樹。"我默念著年輕姑娘講的標誌，心裡還在不斷地嘀咕著這令人費解的最新消息，連祁小兵都沒有談起這件事情。

房門是敞開的，有一位六十歲上下的、頭髮已經花白的老大娘，進進出出彷彿有什麼著急的事情，又像在等著什麼人，看見我走過來，她佇立在門口。

"這是袁朝同志的家嗎？"我不大有把握地問。

"是，是，請進來。"老大娘熱情地招呼我。

房間裡東西很簡單，兩張竹床，一個磚砌的桌子，還有四隻木箱，上面鋪了塑膠布，也是當桌子用的吧！土地上還散放著四個樹墩，是做小凳子用。這是通常的橡膠工人的住處，絲毫沒有一個"新"家的感覺。只有一隻打開來的木箱吸引了我的注意，箱子裡面鋪墊的稻草露了出來，裡面一定裝著怕碰撞的東西，我懷著好奇心特地往木箱近前看了看，見裡面裝著拆卸了的燕牌縫紉機，我更有些莫名奇妙了。

老大娘看出了我的疑慮，趕忙解釋說：“這是我從北京帶來的！”

“您是！”我真有些丈二和尚摸不著頭腦。

老人笑了笑：“我是袁朝的母親。”

關於袁朝的家庭情況我瞭解一些，但知道得並不多，我只知道她是烈士子弟，父親是抗美援朝時犧牲在三千里江山的土地上，母親是個工人。剛才祁小兵明明說袁朝去北京探親去了，怎麼袁朝的母親又來了呢？

大概老人看出了我的猜疑，熱情地招呼我坐下來，邊說：“袁朝原說中午回來，下午要去連隊，不知為什麼沒有回來，連午飯也沒有吃。”她猛然想起來。“同志，你也沒有吃飯吧，好在我沒有白等，咱們都是一家人，你先吃吧！”

老人不由分說，把爐灶上燜的米飯和炒的白菜端了出來，放在磚砌的桌子上。她誠心地問：“同志吃辣椒嗎？我來到這兒時間不長，也變得離不開辣子了。”

我確實餓了。看著老人真摯的面容，我也沒有推託，不客氣地狼吞虎嚥地吃起來，邊吃邊說：“您這種熱情好客的作風，倒很像我們橡膠工人，在這新開發的橡膠地帶，還沒有建立食堂，常常是走到哪兒，吃到哪兒。”

老人笑了：“袁朝早就在這兒替我報了名，成了你們的人啦！我怎麼能沒有你們的作風呢？熏也熏得一樣了。”她說話還滿有風趣。

她開心地看著我吃飯，一邊詳詳細細地向我講述了她來這兒的全部過程。

“我只有袁朝一個女兒，她的父親在她沒有出生前，就作為中國人民志願軍的一員，參加了抗美援朝。她父親臨走的時候，給我們沒有出世的孩子起了這個名字叫袁朝。可她從沒有見過自己的父親，她爸爸是在上甘嶺的激烈戰鬥中犧牲的。"老人理智地回憶著往事，滿佈皺紋的臉上露出自豪和驕傲。"我是被服廠的工人，黨和政府關懷我們母女兩人，培養袁朝念書，'文化大革命'前她進了醫士學校。'文化大革命'中，偉大領袖毛主席發出知識青年到農村去的偉大號召以後，她自願隨大批知識青年來到西雙版納，當一名橡膠工人。回北京探親的時候，她每次都動員我到這兒來。以前因為工廠工作需要離不開。這回她又動員我，理由是我已經退休了。組織上原來決定把袁朝調回北京，照顧我，並且開始辦理手續。袁朝卻堅決不同意，她向我詳細地分析了當前的情況，她說調回北京是因為我年老需要照顧，這是黨和國家對我們母女的關懷，而西雙版納地區橡膠事業的發展比我更需要袁朝，她問我當集體和個人的利益發生衝突的時候，應該怎麼辦……"老人對我談著這些，可是話茬一轉，又激動地回憶起更早的往事"……我們是冀中老抗日根據地的人，那時我是婦救會員，送夫參軍、送子參軍的熱烈場面，至今還記得非常清楚，袁朝的爸爸就是那時候參加的八路軍。想想那些在和日本鬼子拼刺刀、打遊擊犧牲了的同志們，想想在解放戰爭中犧牲了的同志們……回想起來，他們的聲音，面貌都記得挺清楚，他們用自己的性命和鮮血換來了我們幸福的今天。同志，我們都是在組織的人，還有些什麼個人的東西捨不得丟掉呢！袁朝說，團部縫紉組也很需要人，這樣我們就把家從北京搬來了。這台機器就是我進兵團縫紉組自帶的工具。"

聽了老人講的一番話，非常受感動，我不由得稱讚說："您年紀雖然大了，可您年老不服老，您來西雙版納的革命行動證明您這個老兵在寫新傳，您也成了我們膠林新兵的一員了。"

老人謙虛地搖搖頭說："我還沒有開始工作呢。不過袁朝已經向團部打了報告，一兩天內，我就要把機器抬到縫紉組去。"

老人補充說。

太陽漸漸偏西了，還沒有看見袁朝的影子。

老人有些氣惱地說：「袁朝吃飯沒有個準時候，我不能一天老等著，一兩天上班後，我們娘兒倆都吃食堂去。」

我想返回衛生所再看看袁朝，老人把我一直送出了膠林。

別了老人，走回團部衛生所。年輕姑娘老遠笑著衝我打招呼說：「連隊裡有病人，袁醫生中午出診去了，現在回來了。有人正在找她談話。」她衝診室指了指。

我看門口放著一擔乾柴，走近一看那寬寬的竹扁擔我認得是袁朝的，本來想走進去，只聽見裡面有人說話聲。

「是不是可以找個地方詳細談談。」這聲音很低。

「這兒就很好嘛！既是診室也是辦公室。」這是袁朝的聲音。

我不由得停住了腳步……

「不大方便吧！」聲音越發小了。

透過竹篾笆的縫子，我看見一個人的背影，袁朝泰然地坐在他的對面，臉孔紅撲撲的，齊耳的短髮上沾著一些茅草，看樣子她剛剛從山裡的連隊回來。

袁朝有些不耐煩了。「這有什麼不方便的，我們沒有什麼值得背著人的地方。」

看樣子，在這種場合下，我是不宜闖進去了。雖然我有意地站在稍遠的地方，但聽得卻很清楚。

「……是這樣，還是爲了鄭立菡病退的問題，這兒是她在北京看病的病歷和化驗單，可是由於團部醫務所沒有開出轉到外地診治的證明書，北京的一些醫院就無法開診斷書……這樣病退就成了問題。鄭副主任這次特地派我來專程辦這樁事情……」

「鄭立菡在連隊裡沒有這方面病的表現，在這兒我們也請縣裡下來巡迴醫療的醫生做了檢查，所以不能開這種轉出的證明書。"袁朝認真地說。

"其實……"來人嘿嘿地笑了笑,"鄭副主任說了,如果袁醫生開了這份轉出的證明書,鄭立茵轉回北京了……袁醫生回去的事,鄭副主任也包了……"說話的聲音極低,我勉強能夠聽到。我本能地靠近竹篾笆些,聽見了一陣壓低了的諂媚的笑聲。

"謝謝你們的關心。"袁朝帶著諷刺的意味說,"這話你們說晚了,我們的家已經搬來了。"

"那……"聲音中流露出遺憾,"不過,如果您需要進大學或進一步深造,比如去進修之類的事情,鄭副主任答應想辦法……您總不能就滿足於在這個小山溝溝裡,當一名普普通通的萬金油醫生吧!"

"你說錯了。"袁朝鏗鏘有力的聲音響了起來,"我不單單是一名普普通通的'萬金油'醫生,更重要的是,我是膠林戰線的一名戰士。毛主席指引的知識青年與工農相結合的這條光明大道,我們這一代青年是走定了。請轉告鄭副主任,用回北京、上大學來引誘我們,這是夢想。不限制資產階級法權,不注意世界觀的改造,不堅決走與工農相結合的道路,新資產階級精神貴族的出現是隨時可能的。奉告鄭副主任:千萬不要成為新的資產階級精神貴族……"

"其實,這中間可能有些誤會……"來人仍不甘心地、囁嚅地解釋說,"也許有的信件引起了您的不快,鄭副主任講過,如果需要的話,我們會想辦法給澄清的。袁醫生要三思,機不可失啊!"

"呼"的一聲,竹門打開了。袁朝響亮的聲音傳了出來,"黨和人民群眾會來澄清的,會作出正確的評價的。"

當我衝到房門前的時候,來人已躥了出來,灰溜溜地縮著頭,消失在傍晚的暮靄之中了。

診室裡沒有開燈,袁朝的兩隻眼睛閃著炯炯的光芒,我搶步邁進竹門，緊緊地抓住了她的手，握了很長時間，這握手既表明了剛見面的親切問候，更重要的是對她剛才果敢行動的支持和祝賀。

"太好了，說得有力量，頂得有勁兒。"我讚不絕口地迭聲說。

袁朝堅定不移地說："老黎同志，毛主席指引的這條光明大道我們走定了，海枯石爛心不變。"

我相信她的決心⋯⋯

第二天一早她就起來了。她說："今早要到割膠班去。"

我提醒說："可別忘了小祁⋯⋯"

"我們是一起衝鋒陷陣的戰友，怎麼能忘記呢！"她意味深長地說。

"是呀！在膠林戰線上。"我補充說。

"何止是膠林戰線，我們還要進行一場劇烈的爭奪戰。"她耐心地解釋說，"你沒聽那人說，鄭副主任可以通過任何管道達到自己的目的，可是我們要讓他徹底打消這個念頭。我們早約好了，今天一早去做小鄭的工作。"

確實，這是一場激烈的鬥爭。看著袁朝堅忍不拔、百折不撓的毅力，她是不怕任何打擊報復的，一定會取得最後的勝利。

我耳邊響起了袁朝鏗鏘有力的語言："我們在用一鏟、一鑊，消除產生資產階級法權的土壤，誓將我們革命先輩扛過來的紅旗，插到共產主義高峰。"

當我離開膠林深處的時候，大冒星已隱沒在暗藍的太空之中，膠工們的明亮的燈火劃破黎明前的黑暗，好似千百顆明星，閃閃爍爍。遠近傳來了膠工們此起彼伏的歌聲，新的、渾厚的、戰鬥的樂章開始了；不論是年青的橡膠工人，還是在譜寫新傳的老兵，他們都在用自己的實際行動，填寫著強有力的音符⋯⋯

（原載《北京文藝》1976 年第 5 期）

塞 外 鶯 歌

溫 小 鈺

"無產者等閒看驚濤駭浪……"

高亢激越的歌聲在白音查幹草原上空飛揚。北疆的夜晚,遠方天際,透出微明。往日熱火朝天的打草場上,現在聽不見打草機的刈刀割斷草莖的嚓嚓聲,也聽不見孩子和婦女們的笑語喧嘩。拖拉機、運草卡車圍成一道屏障,上面站滿了四面八方趕來的牧民和旗裡下來的支牧大軍。黑壓壓的觀眾,十分安靜,大家專心一致地傾聽著柯湘的精彩唱段。阿旗烏蘭牧騎正演出新節目 ── 蒙語歌劇移植革命樣板戲片斷。四十多年前中國共產黨人和階級敵人英勇鬥爭的英雄氣概,使廣大貧下中牧深深激動了。

我這個來到草原上已經五年、兩年前被選調到烏蘭牧騎工作的當年的紅衛兵,聽著這激情奔湧的歌聲,傾聽著柯湘 ── 賽娜發自內心的演唱,心情更不平靜,不禁想起無產階級文化大革命的崢嶸歲月。

那是一個金色的秋天,我們 ── 毛主席的紅衛兵,在天安門廣場接受偉大領袖毛主席的檢閱後,在《炮打司令部》光輝戰鬥檄文的鼓舞下,掀起了更加波瀾壯闊的鬥爭巨浪。我和幾個戰友來到了白音查幹草原上的阿旗鎮。

一進鎮,激烈的階級鬥爭氣氛撲面而來,觸目的大標語映人我們的眼簾:"烏蘭牧騎炮打舊旗委的大字報好得很!堅決支持賽娜的革命行動!"但也有一張反對賽娜的大字報貼在旁邊。

　　經過幾天的調查訪問，我們弄清楚了，賽娜是個業餘獨唱演員。人民公社成立時，她和幾個放馬、牧羊的男女青年一起，組成了一個業餘文藝宣傳小組，宣傳總路線，爲大躍進，爲人民公社大唱讚歌。後來，在這個文藝小組的基礎上，正式建立了烏蘭牧騎。他們中有的隊員不識簡譜，有的隊員不懂基本功訓練，旗裡分管文教的副書記烏日圖看不起他們，不承認他們，總想砍掉他們。在那些日子裡，賽娜帶領烏蘭牧騎隊員，認真學習毛主席的《在延安文藝座談會上的講話》，深入牧區，邊演出邊勞動，堅持爲貧下中牧服務。當以毛主席爲首的黨中央肯定烏蘭牧騎的方向以後，烏日圖的態度驟然發生了一百八十度的變化。他們一面大造輿論，爲自己表功，花了很多錢，給烏蘭牧騎添置樂器，購買服裝、道具。裝置燈光等等，以示關懷和支持；一方面又在暗地裡扭轉烏蘭牧騎的大方向，想把烏蘭牧騎引向岔道。烏日圖常以“政治任務”爲藉口，把烏蘭牧騎留在城鎮演出，指示他們多排演一些區外的“高水準”歌舞。也是出於這個目的，不顧賽娜的多次反對，把她送到專業文藝團體去“進修”。

　　“就這樣，我這個牧羊姑娘，起先是被人瞧不起，後來是所謂‘關心’、‘培養’，現在又想不讓我說話。”在我們調查訪問的時候，賽娜說著，哈哈大笑起來，神情之間，對走資派玩弄的這套攪渾水的把戲，充滿了蔑視。“毛主席《炮打司令部》的大字報說出了我們的心裡話，真是大長了革命派的志氣，大滅了走資派的威風。有毛主席撐腰，他們封不住我們的口。”賽娜接著說。

　　幾天以後，烏日圖不得不向群眾作了個檢查。我們通過這段鬥爭，和草原人民結下了深厚的戰鬥情誼，決心到牧區來插隊落戶，接受貧下中牧的再教育……

　　十年過去了，塞外牧區發生了翻天覆地的變化。擺脫了修正主義路線的干擾，荒原上種植了防風林帶，沙漠中處處清泉噴湧，草庫倫星羅棋佈，定居點日益繁榮。我們當年的紅衛兵小將已經跨入牧民的行列；而賽娜和阿旗烏蘭牧騎，經過文化大革命的鍛煉，更加鬥志昂揚。這兩年來，賽娜帶領我們，把大多數革命樣板戲的核心唱段，移植成蒙語歌劇，唱遍了草原，使得文藝革命的光輝成果，深深沁入草原貧下中牧的心中。

"……將火種播向這萬里山鄉！"

柯湘的一段唱完了，觀眾中爆發了熱烈的掌聲，幾個老牧民激動地站起來，說："賽！賽！伊赫賽！"[1]"黨代表說蒙語，我們聽得更親切了。這都是毛主席對我們的關心咧！"下來支牧的旗文化館女幹部，也興奮地和我們握手致賀。"你們成功地塑造了柯湘的形象，太鼓舞人啦！"更多的人湧向賽娜："閨女，唱得太好啦，聽不夠啊……"

晚會結束了，我們正要回住宿點去，現在旗文教局工作到公社來蹲點的烏日圖忽然叫住了我：

"你們隊那份經驗總結是你寫的？"

"我起草，黨支部討論通過的。"

烏日圖皺著眉沉默了片刻！"旗文教局決定我去呼和浩特參加文化工作會議，這份材料要帶去作重點發言。你看，是不是把採取多種形式普及革命樣板戲那段壓縮一下，增加一部分，談談基本功訓練。"

"基本功訓練？"

"是啊，烏蘭牧騎怎麼前進，怎樣提高，基本功是個關鍵。總結一下你們隊這方面的經驗是很有意義的。就拿賽娜來說吧，她所以會有這麼大的進步，和聲樂基本功的扎實分不開。"

聽見說到自己，正在和幾位牧民老大娘告別的賽娜走了過來。

我說："賽娜沒有搞什麼特殊的訓練啊！"

---

1 蒙語：好，好，太好了！

“她系統地學習過。”烏日圖意味深長地望著大夥，接著說，“賽娜成長的過程說明，十七年中，我們不是沒有幹一點好事的嘛。”

“什麼？”賽娜吃驚地望著他，“你的意思……”

“賽娜，你總得承認，在專業團體進修那一段，給你打下了很好的基礎嘛。”

“不，我不承認！”賽娜尖銳地回答，她那還沒來得及卸妝的臉上，閃動著柯湘那樣堅定的目光，“我不同意照這樣改寫經驗總結。你是想通過我來給修正主義文藝黑線塗金嗎？”

“唉，賽娜……你怎麼能否認起碼的事實呢？”

“不，這不是事實。”

大家都驚動了，還沒有走散的牧民又紛紛聚攏來，一場激烈的爭論就要爆發，這情景，一下子又把我拉回到十年以前。那時候，我們也是圍在旗委門口，和烏日圖展開辯論。十年過去了，現實生活已是舊貌換新顏，許多人們不理解的事已成為主宰生活的規律；許多幼芽已長成參天大樹。但是，還有那麼一些人，“文化大革命”中動了一動，時間一過，卻又固執地回到了原來的立場上，甚至妄圖翻案，我們不得不同他繼續辯論下去！

“我是被送到專業團體去‘進修’過，但那是什麼進修啊！一開始，那個專業團體差點把我轟出來——唱法不合規格，聲音粗糙，毛病太多……有一位‘專家’勸我乾脆改行。”賽娜激動地說道，“後來，他們給我規定了一套練聲方法，許多清規戒律。當我終於學會了演唱一首外國歌劇裡的詠歎調時，我的聲樂老師高興得跳了起來，她以為自己是為貧下中牧做了一件好事。”周圍的人都笑了，但賽娜的表情十分嚴肅：“但是當我回到草原上，回到烏蘭牧騎，情況完全不一樣，牧民們不需要外國詠歎調，這是培養嗎？這是毒害！”

“閨女說得對！”一位牧民老阿爺插了進來，“我們知道她。那年學習回來，她的聲音變了，唱的是草原的歌，味兒不像我們牧民了。她很著急，我們也很難過。有人說賽娜只好離開烏蘭牧騎，到城裡的大舞臺上唱去。……可是，我們賽娜是個好樣的，她不走，她找了好多會唱歌的貧下中牧重新學習，這樣，我們又愛聽她唱歌了。"

一個烏蘭牧騎隊員也向烏日圖憤怒地說道："為了擺脫你們強加給她的影響，賽娜付出了多少勞動。賽娜演唱的成功，恰恰是無產階級文化大革命精神鼓舞的結果，怎麼能記在十七年文藝黑線專政的功勞簿上呢？"

"對，我說幾句。"

"我發言……"

人們爭先恐後地要求參加辯論，烏日圖的額角冒出了汗珠，他開始煩躁不安，不想繼續辯論下去了，他說：

"行了，別說了，這份經驗總結，我沒法替你們帶去。"

"你是沒法帶去。"賽娜朗聲回答，"因為你始終不肯好好理解毛主席的革命文藝路線的精神。你說要刪去普及樣板戲的一些內容，你哪裡知道，正是在普及和移植革命樣板戲過程中，我們演英雄、學英雄，提高了自身的思想革命化；我們學習革命樣板戲的革命精神，艱苦奮鬥，藝術上努力創新；我們通過實踐，學到了許多蒙古族的音樂，學會了它豐富的發聲和潤腔辦法……"賽娜停了一會兒，無限深情地說："革命樣板戲成為鼓舞我們烏蘭牧騎不斷前進的動力。誰要想否定這一點，為十七年文藝黑線翻案，我們就跟他鬥到底！我們要把今天這場爭論反映到旗黨委去。"

這又是一次戰鬥！我感到賽娜在新的歷史條件下，又向著資產階級發起了進攻。像柯湘一樣，五十多年來，中國共產黨人不就是這麼一場革命接一場革命，一個戰役又一個戰役地戰鬥過來的嗎？

烏日圖坐車走了。我們和賽娜一起，在透明的夜色中行進在廣闊無垠的草原上。賽娜領頭，我們齊聲唱了起來。還是蒙語歌劇移植的革命樣板戲：

望長空，想五井，

似看到，萬山叢中戰旗紅，

毛委員，指航程，

光輝照耀天地明。

北疆的夜晚，陣陣清風夾著花草的香味，天邊隱隱透露著微明。我們的歌聲傳送得很遠很遠，它越來越壯美了。

（原載 1976 年 5 月 23 日《光明日報》）

嚴峻的日子[1]

伍　兵

　　盧建華警惕的眼睛注視著前方一百米的地帶，這兒是人民英雄紀念碑的正前方，天安門廣場的中心。幾天來，有些人打著清明節悼念革命先烈的幌子，不講批鄧，不講反擊右傾翻案風，卻含沙射影地進行反革命宣傳。這使盧建華的心情很不平靜。此刻，正是清晨，晨曦透過薄霧，照射著巍然聳立的人民英雄紀念碑。在紀念碑周圍已經有些人了……

　　"建華！"

　　盧建華聽到身後有人喊她，回頭一看，是民兵指揮部副指揮、廠黨委委員梁師傅。

　　"你去睡一會兒！"梁師傅把胳膊底下夾的一件棉大衣遞給了建華。建華看了看大衣，抬起頭來望著梁師傅那充滿關切目光的眼睛說："我不累。"把大衣又塞回梁師傅的手裡。

　　盧建華帶領民兵小分隊在這兒巡邏已經一天一夜了。梁師傅看著她不知疲倦的樣子，不由得又一次仔細端詳著這個堅強的姑娘：她高高的個子，兩條辮子剛好齊肩，紅潤的臉上閃爍著一雙深沉的眼睛。褪色而潔淨的工作服整齊合身，給人一種淳樸堅定

1　這篇小說是《北京文藝》編輯部組織創作的。小說適應江青反革命集團的政治需要，顛倒黑白，篡改歷史，將鎮壓參加天安門悼念活動的廣大人民群眾的暴行視為正當的"革命行動"，並把矛頭直指其時在中央工作的鄧小平。粉碎"四人幫"以後，這篇小說受到批判，《北京文藝》1978年10月號發表了"本刊編輯部"的文章《汲取教訓，振奮精神，繼續前進》。

的感覺。對於盧建華的成長，梁師傅是十分瞭解的。八年前她還是一個紅衛兵小將。到了工廠，在工人階級隊伍裡，她努力學習毛主席著作，迅速地成長起來。一九七四年在批林批孔的火線上，入了黨。她在填寫入黨材料的那次鬥爭中，鮮明的無產階級立場，給梁師傅和同志們留下了深刻的印象……

“梁師傅，你看！”建華機警的目光突然停在了紀念碑的西側，只見哪裡，人群騷動起來……

“我看看去！”盧建華說完疾步趕到紀念碑西側，擠過人群，來到欄杆旁。這時女民兵趙立英跑了過來，她臉漲得紅紅的，喘著氣說：“建華，散佈反革命謠言的人往南溜了，我正上前盯住他的時候，幾個推自行車的人把我擋住了。看樣子，他們是有組織的……你看！他們也往南跑了。”

建華帶上趙立英，朝南緊追了一陣，遠遠看到，幾個推自行車的人已快走到前門樓下。走在最後，推著一輛大鏈套鳳頭車的瘦高個子，突然回頭望瞭望，像發現什麼似的，向另外幾個暗示了一下，便一個個偏腿跨上自行車，拼命蹬了起來。

就在這時，建華隱約看到一個熟悉的面孔，腦子“轟”的一下，不由得一驚：怎麼，他也來了？他什麼時候回來的？……

建華把剛才看到的情況向梁師傅敘述了一遍，然後堅定地說：“這是一個重大線索。梁師傅，把任務交給我吧！”

梁師傅考慮了一下，用信任的目光望著盧建華說：“好！要謹慎。有什麼情況及時向指揮部匯報。”

盧建華下了公共汽車，看了看手錶，已經九點半了。她橫穿過馬路，加快了腳步，很快拐進一條小胡同裡。

胡同的深處豁然寬闊起來。路北一個高高的門樓下，兩扇朱紅大門緊閉著，旁邊的汽車房也緊關著。

這座庭院，解放前是一個大資本家的住宅。一九四九年以後換成了現在的主人——副部長盧川隆。

　　盧建華按了一下大門右上方的電鈕。不大一會兒，走出一個五十歲上下繫著白圍裙的婦女。

　　"王阿姨！"建華親熱地叫了一聲。

　　"哎呀！小華，可有些日子沒回來了。"

　　建華習慣地先到了王阿姨的屋裡，王阿姨像久別重逢似的打量起建華來。

　　由於一宿沒睡，又加上一段緊張的趕路，建華臉上有些倦色。這些王阿姨看得十分真切。她望著這個從小失去了生身母親的姑娘，關切地問道："小華，不舒服了嗎？""不！"建華微微一笑，輕輕地把飄在額前的一縷頭髮往耳後劃了劃，接著問道："阿姨，我爸爸在家嗎？"

　　"在……"接著，王阿姨對建華講起，這些日子她爸爸一直在家養病，沒到機關去，不斷耍脾氣。前幾天楊伯伯來找他的時候，狠狠說了他一頓。王阿姨從來沒見楊伯伯發那麼大的火。看樣子兩個老頭兒鬥爭得挺激烈。

　　盧建華忙問："因為什麼？"

　　王阿姨說："詳細的情況我也不大清楚。只聽楊伯伯說：'你盧川隆跟他大刮右傾翻案風，這不是偶然的！你不徹底交代、揭發，我不答應你，黨也決不會答應你！'說得你爸爸啞口無言，可等楊伯伯一走，你爸爸就破口大罵起來……"

　　提起楊伯伯，盧建華的心裡油然升起一股尊敬的感情。在革命戰爭年代，楊伯伯跟著毛主席出生入死，轉戰南北，為黨為人民立下了功勳。解放後，楊伯伯在毛主席的領導下，堅持無產階級專政下繼續革命，同修正主義路線作堅決鬥爭，文化大革命中，他熱情地支持社會主義新生事物，堅定地站在毛主席的革命路線上。在當前反擊右傾翻案風的鬥爭中，他又同那些搞翻案的人，進行著不調和的鬥爭。楊伯伯常對建華說的話，又縈回在她耳邊："小華子，要永遠聽毛主席的話，做無產階級的革命接班人哪！……”

這時，王阿姨向院子深處望瞭望，用手一指說：“建華你看！”

建華出門一看，只見她父親盧川隆正在寬大的藤蘿架下，圍著一個大金魚缸，聚精會神地打太極拳。敞穿著的毛衣吃力地兜裹著他那突起的肚子。在背向陽光的陰影裡，閃動著他那幾乎全部禿光的頭頂。他兩手舉在眼前，上下左右地招引著身子，時起時伏，轉來轉去。雖然望見女兒回來了，但只是用眼睛瞥了一下，很快又繼續打他的太極拳了。

盧建華見此情景，深深地吸了一口氣，鼻翼輕輕地掀動了一下。王阿姨拉了建華一把，示意讓她上樓去。王阿姨深深知道自文化大革命以後，建華和她父親之間的關係越來越“僵”了，好像她們父女之間有一道看不見的鴻溝隔開，特別是從建華到工廠後，回家是有數的，而這有限的次數也經常是引起一場“激戰”而去。

建華來到二樓，打開自己的房間，王阿姨提著暖壺也跟了進來。“王阿姨！我自己來。”建華搶過暖壺，接著問道：“建奇回來了嗎？”

提起建奇，王阿姨厭惡地說：“咳！這個月一直沒走，整天東奔西跑的。”說著王阿姨低聲告訴建華說：“這幾天，建奇總是早出晚歸，還帶著一小夥人往他舅舅劉處長家跑！”

建華深沉的目光閃了一下，不由得心裡一動：往他舅舅家跑？這一小夥人和他舅舅又聯繫起來了？看樣子，他們是有組織、有計劃、有預謀的……

建華一個人留在房間裡，望著屋裡的一切，感到心情十分的壓抑，覺得一切一切與自己的感情很不協調，更談不上半點親切；唯一心愛的就是床頭櫃上的一個鏡框，上面落滿了灰塵。她掏出手帕輕輕地擦去上面的塵土，清晰地露出了一張照片：在雄偉的天安門前，一對南方農民打扮的老年夫婦，發自內心地笑著。這是建華的爺爺奶奶。望著這張照片，爺爺奶奶過去常講的家庭的變遷和自己童年中記憶的事情，一幕幕又閃現在建華的眼前……

聽爺爺奶奶說，一九三○年的時候，父親剛剛十五歲，那時軍閥混戰，民不聊生，四川這個號稱"天府之國"的地方，簡直成了人間地獄，貧苦農民整日掙扎在死亡線上。一次官府和地主們勾結起來，為地方軍收"打牙祭"錢，爺爺奶奶因拿不出錢來，連全家唯一的財產 ── 一把籐椅也被搶走了。後來，又要抓父親去當壯丁，這樣父親才跑了出來，投奔了楊伯伯帶領的革命武裝。……

全國解放了，土改時又找見了這把籐椅，年長日久藤皮磨壞了，爺爺奶奶又用藤皮精心地把它纏好。後來爺爺奶奶便背著這把籐椅來到了北京。

在天安門升起第一面五星紅旗，舉國上下一片歡騰的日子裡，小建華出生了。建華的童年就是在那把籐椅上度過的。她曾無數次坐在籐椅上，聽爺爺奶奶和媽媽講舊社會的苦難家史，講毛主席共產黨的恩情……

小建華七歲那年，一天，建華在陽臺上纏著爺爺給講故事。爺爺去搬籐椅，卻再也找不到了。老人家苦心追尋了幾天，才知道原來是他兒子盧川隆覺得自己的職務已經很高了，感到這把椅子難看，讓王阿姨拆散燒火了。爺爺生氣地指著爸爸說："你、你這是忘本！"但盧川隆並沒有接受老人的批評。不久，更使老人氣憤的一件事，是建華的母親病故後，盧川隆和一個思想根本沒有改造的資本家女兒結了婚。從此爺爺奶奶一氣之下帶上小建華，回到了四川老家。

小建華在農村長大，爺爺奶奶去世後，才又回到北京。隨著年齡的增長，多年來父親的變化，常引她深思；她還把父親和楊伯伯比較，同是老幹部，為什麼父親與楊伯伯差別那樣大，她一直沒得到答案。一九六六年轟轟烈烈的無產階級文化大革命開始了。廣大群眾揭發、批判了盧川隆十七年大力推行修正主義路線的罪行。盧建華開始明白了，尤其通過無產階級專政理論的學習，她覺得父親不是一個真正的革命者，正如列寧所說，他是"像小私有者一樣看待對資本家的勝利，他們說：'資本家已經撈了一把，現在該輪到我了。'"

"踏 — 踏一踏 — "從樓梯口傳來一陣很慢的腳步聲。聽到腳步聲，建華將爺爺奶奶的照片取出來，愛惜地夾在日記本裡。

剛打完太極拳的盧川隆一邊用潔白的手帕蘸著額角上的汗珠，一邊用眯縫的眼睛望著建華，操著四川口音說："你怎麼回來了？"

"我回來有事。建奇呢？"建華問。

盧川隆聽建華開口問建奇，心裡多少明白了女兒此次回家的來意。他心懷戒意地說："你問他幹什麼？"

這時兩人走進了會客室。盧川隆一屁股坐到金絲絨沙發上，等著建華的回答。

盧建華直截了當地說："為天安門廣場的事兒。"

一聽說天安門廣場的事兒，盧川隆心裡不由得微微一動。盧建奇近來每天都活動在天安門廣場。幾天以來，盧川隆也一反常態，每天早晨，不是先到藤蘿架下打太極拳，而是站在二樓陽臺上，蹺腳向天安門方向望著。雖然他明明知道這兒根本看不到天安門，卻仍是站在哪裡出神。他在想什麼呢？那便是他對自己的兒子盧建奇還沒敢說出口的一個念頭：鄧小平不垮臺，他就有辦法，有希望了……

盧川隆知道建華是首都工人民兵，冷冷問道："天安門廣場怎麼了？"

盧建華氣憤地說："有一小撮壞人在搞反革命活動，建奇也去了。"

"沒那麼嚴重吧？"盧川隆拉著長長的調子說。

從這句話裡，建華已經看出父親對當前天安門情況的態度和對於盧建奇的袒護。這種態度，是在她預料之中的，便嚴正地問道："當前反擊右傾翻案風運動正進入重要階段，你採取這種態度，到底是站在什麼立場上？"

盧川隆聽了這一番話，望著女兒的神態，猛然想起了那次為女兒入黨問題而引起的鬥爭，心中有些不快，拉著腔調說："怎麼，你又拿出那次填寫入黨材料的勁頭來了？"

那是一九七四年，盧川隆重新任職以後。一天，盧建華為寫入黨材料，談起父親在文化大革命中的表現，盧川隆聽後，臉色立刻變得陰沉下來。他背著雙手，在地毯上來回走著，突然停住了腳步，氣沟沟地說："你就這樣寫：受過批鬥，但沒錯誤！"

盧建華聽了不由得一驚：怎麼剛上臺這麼幾天，對以前的錯誤就不認賬了？她再也抑制不住自己的感情，氣憤地質問道："什麼？！沒錯誤？！幾年前，在批判大會上，你是怎麼說的？"

在那次批判大會上，革命群眾把一張大字報展示在盧川隆的面前，質問著："看，這是你幹的吧！"

這張大字報抄的是盧川隆寫的一份名單。盧川隆為著推行那條修正主義路線，廣泛招降納叛，把一批有嚴重政治問題的人，都安插在許多重要崗位上。就是在那次會上，戴著紅衛兵袖章的盧建華"通通通"跑到臺上，用手指著名單最後一個名字憤怒地說道："這是我繼母的表弟，有嚴重右派言論。你說不妨礙當處長，有這回事嗎？"盧川隆連連點頭說："有、有……"

聽了盧建華的揭發，台下的群眾義憤填膺，口號連天。在憤怒的海洋中，盧建華舉起拳頭，帶領大家高呼："盧川隆必須徹底交代！……"

盧川隆回到家中，拍著桌子衝著建華喊："你在大會上出我的醜，我姓盧的沒有你這樣的女兒！今後你少登我這個門！"

　　聽到父親這樣說，建華氣得心血往上撞，嚴肅地說：“我不是你的私有財產，我是黨的女兒，人民的女兒。你不讓我回家可以，不讓我和錯誤思想做鬥爭辦不到！”

　　……

　　盧建華想著這些年來和父親的一次又一次的鬥爭，看著眼前父親的這種神態，她感到今天的鬥爭更加複雜了，於是她斬釘截鐵地回答：“是的，今天的鬥爭正是那場鬥爭的繼續。今天，你不僅舊病復發，把被批判過的那一套修正主義黑貨又重新收拾起來，而且百般打擊、迫害文化大革命中湧現出來的新幹部。不但我要和你鬥爭，全國人民都要和你鬥爭！”

　　盧建華這些義正辭嚴的話，使盧川隆啞口無言。他掛著一副十分惱怒而又陰險的樣子，從茶几上拿起一枝菸，拼命地吸起來。

　　這時忽聽王阿姨在外面說：“建奇回來了！”盧建華騰地站了起來，幾步走到窗前。只聽外面稀裡嘩啦一陣聲響，一個推著大鏈套鳳頭車的人走了進來，瘦高的個子，留著小平頭，一件大墊肩料子服，長長地蓋著屁股。

　　盧建華心裡一陣噁心：他變得越來越不像樣子了……

　　盧建奇一推開門，正碰上建華那炯炯的目光，不由得心裡一驚，但他馬上故作鎮靜地說：“你回來啦！”

　　盧建華單刀直入地問：“你到天安門廣場幹什麼去了？”

　　盧建奇從兜裡掏出一枝過濾嘴香菸，叼在嘴裡，往沙發上一歪，說：“怎麼，你管得可真寬哪，不讓去怎麼著？”

　　“有人在天安門廣場搞反革命活動，你們今天早晨去幹什麼了？你要揭發！”盧建華緊逼了一句。

　　盧建奇歪著腦袋，把手一揮說：“你甭給我來這一套！你說是反革命活動，這是你的看法。告訴你，我已經長大了，我有政治頭腦，我有我的前途！”盧建奇說著，瞟了爸爸一眼。

　　盧川隆靠在沙發上，慢悠悠地吸著菸，用審視的目光看著這姐弟倆；盧建奇從爸爸的眼光裡好像得到了某種鼓勵。

盧建華嚴正地說："照這樣下去，你的前途是很危險的！"

盧建奇不服氣地說："怎麼，你又要堵我的前途？"

盧建奇說的這個"堵"是有來歷的。

盧建華清楚地知道，眼前這個弟弟跟自己的生活道路是不同的。他是在"席夢思"軟床上長大的。在他八歲時，建華從四川回到城裡不長時間，一天建華正抱著大洗衣盆，洗著盧建奇剛剛脫下的衣服，盧建奇走過來，一把從洗衣盆裡把衣服抓起來說："讓王阿姨去洗！"說著就把濕淋淋的衣服扔到王阿姨腳下。高中畢業後，盧川隆利用自己的職權，抵制知識青年上山下鄉，把他兒子留下了。對這件事，盧建華在工廠的無產階級專政理論學習班上作了揭發。梁師傅鼓勵建華說："你學得好，做得對！這件事，你回家打算怎麼辦？"

盧建華把背在身後的書包往胸前一拽，拿出了一張大字報，堅定地說："梁師傅，這就是我的態度。"

梁師傅抖開一看，是一張揭發批判盧川隆的大字報，心裡一陣熱：建華同黨內走資派的鬥爭，不管是什麼人，包括和她父親的鬥爭，是何等的堅定，而且是反覆的鬥爭！這種鬥爭精神，正是無產階級的革命精神。就是這張大字報，貼到部機關門口，在群眾中引起了強烈的反響，把部機關無產階級專政理論的學習運動，從理論聯繫實際的角度更向前推進了一步，使大家更清楚地認識到，像盧川隆這樣的人，是怎樣在維護和擴大資產階級法權。也就是因為這張大字報，盧川隆不得不改變做法。盧建奇拒絕同工農相結合，擴大資產階級法權的路，就這樣被堵住了。

盧建華聯想起盧建奇所走過的道路，斬釘截鐵地說："我堵你，是為了挽救你，不讓你走反革命的道路！"

盧建奇把那三角眼一瞪說："誰反革命？我們要真正的馬列主義！"

　　"什麼'真正的'馬列主義，你們要的是假馬列主義，真修正主義！告訴你，打著真正馬列主義的旗號，幹真正反革命的勾當，這是現在階級敵人活動的花招。你這樣是沒有好下場的！"

　　盧建奇拉著調子說："你甭威脅我。我倒要奉勸你，小心你的下場。"說著又看了父親一眼。

　　盧川隆不由自主地微微點了點頭。但他很快意識到，建華這次回來，不是她個人的行動，要小心謹慎，便勉強微笑著說："你們姐弟倆好長時間沒見面了，不要一見面就吵架嘛。"

　　盧建華立即答道："這怎麼是吵架，這是關係到建奇走什麼道路的問題。"

　　盧建奇好像是從父親的話中得到了力量似的大聲說："我用不著你關心。爸爸這些年來跟我說過許多話，過去我還不理解，現在我才理解了。我要走自己的路。"

　　盧川隆一聽兒子這蠢笨的話，有些惱火，如果不制止，不知道還要說出什麼，說不定會把他吹捧鄧小平的話也搬出來，於是趕忙說："你們不要再說了。我身體不好……"

　　盧建華感到父親這番話分明是想逃脫責任，她站起來走到盧川隆面前，一針見血地說："建奇現在的活動，建奇走的道路，你推卸不了責任！"建華的話說的是那樣的鋒利、響亮，以至當她憤然離開了這所房子後，這句話還在盧川隆的耳邊響著……

　　金色的晚霞灑滿了整個天安門廣場，微風吹拂的五星紅旗飄揚在一片火紅的晚霞裡。盧建華在鮮紅的旗幟下，正向梁師傅匯報。梁師傅向她傳達黨中央在關注著天安門事態的發展，這給建華增添了無窮的力量。

　　夜幕漸漸地降臨了。廣場上的值勤、巡邏加強了。盧建華把任務佈置完，人們剛剛散開，就看見趙立英飛跑過來，氣喘吁吁地報告說："快去，在紀念碑東側，有一小撮壞人正在張貼極為反動的傳單……"盧建華果斷地發出了"集合"的口令，跑在小分隊的最前面，向紀念碑東側奔去。

在離紀念碑不遠的地方，建華示意隊伍停了下來。她一面指揮隊伍形成包圍圈，一面拿著手電筒擠到前面，電光照在一張反動詩詞上。原來這幫傢伙，已經公開打出擁護鄧小平的旗號，把矛頭指向以毛主席為首的黨中央。從詩詞的筆跡上，建華一眼認出了盧建奇的筆體，一股怒火衝上頭頂！盧建華看那文句，決不是盧建奇自己所能寫出來的，她馬上想到盧建奇常常到他舅舅家去，這個有嚴重右派言論的文人又在背後舞文弄墨了！這一小撮反革命猖狂到了何等地步，對這些反動分子決不能手軟，必須實行堅決的無情的鎮壓。

盧建華用手電筒在空中畫了個大圓圈，民兵們馬上會意地將這一地方圍了起來。就在盧建華的手電筒光往回掃的一剎那，她發現有一個人，帽檐壓得低低的，幾乎快遮住了眼睛，滿臉鬆弛的皮肉，臉上掛滿了老年斑，手裡拄著一根破竹竿，在昏暗的星光下正專注地看著反動詩句⋯⋯"啊！"這老傢伙不是她家住宅原來的主人、那個反動的資本家嗎？她把手電筒迅速地向前一照，一個穿著大墊肩料子服的瘦高個子，正弓著腰，伸著胳膊在貼第二張，正是盧建奇！盧建華在剎那間感到，在當前這場反擊右傾翻案風的鬥爭中，黨內的走資派，新生的資產階級分子和被打倒的老資產階級分子，把他們復辟的妄想都寄託在這裡了⋯⋯如果讓這幫傢伙得逞，無產階級的革命成果就會付之東流！毛主席親自發動和領導的反擊右傾翻案風的鬥爭，確實關係著黨和國家的命運，這是無產階級與資產階級的又一次階級大搏鬥！

盧建華把手電光停在盧建奇身上，上前大喝一聲："盧建奇，住手！"盧建奇被這突如其來的喊聲嚇得心裡一哆嗦，回頭一看是盧建華，他稍定了神，想猛地給建華一腳，然後跑掉。只見建華一揮手，在紀念碑臺階下的民兵一齊圍了上來。周圍的群眾看到這種情景，憤怒地喊著："抓住他！"盧建奇一看，對他那一小夥暴徒喊："快跑，工人民兵來了！"頓時這小撮人就亂了起來。盧建華衝過暴徒的縫隙，握緊手電筒，直向盧建奇追去。

　　盧建華不知哪來的那麼大的速度，飛似的追了上去，她一把抓住了盧建奇的脖領子。盧建奇打了一個趔趄，還在掙扎，瞪著兇狠的眼睛說："你放開我！"盧建華的手抓得更緊了，眼睛裡憤怒的火光直射到盧建奇的臉上。盧建奇見掙脫不掉，用乞求的語調喊著："姐姐，放開我吧！"盧建華使勁把衣領一拉，嚴厲地說道："誰是你姐姐！走，你跟我走！"這時一小撮暴徒衝過來奪人。盧建奇一見他的同夥來了，又氣焰囂張地指著盧建華用力喊："快！打她！她是民兵頭頭。"暴徒把盧建華圍了起來。一陣廝打，盧建奇掙脫了。盧建華不顧一切，衝上去，攔腰抱住盧建奇，高喊："同志們，快來抓反革命！"盧建奇在垂死掙扎中從腰間拔出一把匕首，狠命地照盧建華頭部的正中刺去，這時，梁師傅縱身躍到盧建奇身邊，用手猛地一推，盧建奇的刀子一斜，紮在了建華的左肩上，剎那，鮮紅的熱血湧出來，濺在了紀念碑潔白的漢白玉欄桿上……

　　天安門廣場的翠柏掀起了怒濤，紀念碑前發出了震天的怒吼。在我們社會主義祖國的首都，能允許這樣的反革命暴徒向無產階級反攻倒算嗎？"堅決鎮壓反革命！""決不讓一個敵人跑掉！"一陣陣排山倒海般的口號聲從人群中爆發出來，人們紛紛自動挽起手來協助工人民兵把現場圍住，人民警察、警衛戰士也都趕來了。盧建華一手捂住傷口，一手拿著手電筒仍在緊緊盯著盧建奇。盧建奇在雪亮電光的照射下，蹲在地上哆嗦成一團。這一小撮張牙舞爪的反革命分子在強大的無產階級專政面前，一個個如喪家之犬……

　　趙立英和民兵們一齊向盧建華擁來，她興奮地說："建華，這夥反革命分子讓我們抓住了。"盧建華失血的臉上露出了勝利的微笑。此刻她感到眼前一陣發黑，身體再也支持不住了，一下子倒在梁師傅的懷裡……

由於流血過多，盧建華躺在醫院的病床上，已是午夜了，還沒有醒來，處於昏迷狀態。

"多麼堅強的姑娘！受傷後還堅持戰鬥！真不愧是毛主席的好工人！"

"我們有這樣的革命青年，鄧xx要復辟倒退，真是白日做夢！"

"這夥反革命暴徒，真是喪心病狂到了極點……"

醫護人員懷著欽佩的心情，一邊稱讚著建華，一邊進行搶救。

看著昏迷的建華，圍在周圍的民兵們也十分著急，梁師傅坐在床頭，不時用手撫摸著建華髮燙的前額。趙立英悲憤交集，她想：爲了進行復辟倒退活動，弟弟竟然如此向姐姐下了毒手，如果鄧xx在中國復辟了資本主義，那就會千百萬人頭落地……

她輕輕地走到梁師傅面前，望著梁師傅由於剛抽完血而有些蒼白的面容問道："梁師傅，是不是給她爸爸打個電話，告訴他一下？"

梁師傅皺著眉頭，兩眼凝視著立在建華身邊的輸血瓶，沉思了片刻說："這個電話，可打可不打。"

趙立英還是去隔壁的房間打電話了。她撥通電話，把盧建華的情況告訴了盧川隆，然後說："建華現在還在昏迷，你是不是來看看。"

話筒裡傳來了盧川隆的聲音："需要什麼可以來拿，我身體不好，不能去。"趙立英"叭"一聲掛上電話，氣得半天說不出話來。沒想到盧川隆對親生女兒就是這個態度。她不由得想起了建華有一次和她說過的話："我和我父親的鬥爭，是兩個階級的鬥爭！"

趙立英回到病房，把打電話的情況告訴了梁師傅。梁師傅咬著牙，輕輕地點了點頭，趙立英也咬緊嘴唇，屏住呼吸，充滿深情地望著建華閉著眼睛的臉龐。

隨著梁師傅的鮮血一滴一滴地輸入建華的血管，建華漸漸地睜開了眼睛……

趙立英激動地坐在已經蘇醒過來的建華床前，極力控制自己的感情，說：「建華，我和你說件事，你不要激動……」她把打電話的經過告訴了建華。

盧建華聽了後，很平靜。她把頭向枕邊一歪，望著床前掛著的那瓶工人師傅的鮮血，正沿著膠皮管一滴、一滴地緩緩流到了自己的血管裡。建華的心激烈地跳動著！父親不會來，這是她預料到的。平日家庭的冷落，並沒有使她產生一絲灰心，反而使她在工人階級的隊伍裡，更加茁壯地成長起來。盧建奇這個反動小丑的一刀，傷口的劇痛，不但沒有使她呻吟過一聲，反而更增添了她與資產階級決戰到底的鬥志。可是，此時此刻盧建華望著那瓶工人階級的鮮血，卻再也控制不住了，她的眼睛模糊了，眼圈裡滾動著的熱淚，一下子奪眶而出，順著臉頰流在了枕頭上……啊！世界上，決沒有無緣無故的愛，也沒有無緣無故的恨，在階級社會裡，家庭、父子、兄弟之間……人與人的關係永遠也不會超越階級關係，親不親階級分……想到這些，盧建華頓時感到渾身增長了無窮的力量。

夜深了，盧建華看著床前的戰友，想到天安門前那緊張、複雜的鬥爭情景，她覺得，此時天安門廣場是多麼需要同志們去戰鬥啊！盧建華拉著梁師傅的手，堅定而深情地說：「梁師傅，你們趕快去廣場吧，夜裡更需要加強巡邏。有醫生照顧我，你們就放心地去吧！」

正當建華懇切催促梁師傅和同志們的時候，護士引進一位革命老幹部，只見他滿頭銀髮，滿臉紅光，身穿整齊的中山服，腳上穿著圓口黑布鞋，輕輕地走了進來。

「楊伯伯！」建華一下子喊了出來，就要坐起來。楊伯伯上前按住了建華,親切地說: "小華子,不要動。"

楊伯伯在床前坐了下來,摸著建華受傷的肩膀問道: "流血了,怕嗎?"

建華微笑著搖了搖頭。

"多少年不流血啦,流點血也好啊!什麼階級鬥爭熄滅論,鬥爭激烈得很嘛!"楊伯伯望著建華,好像看到了在社會主義革命的大道上,千百萬無產階級的堅定勇敢的青年戰士,高舉社會主義和共產主義的紅旗,前仆後繼奮勇前進!想到這些,楊伯伯站起身來,無限欣慰而又充滿希望地對建華和在場的民兵們說: "同志們,向你們致敬!你們用實際行動保衛毛主席的革命路線,進行著偉大的鬥爭!你們不愧是毛主席的好工人!"

聽了楊伯伯的話,民兵們受到了很大鼓舞,建華的心情更是激動。她決心學習老一輩革命家對毛主席、對無產階級革命事業的赤膽忠心,用自己的生命捍衛毛主席的革命路線,把反擊右傾翻案風的鬥爭進行到底!……

楊伯伯和戰友們走後,屋裡靜悄悄的。儘管晨曦送走了春夜,陽光又從西邊的視窗照射進來,盧建華的心情卻怎麼也平靜不下來。最近的事情,過去的事情……一齊在她的腦海裡掀動著連天接湧的波濤。她從衣兜裡拿出了日記本。日記本已被鮮血染紅。翻開第一頁,透過殷紅的血跡,她默讀著上面工整的幾行字: "是的,我們推翻了地主和資產階級,掃清了道路,但是我們還沒有建成社會主義大廈。舊的一代被清除了,而在這塊土壤上還會不斷產生新的一代,因為這塊土壤過去產生過、現在還在產生許許多多資產者。"

盧建華在列寧這條語錄的 "現在"兩個字上加了加重號。

她看著這條語錄,眼前閃過了盧建奇、那個繼母的表弟……建華感到這些人正是偉大導師列寧所說的,過去產生過、現在還在產生的許許多多的新的資產階級分子。但是,盧建奇他們為什麼能如此囂張？她的耳邊又響起了毛主席的教導：搞社會主義革命，不知道資產階級在哪裡，就在共產黨內，黨內走資本主義道路的當權派。走資派還在走。父親盧川隆正是這種黨內資產階級。她認為，身上的刀口是盧建奇扎的，但這把刀實際上是盧川隆給的。盧建奇的反革命活動，正是盧川隆堅持反對社會主義革命的必然結果。盧川隆這類人，是社會主義革命的最危險的人物。她從自己切身經歷感到，無產階級與黨內走資派的鬥爭，是一場生死存亡的鬥爭……

盧建華在本子裡又看到了，前幾天從鏡框裡取出的爺爺奶奶的照片，親切地端詳起來。

透過爺爺奶奶在天安門前淳樸的笑臉，建華覺得照片上的天安門巍然矗立在自己的眼前。雄偉的天安門啊！此刻在建華心中更加崇高。一九六六年毛主席在天安門上發出無產階級文化大革命的偉大號召，把社會主義革命又推向一個新的階段。在毛主席“八·一八”接見的日子裡，建華作為紅衛兵的代表，曾登上天安門的觀禮台，緊緊挨近毛主席的身邊。那溫暖的巨手，諄諄的教導，使建華喜淚掛腮，渾身增添了無窮的力量。她想：無產階級文化大革命，是毛主席親自發動和領導的廣大人民群眾同黨內走資派的鬥爭。今天的鬥爭，正是當年那場鬥爭的繼續和深入。她望著照片上的天安門，沉浸在幸福的回憶裡……

建華看著，看著……她不由得緊緊地握起了拳頭。她深情地想：毛主席，您放心吧！為了使您親手締造的紅色江山永不變色，為了使舊中國的苦難不再重演，我們要用鮮血和生命保衛您，保衛以您為首的黨中央，保衛您的無產階級革命路線，一輩子聽您的話，走您所指引的路，同資產階級特別是黨內資產階級戰鬥到底！

想到這兒，建華再也躺不住了，她好像看到了天安門廣場，戰友們正在激烈地戰鬥著……

建華一下子爬起來，迅速穿好衣服，背上書包，腳步輕輕地離開了醫院。在她的床上留下了這樣一張紙條：

"在這樣的時刻，我不能躺在這裡。我必須去戰鬥！"

天安門廣場怒濤震天，華燈齊明，黨中央已經發出了戰鬥號令！看吧，一輛輛大卡車，滿載著工人民兵向廣場賓士，一隊隊整裝威嚴的警衛戰士、人民警察、戴著袖章的紅衛兵……排著整齊的隊伍，從四面八方向廣場聚湧而來，"堅決鎮壓反革命分子"的吼聲似長江狂濤，似動地驚雷，無產階級正高舉起自己的專政鐵拳，向一小撮階級敵人狠狠砸去。頃刻間，到處是天羅地網，形成了一道道銅牆鐵壁……

望著這浩浩蕩蕩的革命大軍，盧建華把傷痛早已忘在九霄雲外。她從口袋裡拿出日記本，取出夾在裡面的"首都工人民兵"胸章，端端正正地戴在了胸前。然後向天安門望瞭望，像是在堅定地說："黨，毛主席，親愛的祖國，您的女兒去戰鬥了……"

啊！人民群眾的力量，歷史前進的車輪，正以泰山壓頂之勢，雷霆萬鈞之力，橫掃陰霾，把一小撮逆歷史潮流而動的反革命小丑碾得粉碎！

……

朝霞把天安門染得紅光燦燦，光彩奪目。盧建華披著朝暉，佇立在金水橋頭，嘴角上掛著戰鬥勝利後的微笑。她舉目四望，天安門廣場顯得更加寬闊了，人民大會堂更加雄偉了，人民英雄紀念碑在蒼松翠柏的襯映下，更加莊嚴了。那在晨風中高高飄揚的五星紅旗，象徵著無產階級專政無比的堅強鞏固。儘管前面還有激烈的鬥爭，但是，盧建華耳邊迴響著馬克思和恩格斯的名言：資產階級的滅亡和無產階級的勝利是同樣不可避免的。

（原載《北京文藝》1976 年 6 月號）

公開的情書[1]

靳　凡

宙斯送來生命之火，
餘焰還在慢慢燃燒著。
　　── 歐裡庇德斯

第一輯　等待和尋找

（一九七〇年二月下旬 ── 四月下旬）

櫻花盛開的早春，老嘎讓真真跟老久通信。── 老久說，如果我理想的愛人在月球上，我也要去愛。── 老邪門對老久談戀愛藝術。── 真真等待奇蹟的出現。── 姨夫的管教、老淚和癌症。

第一封信　老嘎致老久

老久，我的朋友：

明天，太陽升起來的時候，我就要背起畫夾重新去流浪了。

是在山區的早春，櫻花盛開的時候，我來到這裡。真真熱情地接待了我。不知不覺，半個月過去了。山區小鎮的景色，它那凌亂、簡陋的小木板房子，對我已變得如此親切，以至於我將要

---

1 小說寫成於 1972 年，曾以手稿、列印稿在部分青年中流傳。小說運用書信體形式，形象地展現了"思考的一代"青年各自不同的生活道路以及他們的感情與心路歷程。1980 年公開發表後引起討論，並出版了單行本。

離開時，一種悵惘的感情襲上心頭⋯⋯

昨天下午，我在搞泥塑，她在一旁捏了許多小豬、小狗、小貓，把它們排成圓圈。她樂得拍手大笑，像個天真的孩子。她對我講起她童年時，如何為一隻小貓和男孩子打架，怎樣從住讀小學偷跑出來，看長江上的落日和白帆，怎樣拾橘子皮賣錢渡江去尋找綠色的花⋯⋯我不由得想起了少年時代的一個夏夜，我從少年官美術組活動完畢後回家，走在暴雨淋濕的大道上，華燈初放，燈影交織。走著走著，我被一種獻身的激情所控制。我的臉發燒，心不安地跳動著。就在這一刻，我決心獻身於藝術事業，去尋找輝煌的彼岸。大學畢業了，輾轉於風塵之中，我失去了少年時代的幻想。由於現實苦雨的澆淋，心情抑鬱不舒。但希望的烈火卻燒得更旺了。這烈火將抵禦綿綿陰雨和呼嘯山風對我的侵襲。我想，什麼時候，我內心的黑夜中才能升騰起理想的禮花呢？

真真外表很瘦弱，內心世界卻很豐富。過去，我們在同一個年級過了五年的大學生活。她留給我的印象是：性格豪放，熱情堅定，還有點鋒芒外露。女同學對她有種種流言蜚語，她卻成天樂呵呵的，和一幫朋友混在一起，常常出去登山、划船、打撲克、弈棋、下飯館⋯⋯文化革命前，她仗著出身好、業務好，紅得發紫。文化革命衝擊了她的家庭，她也受到多次批判，被打成"黑手"。然而，她依然不減銳氣，成天樂呵呵的。畢業分配到這高原山區的小鎮，她不僅失去了浪漫的大學生活，廣泛的社交活動，甚至也失去了她所鄙夷、嘲笑的輿論壓力。她下到了真正的底層。我開始和她接近了。對人生意義的探索，苦惱著她。她說："我不知道自己能幹什麼，又該幹什麼。我只感到自己是這樣的軟弱⋯⋯"她很愛看書，但這只不過是一種習慣罷了。談到她的男朋友時，她說："他要一個溫暖的家，而我要求獨立的生活！"

有一天晚上，她突然打斷我的話，興奮地說：

"你看，星星！多麼明亮的星星！"

她愛燦爛的群星。那是黑夜中透出的生命的閃光，遙遠而光輝的希望。可我在想：她深邃的雙眼不正是夜空裡最明亮的星星嗎？

明天，我就要離開她了。在這裡，我畫了數十張速寫，每天還畫一張頭像素描。記不清我對她講過些什麼話了，我只是深深地為她惋惜。我鼓勵她幹一件具體的事情——除了每天的教書匠工作外。我把你的哲學筆記留給她看了。我還讓她給你寫信，她同意了。

在這籠子似的、靜靜的山谷裡，棲息著十多隻異鄉的鳥：有北農大的，清華的，南開的，武大的，川大的……他們生長在二十世紀七十年代，卻又生活在刀耕火種的桃花源裡，這是怎樣一種"再教育"啊。

我心裡總有點不安。

老嘎

第二封信　真真致老嘎

老嘎：好！

早就想給你寫信。可是，一提起筆來，我就感到用文字來表達自己的思想感情是件苦差事。寫，或者說話，已經是夠沉重的了，行動則更為吃力。一放下筆，各種思想就會像翻滾的泡沫一樣浮泛起來，把我的感情攪得很混亂。

我嚮往著你目前這種沒有約束的生活。我這個鄉村小鎮中學的教書匠，在學生眼中，不，在整個社會眼中，是可有可無的可憐蟲。而你雖是個插隊待分配的大學畢業生，但一背起畫夾邁開雙腿，就可以逃到你熱愛著的朋友和大自然的懷抱中。在你來的那半個月裡，我是怎樣地企圖振奮一下啊！你和你的朋友們在如此艱難的條件下，依然刻苦地學習、勤奮地工作、自覺地前進，是那麼勇敢、堅定。當我意識到我的同齡人仍然在做艱苦的探索時，我的心震動了。我甚至想，也許，和你們結識對我的一生有著重大而嚴肅的意義。然而,這一切又是那麼短暫。當我還沒有來得及向你報告我心中這一變化時,我的心又涼了。真想不到,當生活的打擊在我明淨如水的靈魂上留下陰森的暗影之後,我再也無力把它驅逐開了。它遮住了我的一切:我的歡樂,我的意志,我的熱情,我的靈感,我的未來……但我還不甘沉淪。朋友們溫暖著我的心。你說過我什麼也不缺少,只缺少行動。但我總在想:行動?不錯。可我的目標呢?通往未來的路在什麼地方呢?我活著又是爲什麼呢?我不知道,我不知道啊!無論如何,有一點我是清楚的:我應該改變自己。

老嘎,我開始學習英語了 —— 爲了怕在空閒時消沉,怕在孤寂中頹廢。你也許會高興。但這種學習對社會又有什麼價值呢?我真不知道該怎樣忠於那不忠於我的生活。

我答應給老久寫信,二十天過去了,今天才寫。昨天,老久系裡的一個同學路過這裡,我向他打聽老久。他幾乎記不起有這麼一個人了。想了半天,他說:“那是一個極爲平常的人。老師和同學們很少注意他。”我覺得這很有意思。但我不知道該對這個我從未見過的人寫什麼才好。

過去的日子,已經成爲悲哀的記憶了。最真實有力地束縛著我的,是周圍的存在。當山溝中的陰風把粉末般的細雨灑在我麻木的臉上時,我感到格外清醒。路在什麼地方呢?眼前是灰濛濛的一片。腳下是骯髒的泥濘。汽車嗚叫著刺耳的高音喇叭飛馳而過,贈給我一身污泥點。我就是這樣,蒼白、無力地站在這春雨之中……

真真

第三封信　真真致老久

老久:好!

思想和夢想的混亂,

把我年輕的靈魂釘上十字架。

呵，有誰伸出他的手，

放到我這太苦的心上來？

是在一個晴和的午後，我給你寫信。我不認識你，在學校時也從來沒有聽說過你。老嘎把你批判黑格爾的哲學筆記留給我看。有很多地方我看不懂，但覺得內容很新鮮。

老嘎十五天的來訪，在我單調貧乏的生活中，像是一道劃破陰晦夜空的閃電，一陣吹走沉悶空氣的清風。因為在他來的這些日子裡，我覺得生活是這樣地舒爽。

在學校時，他以文質彬彬而著稱，我以爽朗大方、不拘小節而聞名。分配以後，他在艱苦的環境中依然那麼熱情地畫著，沉醉在藝術家的生活之中。而我呢，幾乎可以說是在混日子。他像一面鏡子，使我痛苦地照見了自己的消沉。

“要知道，缺乏對事業的熱愛，多大才華也是無用的。”有一天，我偶然發現他在我的筆記本上寫了這樣一句話。必須承認，這是一句使我內心震動的話。我苦笑了。他望著我：“你不會生氣吧？”我放聲大笑起來。

“你什麼條件都不缺乏，缺的就是行動！向前走啊，向前走就有路！”他的語調輕柔溫和，卻充滿了真誠的希望和熱情。我又一次感動了，信口開河地亂談起來 —— 為了使他高興。其實，我根本不知道自己該幹什麼。

我的苦惱是缺乏一個具體的目標來鼓舞我的意志和能力。我惱恨自己。

也許，正是他和你這樣的人在現實中還保存著一個充實穩固的內心世界。你們奮發有為的精神狀態，使我振奮。我欽佩你們，欽佩你們的精神，讚賞你們的行動！也許，有一天，我會像你們那樣振作起來，幹點事情。但現在不行 —— 我不知道從何處下手。我早就想給你寫信，又怕我這個閒人分散你這個忙人的精力。你們是忙人啊！

我非常喜歡俄國伏魯貝爾畫的那張閃爍著寶石光彩、震撼人們心靈的年輕魔鬼的油畫。哪裡面蘊藏著多麼巨大的力量、多麼瘋狂的熱情、多麼深沉的嚮往啊！如果有美，這就是美。藝術，如果沒有震撼人們心靈的力量、引起人們感情深處共鳴的內在感染力，它也就沒有生命了。

第一封信，不知道該對你說些什麼才好。你願意聽聽大自然留在我心中的深刻印象嗎？哪裡面充滿了我詩一般的幻想和激情啊！

好啦，我簡直把你當做老朋友了。此刻，在我的小房間裡，我跟一個不認識的朋友談心。我想像著你的模樣：個子不高，但很結實，皮膚微黑，戴著一副眼鏡；平時不太愛說話，見了人很和氣，愛笑，常常抽著菸思考問題。對不對？

重要的話再說一遍：我們是老朋友啦！

寄上山區的的一片春光 —— 微風、細雨和山花。

寄上山區人的一片心意和問候。

春天來啦，春天是我們的季節。

真真

第四封信　老久致真真

真真：春天好！

江南的春天來臨的時候，我收到了您的信。

望著春風中嘩啦啦亂舞的新綠的柳枝，我想，我會把這春天的枝條高高舉起，像湖邊放風箏的快樂的孩子一樣。那將是我們的旗幟。

春天給樹林帶來了生氣。我們廠的實驗室坐落在一個無名的山腳下。矮屋頂上的避雷針從桃花叢中伸向天空。收到你的信後，我到山上濃密的松林裡作了春天第一次散步。藍色的春水從山裡流出來，匯成歡樂的小溪。藍色的、黃色的小花盛開在綠油油的草叢裡。我的鞋沾濕了。我從山上採了一枝早開的映山紅。花開得很豪放，充滿了嬌媚，帶著一種倔強的美。我愛映山紅。記得在我多病的童年，春天裡媽媽常常拿著大把的映山紅放在我的床頭。現在，我深情地注視著手中這朵花。我想，應該把這朵花送給您。雖然我沒見過您，可是我總覺得，這朵花就象徵著您，象徵著您的性格，您那爽朗的笑聲。

回來的路上，我穿過松林中一片荒墳。一座座墳頭上長滿了春草，綻開著藍色的野花。我突然發現，有一塊墓碑的名字刷上了新的紅漆，十分顯眼。我不由想到，在這變化不定的大千世界中，還有生者懷念著死者。是追念先輩？還是痛悼愛人？死者埋入墳墓了，我們又踏著這片貧瘠的土地成長起來。可是春天呢，照例在這個時候準時到來，春水無憂無慮地流過這裡。我想，墳墓中的人是不會想到，在這偏僻的山腳下建立起了現代化的實驗室。懷著這樣的想法，我回到工作臺旁。我覺得應當儘快地工作，不要讓青春白白地流逝……

您為什麼喜歡伏魯貝爾的魔鬼呢？十九世紀末，一些人內心的熱情找不到出路。這幅畫就是那種情緒的變態反映。過去，我也喜歡魔鬼。那是在痛苦彷徨的時候。我讚歎否定中包含的發展的力量。在心靈上，我要求衝破一切枷鎖。我們的時代，需要的是大膽、明快、激動人心的形象。

時刻盼著您的信！

老嘎畫了一張您的速寫頭像，把它寄給了我。這樣，我就認識您了。

老久

第五封信　老久致老邪門

老邪門，我親愛的朋友：

當我一天到晚盯著真真畫像的時候，腦子中那些抽象的概念、公式、方程式都飛得無影無蹤了。

不能否認，收到她給我的第一封信，我很激動。這真是一個神奇的姑娘的來信。她有謎一樣的性格。她好像在唱著甜蜜的歌。這樣的歌在哪裡聽到過呢？是在童年時野花盛開的春天的樹叢裡，還是在理性大海的海市蜃樓裡？

你還記得嗎，今年春節之後你利用探親假來我這裡，我們討論了今年的工作安排。那時，我收到了老嘎介紹真真的來信。我們一起看完了那封信。燈光下，你眨著眼睛，狡猾地問我：

"朋友，你有何感想？"

當時，我毫不遲疑地回答：

"如果我碰到了理想的人物，我會不顧一切地追求。即使她在月球上，我也要去愛。"

我還說："如果她真像老嘎描述的那樣，那麼，雖然不能說我一定會愛上她，可是我願意和她保持她願意的一切關係。"

從那一天起，我就在等著她的來信。

料不到，這兩天我內心的風暴會如此猛烈。我不能進行任何工作。難道她那封平淡的來信，就使我的心解凍了嗎？這太沒有道理。可是，這種直覺又很強烈。她的信在我心中產生了難忘的印象。她的大膽和直爽使我感到意外。她喚起了我對生活的嚮往：過一個真正的人的生活。我又一次懷疑：在生活中，除了事業之外，還有沒有別的美存在？

我又想：如果有一個人，一個真正的人能瞭解我，愛上我……唉，我沒有權利要求這些。我有自己的工作。我們要用自己畢生的精力，及至犧牲個人的幸福，頂住現實的重壓，艱難地從事我們的工作……她帶給我的內心的風暴，歸根到底會慢慢平息。最多不過是讓我再經歷一次痛苦而已。青春過去就過去吧，青春終究要過去！我的生活發生了什麼變化？一切照舊啊！我什麼也沒有失去。可是，為什麼我又常常懷著一種夢後初醒的空虛之感？好像我聽了一段很美的音樂，演奏完了，空寂無聲。也許，你會笑我憑著一封信就愛她了。不，我並不是為她而痛苦，我是為自己的理想而痛苦。我不是電腦、機器人，我是有生命的活人，我需要去愛我所愛的人和接受別人的愛。

我覺得，我們沒有必要像很多高貴者那樣把自己的名譽、地位看得很神聖，並擺出一副道德家的面孔，彷彿他們從來不知道孩子是怎麼生出來的。我們忠於自己的感情，我們的感情是光明磊落的。我厭惡舊道德和宗教的虛偽。我們有自己的生活準則。我們仇恨欺騙和自我欺騙，從不因為追求真理要付出巨大代價而逃避真理。

不論我是痛苦還是激動，我都對自己感情的徹底感到滿意。平時，我將感情鎖在心房裡，她的信把鎖打開，風暴一個接著一個掀起。

最後，我還要問自己一個問題。我不想迴避這個使我不安的問題：

"我會愛上她嗎？"

我必須時時刻刻和這個念頭做鬥爭。我必須時時刻刻注意，我面臨的是現實的她，要從各種資訊中觀察和判斷她，而不要越來越陷入理想中的她。

只能用一個辦法來遏制我那向她滾滾湧去的感情洪流，那就是社會在我心靈刻下的傷痕。我不能忘記一個社會下層裡的小人物所受到的恥辱和蔑視！我不能忘記生活的教訓……

算了，算了，不要多想。讓生活自己展開吧！

春天來了，但依然寒冷，反覆無常。

雨瑟瑟地下著，衝刷著春風的足跡。

你的老久

第六封信　真真致老久

老久，我的朋友：

忙了一天，壓抑了一天，回到自己的小屋子，關上門，我覺得又解放了。最近，到處流傳著要揪 "北京來的學生" ，我這冞自北京名牌大學的人更是在眾目睽睽之下。晚飯後中學裡開會搞運動，我覺得有些人看我的目光都變了。真沒意思。

下午，我收到了你的信，直到現在才打開。晚風中，三頁薄薄的信紙翕動著，發出輕柔好聽的颯颯聲，像召喚，像細語……

為什麼這麼客氣呢？我討厭在朋友（哪怕是第一次通信）的信上看見"您"之類的字眼。這可惡的字眼把熱情和友愛掩蓋在彬彬有禮的冷漠中。

真的，你真好玩。收到信時，我捉摸不透信裡裝的什麼東西，鼓鼓囊囊的。拆開一看，是一朵色澤變暗的花朵。映山紅嗎？我很愛它。

在這陰雨連綿、春天逝去的日子裡，我是多麼懷念在驕陽照耀下怒放著的映山紅啊！

一九六七年夏天，我被打成"二月逆流"伸向群眾組織的"黑手"。在那些限制行動的日子裡，我努力學習馬列著作。這是我當時唯一能看到的書。我真誠地希望這種學習能使我理解眼前發生的事情。後來，我讀得有些厭倦了。一天早晨，我看見窗臺上幾隻麻雀自由自在地、吱吱喳喳地叫著、跳著。

我習慣了一個人走路，不管前面是什麼，我毅然從大學裡偷跑出來，和幾個中學生一起，爬上了開往大西南的貨車。五天五夜，歷盡艱辛，來到成都。

當我坐上了到阿壩高原拉木料的卡車時，我是多麼興奮啊！對高原景色的渴望，那色彩明麗的幻想，使我深深陶醉。

顛簸的汽車開到著名的大雪山腳下，墨綠油亮的葉子在盛夏酷烈的陽光下閃著魚鱗似的白光。一切顯得那麼燥悶。我竟流起鼻血來了。在疲乏單調的知了聲中，我輕輕地合上眼睛 —— 怕暈車，也怕那刺目的陽光。汽車在"之"字形的公路上緩緩前進。

突然，一陣和煦的涼風溫柔地撫摸我的皮膚，使我感到一種異樣的清爽。當我猛地睜開眼睛時，是怎樣的大自然的奇蹟呈現在眼前啊！滿山的春色一下子撲到我的面前，映山紅滿坡遍嶺，開得那麼熱烈、那麼豪放。一簇簇，一朵朵，紅的，粉的，在綠葉叢中怒放著，歡笑著。我心中抑鬱燥熱的悶氣一掃而光。我笑了，不由得笑出聲來。司機扭頭看了我一眼。我高興地說：

「多麼好啊，這裡仍然是春天！」

望著車外飛快後退的映山紅，我一直在微笑著。我能不笑嗎？大自然在向我笑著，春天在向我笑著，我能不笑嗎？

我曾經有過嚴冬慢慢過去、春天姍姍來遲的感受。但這種時間倒轉，從悶熱的夏天一下子撲入春天懷抱的感受還是第一次。當我在悶熱之中熬著，咬緊牙根想著千萬不能暈車，壓根兒沒有渴望春天的閒情的時候，春天卻奇蹟般地出現在我的面前。這種對春天的感受是多麼奇特而令人難忘啊！那滿山微笑著的映山紅，至今還搖曳在我的心頭。映山紅，我心中神奇的春天。

汽車緩慢而艱難地向上盤旋。四周雲霧繚繞，松樹挺拔，雲杉肅穆。但是，這森嚴冷峻的松林怎能叫我忘記被拋在山下的春天呢？怎能忘記那歡笑著忘情地陶醉於大自然。

汽車開到了滿目荒涼的高山坡上。蕭瑟枯黃的野草在寒風中顫抖著。我的心一下子涼了，陡然起了一身雞皮疙瘩。難道春天竟一點影子也沒有了嗎？我把棉衣穿上，裹緊了身子。看著車窗外淒冷的景色，我突然痛苦地感到，生活不應該是這種色調，不該這麼沒有生氣、這麼壓抑、這麼無情而灰暗！

快到山頂過山埡口時，下起了雪霰。單調、清冷、雪白的群山十分耀眼。我望著這無聲的群山，覺得太冷、太貧乏了。

冷風吹得耳朵發疼。我把棉大衣的栽絨領子豎起來。這時，就在這冰天雪地的世界裡，我偶然地發現一朵不大的黃花。我的心又激奮起來：花！多麼堅強的生命！這時，司機停車對我說：「馬上要過山口了，你下車走走。要不，腳會凍壞的。」我感激地看了他一眼，跳下車，顧不得凍得有點麻木的雙腳，奔到那朵黃色的小花前。

我仔細地看著這朵不知名的小花。花朵比拳頭略小，蠟質的、半透明的花瓣是那麼嬌嫩，彷彿滿含黃色的奶汁。它沒有葉子，只有一根毛茸茸的粗莖。美啊，大自然的奇蹟！不知名的黃花，你生長在風雪呼嘯的高山之巔，是這樣堅強、勇敢、美麗，充滿蔑視冷酷環境的豪情！

坐了三天汽車，我到了臨河的高原小城一馬爾康。

一個極早的凌晨，為了看高原日出，我離開了溫暖的被窩。

山谷裡黑黝黝的，恐怖而寒冷。我踏上了河上的大吊橋，橋下的雪水河奔騰咆哮，轟鳴著，滾動著，發出春雷般的巨響，像戰鼓擂動、像萬馬奔騰。這激越澎湃的聲音像一隻無形的巨手把我的心抓住了，捏緊了。緊得使我感到馬上會有重大事件發生。我處於焦躁的渴望和等待之中。大吊橋像沉重的巨鎖套在這奔騰的急流上。翻滾的河水使人頭暈目眩。橋在晃動著，似乎身子也浮在水面上伏波而下。我抓住冰冷潮濕的鐵索站著。兩邊是陡峭的大山。橋的兩頭延伸著灰白的公路。沿著山谷裡的公路望去，小城的火繁星似的閃動著……

水流嘩嘩。我的心緊緊收縮著。彷彿凝聚到一個很小很重的點上了，沉重地下墜著。我甚至不敢抬頭看，我怕失望，怕看不到我渴望著的美景。我內心的感情洪流，需要由高山日出解放出來，像腳下的河水一樣，要奔騰，要咆哮！

終於，我抬起了頭。啊 ── 我緊縮的心突然充血了，漲大了。我渾身發熱。那是一種怎樣奇麗的景色啊！遠處，雪山頂峰在柔和明麗的朝暉的映照下，閃爍著神話般瑰麗多彩的顏色。在那靜穆的群山之中，這是一座怎樣令人神往的光彩奪目的頂峰啊！淚水“刷”地一下奪眶而出。淚花迷離中，我仰望著的寶光璀璨的峰巔更加迷人。那不是理想世界的閃光嗎？我感到，我心中沸騰的熱情，我對祖國、對人民、對生活、對大自然的最純美、最強烈、最深沉的感情，這些無法用語言來表達的感情，一下子都集中體現在這最美的景物中了。也只有這高尚、純潔、光輝的雪山頂峰，才能使我的感情昇華，才能表達我的幻想、我的追求、我的希望！身邊還是暗夜，雪山已經黎明。雪山把晨光折射得閃耀不定、絢麗多彩。一種渴望攀登那神奇頂峰的狂熱控制了我。這種狂熱轟鳴著的急流水聲的激發下，使我的精神達到一種忘我、忘情、既盲目又清的狀態。

這時，汽車從我身邊馳過，高音喇叭像警報似的狂叫著。橋晃動得厲害起來。我忽然發現，不知道在什麼時候，天已經亮了。一直閃耀在我心中的瑰麗雪峰早已變成單調的白色。人們在忙忙碌碌地走著，汽車頻繁往來。我從幻想的天國又一下子跌進了現實的世界。突然，我感到異常的疲勞和痛苦。我真的哭了。難道一切竟這麼快地消失了嗎？難道我永遠無法達到那光輝的頂峰嗎？我的追求啊，我的幻想！我哭了，傷心，說不出的傷心。現實就是這麼無情。

我緊緊抓住鐵索，低下了頭，不願讓來往的行人看到我淚流滿面。人們一定會對我有種種猜測。他們又怎能理解我那時的興奮和悲哀呢？

這些，已經成為回憶了。不過，我也產生了一種信念：只要我有不顧一切衝破樊籠的勇氣，只要我對生活的美執著地追求，就會有雪峰般美好的奇蹟出現在我的生活裡。

是嗎？

真真

第七封信　老久致老嘎

老嘎，我的朋友：

最近，情緒很壞。不知為什麼，想痛痛快快哭一場。要是我還能流淚該多好！悲哀，迷茫。我只能忍受、忍受！連一個傾吐的地方也沒有。現實生活需要只知道工作而沒有絲毫感情的人。

　　我記起我推著自行車送老邪門到車站的那天。整個下午，我陪著他在太湖邊漫步。我們談論起友誼、愛情和生活。湖邊是冷清的。自然界還處在殘冬嚴寒之中。冷風吹來，我的心更悲傷了。朋友，也許，除了他以外，世界上只有你知道我的悲傷。難道熱戀中的男女的離別能和這相比嗎？在與英訣別的那一晚，我曾一個人在繁華的大街上茫然地走著，不知上哪兒去。我也曾在孤獨的殘冬夜晚離開了家鄉，在那長途火車上看著藍色的雪花在燈光下飄著、飄著……可是，這是一種不同的悲哀。現在是種怎樣的孤獨啊！和老邪門就要分手了。我又要獨自在生活的驚濤駭浪中搏鬥。一種難言的淒涼湧上心頭……我習慣了在繁忙的工作之餘，在那無窮無盡的政治活動之餘，把我的生命花在那少得可憐的屬於我自己的一點時間上。我習慣了一個人走路，不管前面是什麼，我都無畏地走下去。我拼命地工作，痛苦地思考，在父母面前也從來不露聲色。我只有用十倍的工作和學習才能酬答我遠方的朋友。想到這個世界上還有兩顆理解我的心在跳動，我身上就充滿了勇氣！

　　應該承認，你比在大學時改變了許多。至少那時你是不會有膽量做長達四個月的旅行的。突破這點以後，你會發現一切都沒有什麼了不起。如果一個人的活動總是以周圍的輿論為轉移，那麼，他是什麼事情也做不成的。旅行對於藝術家來說是絕對必要的。

　　我有一種很強烈的信念：在我們這一代人中間將會產生出無愧於我們時代的政治家、思想家、科學家和藝術家。

　　人們往往喜歡從歷史中汲取浪漫的豪情，從各個時代的偉人哪裡汲取精神力量，追求他們的思想和生活態度。甚至有人抱怨自己為什麼不生在那英雄輩出的時代。但是，我認為，更重要的是，每一個人必須正視自己生活的時代，認真考慮這個時代面臨的新問題。歷史是不會重複的。在我們的時代，世界正長驅直人到未知的領域中去。從這種觀點來看，未來永遠是屬於青年的，屬於現在正在進行種種艱苦探索的人們。人類生活的進程中，沒有任何一個時代值得看輕和抱怨。它們都會在整個過程中顯示出自己的意義。的確，我們現在的條件很艱苦，許多人消沉了，採取虛無主義的處世哲學，精神上的痛苦和焦渴是難以描述的。我們完全有權利說，我們這一代人所經歷的道路的曲折和艱難，決不亞於我們的先輩。可是，請告訴我，什麼時候，什麼地方，又有哪一個偉大的人物選擇了平坦易行的道路呢？對於我們這一代人來說，我們首先應該做一個不甘落後於時代的人。儘管我們被封閉著、被束縛著、被剝奪著、被種種勢力包圍著，我們仍然要拼命睜大眼睛去觀察、尋找和發現世界上我們同時代人在自然科學和社會科學各個領域裡所取得的有歷史意義的進展。其次，我們要有繼承和利用人類幾千年積累的知識文明的魄力和能力。不具備這種能力，我們就始終是個弱者，始終走不遠。當然，最重要的是，拓新世界。

　　她的畫像收到了。臉部質感還可以，很浪漫。整個形象還是美的。眼睛是熱情深沉的，閃耀著思想的光輝。可是，朋友，印象！你忘了這點。我要在這幅畫中看到被強烈表現出來的性格。你的畫法太古典了。寧可不像也不要緊。要誇張，要使人一看到就產生心靈的震動。或者說，一看畫就會愛上她。你應該用全部靈感去畫她，表達她對光明的追求，表達她那自由奔放的性格，激動人心的熱情。如果有一天，你能創作出這樣的形象，那將是光輝的傑作。這種形象會永遠活在我們這一代正在艱苦奮鬥的青年的心裡，成為我們理想的象徵！你應該去畫閃電、畫風暴、畫波濤的怒吼，畫自然界中那些不可思議的事物。在我看來，作品應表現出藝術家改造世界的魄力。一幅有責任感的作品，不僅僅是滿足了作者表達自己思想感情的欲望，更要考慮它對一代人的影響。

在理性上，我嘲笑人生的短暫和歡樂的易逝。在別人看來，我是冷酷無情的。可是，我的心是柔和的，充滿著任性的激情。我嚮往著可以獻出自己一切的愛情，嚮往著在愛人懷裡傾訴衷腸。這難道不是自相矛盾嗎？

我收到她兩封信。出人意料之外的大膽和直爽。她闖到我的精神生活裡來了。顯然，不論今後我和她保持什麼關係，我的思想一定會或多或少地藝術化，會常常陷到詩的境界裡。

老久

第八封信　老久致真真

真真：

黎明前黑色的寒風，

驅趕著僵死的夜。

可是，我竟把

山中升起的明星

當做荒野的燈火。

曉星帶著預告白畫的

光輝，升起了 ——

並把那藍色的高傲的光芒，

一直投到我的腳前。

以後我不再用“您”來稱呼你了。你的來信，使我的情緒變得幽暗了。我茫然地伏到桌子上，不知道寫些什麼。或許有一天你會瞭解造成我這種情緒的最可悲的原因。那時，你會真正瞭解我這顆心的。

我熱愛祖國的山河，可是沒有時間忘情在大自然的懷抱裡。記得，去年老嘎離開我時，我請求他為我唱支歌。也就是那天晚上，我突然感到我內心是那麼熱烈地嚮往著生活。看到你這封信，更激起了我對生活的熱烈嚮往。可是，我知道這會加重內心的陰影。

　　在和你通信以前，我曾經想過，我和你生長在兩個不同的社會階層裡。我的父親是個普通的小學教師，母親是平凡的家庭婦女。我們有著不同的童年和成長道路，有著不同的愛好和社會聯繫。本來，我們可以各走各的路，永遠不會對對方發生興趣。是一種什麼樣的社會力量使我們走到一起了呢？這是時代，是我們時代的需要。對於我，脫離了事業和工作，將沒有生存的必要。對於你，我關心的是你的激情。我們雖然沒有見過面，可是我只要憑著你的熱情 —— 那種內心真正的激情，我就會深深地瞭解你，甚至不需要別解釋。就憑這一點，我就會把你當做我一生最親密的朋友。因為我相信，在這種感情和心靈上，將建立起我們共同的理想、共同的事業，使我們在共同的奮鬥中建立起經得住任何考驗的友誼。我認為，只有這樣熱情的心靈，才會有永遠不倦的探索，持續不斷的追求。有了這種追求，我們就會走到一起的。是的，把人們聯繫在一起的共同事業的力量是偉大的。

　　我從不懷疑你的才華和知識。我擔心的是你有沒有激情和靈感。你的來信不是在描繪自然而是在描述你那顆永不安寧的心。我所以要再三強調這點，是因為我認為，只有這種激情才能創造，才能產生獻身偉大事業的動力。在未來，任何創造性的勞動中，工作的熱情和靈感將推到首位。所以，我為你而感到自豪，為你的性格，為你成為我的朋友而感到自豪。

　　當生活的圖畫被各種原因無情地玷污的時候，在這十分沉悶、令人絕望的時候，偉大的時代把自己的豪情賦予另一些人，賦予在頑強的探索中追求祖國光明的未來、追求民族富強的人。這些人的一生是艱難而痛苦的。他們最瞭解生活的意義。他們是無畏的探索者。他們是堅強的戰士。朋友，相信吧，我們的道路是正確的，關鍵在於我們能夠走多遠。我們這一代已經聽到了歷史的召喚。

　　近十幾年來，湧現出一些強大的科學思潮。它們正在以怎樣的力量向未知世界伸展啊！如果我們沉溺於束縛住我們的那點小天地，就根本不可能理解歷史落在我們肩上的使命，也想像不到時代在如何逼迫著我們親愛的祖國迅速強大起來……不知道，你對這些興趣大不大？

真真，你的畫像就掛在我牆上。我好像在幽深的海底或夢幻中看見了微笑著的你。你和我想像中的差不多：清秀、開朗、熱情奔放！

真真，感情會似海浪洶湧而來，又會似風暴悄然退去，把你的痛苦對我傾訴吧……

老久

第九封信　老邪門致老久

老久，我親愛的朋友：

我聽到了你熱情的傾吐了。

是的，在感情問題上，我們也應該是個戰士。我們正視自己的感情，分析自己的感情，把握自己的感情。老朋友，你的心情我完全理解。

你還猶豫什麼呢？既然她是你的生活理想，那麼，盡情地愛她吧。掀起你感情海洋的洶湧波濤吧！

坦率地講，我全心全意地支持你內心的感情。為什麼呢？這不僅是出於我對你的友誼，而且出於一種很奇怪的考慮。那就是，我竭力想在你身上保留那種激蕩的、浪漫的感情。我清醒地看到，在我身上，不可能有這種感情了。我的性格決定了我沒有徹底愛上一個人的幸福。在我身上還保留著一種深沉含蓄的愛。這種愛使我富於自我犧牲。無論如何這和那種激動人心的熱情不一樣。我害怕我的性格給我們的工作帶來鉛一般沉重的調子。為此，我格外珍重你的詩情。如果你失去了這種熱情，我們的工作會變成怎樣的呢？想到這一點，我感到可怕。

我來預測一下，我們和她的關係今後會怎麼發展。

她和我們走到一起來了。我們是因為追求真理而來的。她是為了追求精神的解放而來的。她將從我們的思想能給她多少光明來判斷我們工作的價值。她追求的那種精神生活，在現在的條件下，只有和我們這種人在一起時才能得到。從這個觀點看來，我們當中的某一個和她結合將不是沒有可能的。

她經歷過追求真理的痛苦。可惜，她至今仍不可能找到答案。從這種意義上來說，她和我們的相遇對她的一生有決定性的意義。這將是靈魂的生與死的選擇。她見識廣，求知欲強。但她的求知欲和我們的不同。我們是力圖去理解知識與真理的深刻性，去展望未來；而她追求知識，追求新思想，是為了追求精神上的自由。所以她只可能在性格上對環境實行反抗，而不可能從理論上實行反抗。她和她的朋友們不會在理論上比我們走得更遠。因為，如果從社會變動來分析一個人成長過程的話，每一個轉折，我們都經歷過。

再思考另一個問題。這樣的姑娘是否會和我們合得來。

我們並不需要一個在理論的深刻性上和我們匹敵的愛人。這不僅是不可能的，也是沒有必要的。我們需要的是奔放的激情。而真真，則可從我們工作中得到生氣勃勃的精神生活。

我們搞自然科學的人喜歡用純理智的態度來分析問題。在通信的資訊交流中，重要的是抓住對方的感情旋律。但是，這裡面有一種時滯作用，使這種控制往往是不穩定的。

愛她吧，我的朋友！我認為，在人類一切感情中，只有一種是不需要任何理由的，這就是愛。真、善、美從哲學上看是淺薄的，可在愛情上卻是光輝的。因為只有在理想的愛情中，才有真正的善和美。

你的老邪門

第十封信　真真致老久

老久，我的朋友：

現在，窗外是迷迷濛濛、混混沌沌的毛毛細雨，屋內冷冷清清，坐著我一個人。

"我關心的是你的激情，你的心靈。"我聽見了你這親切、誠摯的呼喚。我的心很不安寧。

昨天是星期天，上午我躺在床上翻看朋友們的來信。這些信，像酒一樣，時間愈久就愈醇。我整個身心沉浸在回憶中，說不出是悲哀還是惆悵。離開學校一年多了，可是過去的一切還沒有在我心中平息。下午，我收到姨父從北京寄來的短信。他用幾乎平淡的口吻告訴我，他已確定為肺癌，馬上就要做手術。可他又說："真真，安心工作吧，一切都會好起來。"我知道，他多麼想在手術前見我一面啊！我不能鎮定自己的情緒。他畢竟是一個年老體弱、需要照顧的老人啊！我懷著恐懼，感到孤寂寒冷。這時，風雨大作，雷電裹著冰雹，氣勢洶洶地敲打門窗。天暗極了。我點燃了小煤油燈。燈光微弱，搖曳不定，昏黃而又慘澹。我對著這如豆般大小、如霧樣迷蒙的燈光發愣，刻骨銘心地思念著我的姨父和我大江南北的朋友們。高原的雷鳴，十分可怕。那雷聲從天邊響起，從遠處滾來，彷彿一直滾到心坎上才轟然炸裂，發出震耳的轟鳴。大滴的雨點從天空劈劈啪啪落下，點點滴滴敲打在我焦躁的心頭。我的情緒十分激動，想呼喊，想奔走，甚至想痛哭一場。文化革命前不久，我和姨父有一段時間很不和，雖然我是那麼愛姨父，姨父也最疼愛我。

我是在南方讀完小學的。父親因我功課好，就送我到姨父家，在北京上中學。

姨父是個和藹平易的中國近代史學者，沒有孩子，卻擁有豐富的藏書。古今中外，歷史、文學、哲學，門類繁多。姨父的書櫥成了我的精神倉庫。有哪一天晚上，我不捧著一本心愛的書讀到深夜呢？後來，我以優異的成績考入大學。現實在我面前鋪開了一條多麼寬闊而又堅實的道路啊！我覺得，我童年時代的夢想，少年時代培養起來的對科學的熱愛，獻身於建設強大的社會主義祖國的理想，都可以通過自己的努力學習而變爲現實。甚至，我覺得可以沿著這條道路走到人生的光輝頂點。我幸福極了。我在少年宮天文組的一個最要好的朋友也考進了大學。我們互相勉勵，深信純真的友誼可以給我們攀登科學高峰以巨大的力量。

就這樣，我讀完了大學二年級。六六年春天，我病了，好幾個星期起不了床。那位朋友幾乎天天到姨父家來看我。先是姨媽對他投以不信任的目光，後來姨父也很懷疑我們的關係。這時，報紙上開始批判"人性論"、"人情味"，批判資產階級唯心史學觀，並且不點名地對我的姨父進行了批判。有天晚上，姨父和姨媽跟我進行了一次我永生難忘的談話。"真真，必須和你嚴肅地談一談。"他們一本正經地開始了談話。我第一次感到自己是個成人了。燈光下，我看到姨媽手中握有一封拆開的信，信封上是我朋友的字跡。他們說："我們對你、對你父母負有責任。'他們說我剛上大學就談戀愛，忘記了祖國和人民的培養，還說我朋友的信裡充滿了小資產階級人情味。姨媽還赤裸裸地說，像我這樣一個出身革命家庭的女孩子沾染了資產階級情調，人們一定會怪罪於姨父一家的影響。他們見我始終一言不發，採取抗拒的態度，就生氣了，命令我斷絕和這個朋友的聯繫，否則就通知我父母，他們無法管教我了。

這突如其來的粗暴干涉激怒了我。那天晚上，我整夜沒睡。這是我一生中第一次失眠。我百思不得其解，姨父、姨媽平時對我那麼好，甚至有些溺愛我，爲什麼突然板起面孔教訓我？好像我犯了什麼罪，不再是他們可愛的真真，而是隨時可以給他們帶來危險的人了。我對朋友和友誼有一種宗教般的信仰。我不能容忍長輩不經允許就拆我的信件，無視我的公民權。在我看來，憲法規定的公民權應該得到保護。第二天早飯時，我抗議他們拆信，並聲明自己的友誼是純潔的。我原以爲學識淵博的姨父會理解我的。我說話時忍住淚水，始終以信任的目光看著姨父。但從姨父那冷淡堅定的目光中，我看到了他決不妥協的意志。我孤獨無援了。這時我心裡還有最後一塊陣地在支持著我，這就是友誼。我有一個信念，我們年輕人要走自己的路，這是我們自己的權利。當時，我是一個多麼單純的姑娘啊。我不想用虛偽代替真誠，也不想用世故代替天真。我相信，只要我內心有純真的友情支持我，我就有足夠的精神力量和老一輩對抗。

可是，沒多久，這個朋友真的給了我一封充滿了青年的柔情的信，我渾身直打哆嗦。這對我的精神是多麼沉重的一擊！半個多月來，我以沉默來表示我對姨父、姨媽的反抗，還準備迎接父母和哥哥的進攻，不都是因為我保證過我和朋友之間的關係是友誼而不是戀愛嗎？而且，我的朋友不是一再對我發誓要用友誼激勵我們刻苦學習，今後為祖國作出貢獻嗎？為什麼朋友要欺騙我？難道我看過的許許多多的書中那種純潔美好的友誼在現實中就不存在嗎？難道一切事物中都充滿了欺騙？不，我不能理解。我被友人的欺騙擊垮了，墜入孤獨、寂寞、混亂之中，失去了內心的和諧與平靜。我默默觀察學術觀點上受到激烈批判的姨父。我發現，別看他表面上與所謂資產階級情調勢不兩立，實際上他也垮了。生活中充滿了欺騙——這就使我這樣一個敏感熱情的姑娘無法忍受我沉思了。那條擺在我面前的、金光閃閃的道路突然中斷了。我想，當科學家對一個人來說，只不過是外在的東西，它不能代替心靈的追求。我開始追求那沒有欺騙的真、善、美，追求心靈的和諧，追求道德崇高的精神境界！

沒過幾個月，文化革命就開始了。我姨父被當做反動學術權威揪了出來。批鬥、抄家、任意打罵、做沉重的勞動。最令他難堪的是，他被用墨塗黑了臉，戴上寫有名字的紙糊高帽，穿著象徵封建遺老的紙糊背心，手持銅鑼，邊走邊敲邊叫："我是牛鬼蛇神！"此後，他變得沉默寡言了。每當我觸到他那雙曾經是那麼明亮、閃著智慧火花而如今變得呆癡的雙眼，每當我看到他邁著僵硬、艱難的步子，拿著掃帚去掃廁所的時候，我心裡就免不了一陣刺痛。這時，口頭上我還沒有同姨父和解，但我心卻爲姨父的處境不平。有一天，我去黑幫大院給姨父送冬衣。趁著沒有外人，我說了一句："姨父，您要保重身體啊！"姨父立即老淚縱橫，泣不成聲地說："孩子，姨父對不起你啊。那時我是怕啊，我挨了批判，我怕別人會把你的行爲和你的性格氣質統統都歸結於我的影響。真真，我研究了一輩子歷史，歷史來懲罰我。知識成了罪惡之源……我不願意看到你再走我走過的路……好孩，你，你會怎麼看待姨父呢？"我也哭了。我沒有能力去安慰一個痛苦的老人。他甚至懷疑起知識會對青年有腐蝕作用。他管我是爲了愛我，爲了使我不再遭受他經歷的那種痛苦。我哭了。淚水融化了我和姨父的隔閡。姨父不也是個受損害的弱者嗎？前不久，他解放了。回家後的第一件事，就是把經過浩劫所剩的書籍，當廢紙賣掉。實在捨不得賣的，全部捆起來塞到床下。過去，姨父最反對抽菸。受審查以後，他開始嗜菸如命。他常常一個人呆呆地坐著，煩悶地抽菸，一句話也不說，一點表情變化也沒有，一坐就是兩三個鐘點。有次，我掀開床板找書，弄得滿身是土。姨父勸我對書不必那麼認真。我故意說："我讀書不是爲了生活，我生活是爲了讀書！做一個正直的知識份子又有什麼不好呢？"顯然，姨父被刺痛了。他深深地出了口長氣，就不做聲了。從此，姨父對我的鍾愛更深了。

　　他半年前開始咯血。他對自己的病很麻木，要不是姨媽催逼他，他根本不會到醫院看病。今天當我知道他得了肺癌，想到他盼我回去又不得不說讓我安心工作的話時，我心疼極了。親愛的朋友，一想到可能再也見不到姨父，我心裡是多麼悲哀啊！我簡直不知道怎樣給姨父寫回信。

　　我們這裡是停課半天搞運動，任何人不得請假。昨天，我校管政工的幹部在會上點了另一個從北京分來的學生的名，然後說，其他北京來的人，有問題就主動交代，知道別人有什麼問題就揭發，這是對運動的態度。生活有如一場沒完沒了的戲。我不再是主角了，而是配角，不，是觀眾。這一切什麼時候才有個完結啊？我焦急而又厭倦。

我本來決定不顧學校不準請假的禁令，到北京去看姨父。但姨父信上說，快過“五一”了，為了首都的安全，這些日子天天在清查沒有正式戶口的人。像姨父這類人的家，總要格外小心才好。為了不加重他老人家的不安，只好過些日子再說。

朋友，你能理解我此刻的心情嗎？

真真

第二輯　心的碰撞

（一九七〇年四月下旬 — 五月底）

老嘎和老久都愛上了真真。 — 老久認為無權隱瞞朋友的愛，便把老嘎的信和自己傾吐愛情的信，一起寄給真真。 — 生活的大海是苦的。 — 如果你曾經用愛情去報答。 — 精神流氓踐踏真真的感情。 — 真真致石田的哀的美敦書。 — 老久不允許有任何自我欺騙。 — 老邪門認為，愛的權利不能出讓！

第一封信老嘎致老久

老久，我的朋友：

我在痛苦紊亂的心情下給你寫信。

從真真身邊回來後，我的心情一直無法平靜。在跟她的交談中，我意識到了一系列的問題，這幾乎要把幾年來支持我生命的柱石摧毀。在離開她的時候，我內心痛苦極了。我恍恍惚惚地走上山路，幾乎走錯了方向。

我越是暸解她的個性，就越想閉上眼睛，克制自己，不要再

想下去 ── 因為我不能給她幸福。

　　如果說，過去我是以一顆幼稚的心靈去尋找虛幻的感情寄託，那麼，今天面對著這個值得尊敬、值得去愛的人，卻沒有能力去愛，這不是真正的痛苦嗎？

　　因此，出現了這樣的現象：我心中把她當做女神來給她畫像，在嘴上只能說把她當做一尊雕像來畫；給她寫信時，內心洶湧的熱情被壓制住，卻精心選擇恰當的詞句，顯出冷漠無情的口吻。跟她談話時，想馬上離開她；等到真的要走了，又想再留一會兒，再留一會兒⋯⋯

　　我成了個真正的不幸者。與她談話，使我想起了少年時代報考上海戲劇學院舞臺美術系的事。當時，我是鎮定的。我蔑視考試錄取時對我的判決。我知道，我的畫是出色的，只是因為出身不好，有海外關係 ── 父親在美國開飯館，才未被錄取。對未來，我當時仍然抱著幻想。統考時我又考到了北京。似乎我受傷的心稍稍得到了安慰。然而，萬萬想不到從此我背負了現實的重壓，內心的自我慢慢被消溶了，靈魂被侵蝕了，活躍、浪漫的個性被磨損了。我變得麻木不仁，謹小慎微，不敢大膽地表露自己的內心世界，不敢熱烈地愛和恨⋯⋯我沉浸在忘我的工作和學習中，時間一過就是七八年。朋友們喚醒了我內心的自我。我正面臨一個復興時期。我正需要大膽地正視生活！

　　然而，真正和她交了朋友，我才發現過去長期受壓抑之後，我被生活拋離得多麼遠！我落伍了。一切都太晚了！她熱烈地追求自由的性格、堅強的意志、大膽的熱情。她崇高優美的情操照射得我睜不開眼。由此，我又想到了自己的出身、地位、經歷，過去和未來⋯⋯

　　我熱愛祖國、獻身於人民事業的感情曾經被踐踏過，一個不值得去愛的人拋棄了我，這反而有利於我的藝術。然而，真真是一個這樣的女性啊！愛這樣的人，才是真正的愛。我卻不能了，永遠不能了。

我有什麼罪？難道要我用一生辛勤的勞動去贖還父輩的"罪惡"嗎？爲什麼我不能去愛值得愛的人？難道我只有生的權利，再沒有任何其他權利了嗎？難道我只能做根木頭而不能成爲一棵長滿生命綠葉的大樹了嗎？

現實是這樣的無情。多麼淒涼呀 —— 我第一次喊出了這樣的呼聲！想哭嗎？我已經沒有了眼淚。是的，在寫出內心痛苦時，是更加痛苦的 —— 因爲它被意識到了。

難道我不能實現自己的理想了嗎？支持我生命的這最後一點權利也要被剝奪掉嗎？我永世沒有出頭之日了嗎？我有什麼罪？！

我爲你祈禱，希望你能尊重這種崇高的感情，給她知識、力量和幸福，吸引她參加到爲祖國的未來而奮鬥的偉大行列中來。

我爲我的朋友們感到驕傲。因爲即使在最沉悶、最艱難的日子裡，他們從未放鬆過工作和學習，從未敢忘記我們貧窮、落後的祖國到底需要幹什麼。我渴望著朋友們的圈子越來越擴大。至於我，無論如何，我忠於我們的友誼。我將含著辛酸的淚水去描繪我們艱苦的奮鬥、未來的勝利和歡樂的圖景。我將把屈辱深藏在心底去表現崇高的形象。

我不會損害她的自尊心和她的感情。我只是小心慎重地和她通信，不敢越雷池一步。但是，她內心的光芒刺痛了我。我不是虛無主義者。我相信生活本無所謂幸福不幸福。只要我永遠向著我所見的光明，走我認爲應該走的路，我就永遠是幸福的。

我仰望群山，山峰上的餘輝消失了……

我想聽見滿山的迴響，卻不能熱情地呼喊；

血寫的文字，只能永遠埋葬在荒僻的山林，

不，我曾經向群山熱情地呼喊，

但空空的山谷沒有一絲迴響。

春天來了，春天不屬於我！

你的痛苦中的老嘎

第二封信　老久致老嘎

老嘎，我親愛的朋友：

不用為我祈禱了。一切還沒有開始就已經結束了，沒有希望了。現在，你給我的信和我給她的信都已經封在一個信封裡了。你那麼痛苦地在愛著她，你不想對她講。但是，既然我知道了這一點，我就不能隱瞞。我要讓她知道這一點，還要對她說出我的愛。當感情還沒有成熟的時候，就把它講出來，是非常可悲的，是註定要失敗的。我不得不面臨這心靈過早地相撞的一刻。

親愛的朋友，我撕碎了我多情的幻想，撕碎了她 —— 我生活的理想 —— 的心。

這種撕裂的劇痛，是我有生以來第一次感到的。我絕望地呻吟著，不顧一切地寫啊，寫啊，我不願停手。因為，我不是懦夫。

我並不是不愛她，也不是對她失望。僅僅是為了在愛情上我也是個戰士，僅僅是為了我應有正視生活的勇氣，為了不辱沒我對生活的進取的性格，為了不辱沒我對待人生的戰鬥的鋒芒。僅僅是因為她是我理想中的愛人，只有這樣做，才不辱沒我對她高於一切的愛情。

在痛苦的黑夜裡，我常常想到老邪門，想到我和他在多年的友誼裡培育起來的這種對待生活的態度。我也常常想到你，你深沉的思想，高尚的靈魂，坎坷的經歷。我瞭解你，同情你。但是，老嘎，我親愛的朋友，你永遠不要忘記，在碰到光輝理想的時候，在你傷心和絕望的時候，如果心中只有純潔、脆弱的愛，那是不行的。這種愛是高尚的，但生活需要勇氣，生活就是鬥爭。如果沒有正視生活的勇氣，那就決不能成為時代感情的偉大歌手 —— 一個真正的藝術家。這是我對於你痛苦的心的贈言。我相信，它將比任何安慰更能使你勇敢。

　　我把你的愛和我的愛一起寄給她，是爲了向她表明我是怎樣一個人，爲了向她表明，如果她是我理想中的人，那麼，她應該勇敢地奔向未來的生活，勇敢地投入爭取光輝未來的事業中去。如果她只不過是一個浪漫的姑娘，那麼，我就要破壞這一切。如果她應該在我們心中垮臺，那麼就讓她垮臺！我認爲我碰到了理想的人，我就要拿出最高的標準要求她！如果我不是從這個角度來對待她，那就是對她的侮辱。

　　我知道，給真真的這封信一寄出，我會後悔。我痛苦地猶豫著。可是，我一定要寄出去。信就放在桌子上，裡面包著我的心，也包著我朋友的一顆心 — 你痛苦的來信。

　　最使我難受的是，我不能在生活中表露我的內心感情。許多人不瞭解我，在父母面前也只能保持可怕的沉默。在這種時候，我討厭一切不瞭解我的人來打擾我。

　　我抗議我青春的寶貴時間被任意剝奪。我抗議持續不斷的運動和會議把我那無數個心情愉快、頭腦清醒、工作效率最高的白天統統佔用，使我不得不把重要千百倍的工作和專業學習放到晚上的業餘時間。用十分疲倦的精神，在少得十分可憐的幾個小時裡從事十分重要的工作！我抗議和仇恨那些剝奪年輕人時間和生命、愛情和嚮往的人！

　　請原諒，我不能再寫下去了。收到你的信後，我一連好幾天沒有闔眼，我很累很累。我要看看這可惡的身體還能支撐多久！

　　我是無所畏懼的。可是，我擔心你受不了。我是深深地瞭解你、熱愛你的啊！

　　朋友，堅強起來！

　　你的老久

　　第三封信　老久致真真

　　真真：

　　寫這封信，使我經歷了好幾個不眠之夜。我曾經不顧一切地在夜路上走著、走著，毫無知覺地走著。

　　我不得不把這封信寄出，這裡面有我朋友的痛苦的心。他愛著你，可又痛苦地壓抑著自己的感情。不寄出就意味著對不起我的朋友，不寄出就意味著我是一個懦夫，一個害怕痛苦的懦夫。我也知道，這封信一旦寄出，意味著什麼。

　　趁思想暫時平靜的時刻，我要把想說的話寫下來。再過幾天，或許我已經沒有力量動筆了。

　　我看輕道德家的庸俗。我也不需要做作的高傲。我更不關心輿論和名聲。我尊重感情，人心底的真正的感情。這是老嘎痛苦絕望的心。我沒料到一切竟是這樣。我不能保留這封信。我要讓你知道，如果我害怕自己靈魂的撕裂，那我就是一個膽小鬼！一個不敢正視愛情的人，也不敢正視時代的使命。我必須把這一切告訴你，把一切跟你講明。

　　我想，你應該預感到這一切。既然這一切已經是不可避免的了，那麼，讓秋風無情地摧殘這希望之花吧！朋友，是我把一切向你說明的時候了。

　　三月十七日，是我收到你第一封信的日子。夜深了，我不能入眠，久久地在屋中踱步。我想趁感情捲入之前冷靜地思考一下，生活將會怎樣展開。從那一天起，我的情緒就從來沒有好過，一天比一天惡化著。這就是一開始我企圖用“您”來稱呼你的原因。從那一天起，我就憂傷、難過，幾乎無心看書了。一種直覺告訴我，我和你最終將要面臨心靈碰撞的時刻。我常常提醒自己：要小心！和她打交道，一分鐘也不能喪失理智。單憑感情，我會輸在她手裡。兩顆心真正接觸的時候，是會展開一場征服戰的。這是一個人的性格和思想對另一個人的征服。我要小心，不要輸，敗在一個女孩子手裡太不像話了。我的頭腦被攪渾了。我常常咒罵自己真不是玩意兒！這顆心難道真的一錢不值了嗎？為什麼我要愛她？我還不認識她呢。也許我愛的只是自己心中的幻影？不要讓愛情的美夢迷住了吧！我不能老想著她。我要工作！不行，要把主動權奪過來。

當你的來信越來越向我證明你有著和我一樣的激情時，證明了我對你的一切估計以後，我興奮得睡不著。但我下定決心，我永遠不向你提起我的感情，我永遠不會傷害你。要傷害的話，就讓你來傷害我。可是，每當我回信的時候，心中總是洶湧著激情。特別是當我知道了你那不屈的靈魂，嚮往自由的性格，大膽灼人的熱情以後，我覺得應該用自己的心來溫暖你，捍衛你。我要鼓勵你勇敢地站起來，奮勇地走向明天，決不能讓這顆心在痛苦的生活中變冷。朋友，並不是我覺得我比你強。我只是認為我也有這樣一顆心，我是在保護自己啊！我還希望過，有一天，也有這樣一顆心來溫暖我……

前幾天，我收到了老嘎的信，難過萬分。我經常想到你，卻沒有考慮到他……其實，這一切是多麼自然。這是從他靈魂深處發出的呼喊，這是我朋友痛苦絕望的自白。我無權保留它。我日日夜夜都在躲避的時刻終於到來了。

你不能怪我。這時候，我得正視生活了。我不是懦夫，不能因為害怕靈魂的相撞而淹沒朋友絕望的呼聲。多麼痛心啊！我一直不願意走的一步，不得不由我首先邁出了。我要把我靈魂中一些重要的方面向你講明。也許，今後不會有這樣的機會了。

我是十分瞭解你的了。當你信中講到你擔心和我通信會影響我的工作時，我笑了。你的靈魂幾乎和我一樣。我猜到了你在想什麼。像今天這樣的事情，你決不會第一次碰到。我從心裡愛你大膽的熱情，愛你自由的性格。可是，你又是怎樣處理生活呢？這就是我向你提出談談你的感情經歷的原因。可悲啊，以後，我再也聽不到這樣的傾吐了。

現在，心的疼痛使我寫不下去了，但我必須寫……

你可能從來沒有碰到過我們這種性格的人。我將把我經歷過的一個又一個艱難的轉折告訴給你聽。現在，我過早地揭示了尚未成熟的秘密。無情的命運女神召來了痛苦的風暴⋯⋯

當我知道你開始看量子力學、仿生學、控制論等和你的教學工作無關的書籍時（老嘎在一封信中講的），我高興極了。從那時起，我就愛上了你。我常常想，你怎麼會知道科學的新思想、新成就對我們時代的重要性呢？是老嘎對你講的嗎？你憑什麼產生了這種信念呢？

但是，當我知道你和我一樣熱情時，我懂了。你的經歷、你的追求、你的性格會告訴你一切。瞭解到這一點，我是多麼高興啊！我親愛的朋友，你應該勇敢地站起來。向著科學前進，路是不會錯的。科學給我們以力量。是時代使我們意識到，只有掌握和應用世界上最新的科學思想和科學成就，用它們來考察以往和目前的一切事變，才能得出正確的答案。我們不能消沉。我們決不是無用的。我們決不能因為眼前的困難而放鬆了努力。我們必須跟上時代和科學發展的腳步。在我們祖國，這關鍵性的一步，不得不由我們 —— 經歷過大變革、大動盪而又有文化的青年人來走。我們不害怕現實的嚴酷，也不企求獲得某幾個不得人心的大人物的重用賞識，因為我們信賴的是科學的力量。追求真理，需要付出代價，那我們情願犧牲自己。啊，我在跟你談什麼呢？我把你當做我靈魂的另一部分了。

老嘎給我的一封信中說，你擔心他會被埋沒。這句話我很有感觸。你是個很好很好的姑娘，有很好的心腸。不過，對這個問題，你可能沒有意識到，那就是我、你、他都是一個時代的人，我們的命運是連在一起的，埋沒的決不會是少數幾個人。我從來沒有奢望過聲譽和富貴。周圍的存在使我感到孤獨和冷漠。人們用冰冷的利害關係來對待我，我也用冰冷的態度回答人家。他們不瞭解我，我和他們之間沒有共同的語言。親愛的朋友，你也知道，憑我的條件和能力，我不難替自己營造一個溫暖的小家庭，博得一些人的尊敬。可是，這又有什麼意思呢？真真，我最愛的朋友，你想想，一個忘記了時代使命、躲到安靜溫情的小家庭裡的人，是多麼卑微可憐啊！他的靈魂是可鄙的，青春是沒有光彩的。不瞞你說，最使我愛慕你的，是我瞭解到你經常回顧自己的一生，回顧自己的道路，思索人生的目的和意義。當我瞭解到這一點後是多麼興奮啊。因為有了，這種回顧，總結了過去，才能更好地前進，才能產生一種向著既定目標勇往直前的獻身精神。而這一點，在目前姑娘們裡是多麼罕見啊！真真，我不能不愛你啊！我是新時代的人，我要追求自己的理想。我要像一個真正的人那樣勇敢地回答時代提出的問題。當然，對於一個青年人，生活中重要的一個方面 ── 愛情，肯定也會打上時代的色彩的。不僅是色彩，我的愛情完全是和事業融會在一起。我分不出我是在愛事業還是在愛愛人。一個熱愛我的人，一定愛我的理想和事業；而一個愛上我的理想、事業的人，她必將是我所愛的人。

如果有些朋友對這件事不理解，認為像我這樣還沒有見過你的面就愛上了你，未免有點太輕浮了；認為這種愛是沒有基礎的，不慎重的。這時候，我會提醒他們，這種分析對很多人可能是適用的，但對我是不適宜的。既然我勇敢地追求自己的理想，勇敢地為事業獻身，那麼，由於感情和性格的徹底性，為什麼我不能勇敢地追求自己理想的人呢？我早就說過，如果現實世界中有我理想的人物，那麼我會不顧一切地用我全部的熱情去愛她，永遠向她表示忠誠。因為，愛這樣的人，就是愛自己的理想，就是愛自己為之奮鬥的事業！對於這樣的愛人，我是不顧一切的，甚至不顧她是否愛我。

我曾經夢想過，你是我的生活理想，你愛上了我，我夢想過我們今後的一切……

現在我不應該再寫這些了，一切都已經完了。因為愛情和歷史事變一樣，在不成熟的時候早產，就一定會失敗。企圖改變事物發展進程的人往往是可悲的。朋友，我有時痛苦地想，這一天遲早要到來，爲什麼不讓它早一點來呢？或許，現在來了，我會更好受一些。要知道，我已經經受過一次這樣的痛苦了。不過，那時候我非常純潔，純潔到不懂社會、不懂生活。往昔的痛苦裡面沒有什麼美的東西，只有陰影和悲傷。

完了，沒有什麼好寫的了。我只是希望，這幾張紙不要使你傷心。我實在不願意這麼做啊。這不是我的錯，也不是老嘎的錯，更不是你的錯。你有什麼錯呢？天哪！誰叫我寫這些呢？要錯的話，可能是我的錯，我不該在給老嘎的信中講我情緒惡化的原因。那麼，一切讓我來負責吧！

我也想到這封信可能會使你傷心，傷那我本想撫慰的心。啊！有什麼辦法呢？你只要想到，對於你的每一點痛苦，我都將用十倍的痛苦來償還。這也許能使你原諒我。你要知道，在黑夜裡，當我一個人痛苦得不能忍受的時候，我就一次又一次地呼喚著你的名字！

如果這封信沒有傷你的心，我將非常高興。讓我自己來撕裂靈魂吧，讓我來忍受這一切吧。可是老嘎，他是藝術家，我可憐的朋友啊！

愛情是一把鋒利的寶劍，無數鮮血使它放出彩虹一般的光輝。在這上面，也有我的血！這一切是多麼好啊！

我必須結束這封信了。雖然我可以無休止地寫下去，寫下去，永遠地寫下去，但我太累了，不行了，我要結束這一切了。

在這封信裡，在這塊白雲石的墓碑下，我埋葬了我的愛，一次不同於我的初戀的愛……

我在這塊墓碑下站了很久很久，也徘徊了很久很久。我的眼淚也曾經灑在黃花綠草上。今天，我要和它告別了。我要站起來，像一個勇敢的青年那樣，揮手和它告別。

現在是靜靜的江南之夜。晚安！我將最後吻你一下，拋開一切，看一篇外文資料來平靜我的心。然後老老實實地躺上床，睡一覺。明天，我就復原了。一切對於我都過去了。這短暫的一切將成爲難忘的記憶……我要重新投入我那中斷了的工作中去。

我從噩夢中醒來了！

老久

第四封信　老嘎致真真

真真：

我跑了很多地方，終於回來了。輾轉於碼頭、車站，似乎更容易體會到人生的短暫。我訪問了許多同學。當然，在你哪裡，我待的時間最長。

我平均每兩天就要畫一幅頭像，風景、風俗速寫就更多了。但是，我至今沒有像朋友要求的那樣 — 拿出真正的作品來。我將要以怎樣的努力才能達到這樣的期望呢？我將要以怎樣的勇氣來克服內心的辛酸、悲哀與怯弱呢？我將要花費多大的氣力來打破由於閉塞而造成的無知和寂寞呢？在荒漠之中，人只能用對美好生活的憧憬，作爲自己的精神支柱。

想和你談的話似乎很多，卻又談不出什麼來，還是談談老久吧。

真真，當我得知你當真給我這位最親密的朋友寫信時，當我得知他收到你的信以後內心再也不能平靜時，我就無心去山澗洗澡了。那一天，我收到了老久的來信， — 是怎樣一種情感在翻騰著啊。我翻山越嶺跑了回來，氣喘吁吁坐不下來，於是冒著烈日去挑了一擔水，又一擔水……每次，我都像過節一樣閱讀著遠方朋友的來信。雖然信總是寫得不那麼具體，但我們總是以自己的經歷來領會對方披露的心情，引起一陣陣心弦的震動。是什麼東西在激蕩著心靈呢？是對友情的回味？是離別的痛苦？還是對不同命運的感歎？

我和老久相識時間不算短，但真正成爲朋友卻是在文化大革命開始後最激烈的年頭。不，你不要誤會，老久可不是那種捲入政治漩渦中的風雲人物。他拼命地讀書、思考，沉默著，不願多說一句話。他對大字報浪潮、武鬥、忠字化運動等表現出獨特的冷漠。我有時勸他關心一下局勢，他無動於衷，有時反問道："什麼是政治？"前年春天，學校裡武鬥升級，形勢十分緊張。有天晚上，我們宿舍的小房間裡來了位上海客人，他講著種種見聞和自己百思而不得其解的問題。我們熱烈地討論著，從武鬥到文鬥，從國家到世界，從群眾到領袖……電爐嘶嘶響著，鋼精飯盒燒著開水，冒出騰騰熱氣。大約在凌晨兩點鐘左右，外面發生了騷亂。刺耳的哨子聲，緊張的吆喝聲，急促的腳步聲，響成一片。可我們誰也沒有興趣開門去看看。直到我們的門被敲得砰砰作響，有人一腳踢開了房門時，我們才看見幾個手持長矛、身穿軍棉衣、領圍白毛巾、頭戴藤編安全帽的武鬥勇士，臉紅脖子粗地站到我們面前。"你們是哪一派的？快說！"一個嗓門大、個頭小的人喝問道。對面宿舍裡的同學，因為被他們認出是另一派的人，便被當做俘虜押走了。顯然，這場突然襲擊的占樓攻勢是早有預謀的。當時，我氣憤萬分，對這種做法反感透頂，準備說出我們的觀點，並表示我們是無所畏懼的。"快說！否則找你們同學認了！"我剛想張嘴，老久狠狠捏了我一把，又輕輕握了一下我的手。我明白了，他不準我說實話。老邪門這時慢條斯理地說："我們宿舍中的幾個人剛串聯回校，對運動還沒有形成觀點，另外幾個人是外校來玩的。瞧，我們正在以茶待友，實在對那些事不感興趣。""滾！少囉嗦！"他們不耐煩了。我們被迫離開了宿舍。下樓時，我見到幾個同學被押著走時，羞愧極了，低下了頭。而老久和老邪門卻會意地對視了一眼，坦然地走了下來。外面的空氣多新鮮啊，星星也格外明亮。眼前卻是騷亂。我實在憋不住，問道："難道你們害怕嗎？"老邪門冷嘲地說："難道派的表態也稱得上觀點？紅小兵才這麼幼稚！"，老久的表情嚴肅，冷冷地說了一句：“我們的自由，比一時的英雄氣概更有價值。”

那年夏天，我們一起到杭州串聯訪友。老久剛學會游泳不久，卻硬要去橫渡錢塘江。我勸他不住，便決定我在橋上走，他在江中游，萬一出事，我去呼救。我看到他在急流中鎮定地把頭露出水面，用力向對岸遊去。他游得那麼慢，使我擔心他有沒有足夠的力氣遊過去。好幾次，浪頭淹沒了他。一會兒，又可以看見他那倔強的頭。他游著，我走著，一種莊嚴肅穆的情緒控制了我，彷彿我們正在幹一件意義重大的工作。終於，他游到了岸邊，上岸時連連摔了兩個跟頭。我跑到橋下。他十分疲憊地用雙臂支撐著身體。夕陽照著他的胸膛。他的雙眼熠熠閃光。我甚至可以覺察到他嘴角掛著一絲微笑。

我們沉默地坐了許久許久。他突然大聲對我說了一句：“人家能做到的，我們也能做到！”真真，不需我多說，你可以從這兩件小事上認識老久是個什麼樣的人了。他表面上是那麼平凡，但決不迎合時髦的浪潮。這幾乎是他十分突出的特點。而要在目前這樣激烈的變動中做到這一點，沒有一個堅強的內心世界，幾乎是不可能的。他曾在一封信對我說過：“我們的強，表現在變動發生時，能夠自覺地支配自己的生活，既不盲目也不悲觀。”

和他在一起時，我的心總是踏實的。真真，我多麼希望他幸福啊！

想找張他的照片給你，可惜沒有。寄給你一張我們三人的合影吧。中間那位，就是老久。

老嘎

第五封信　真真致老嘎

老嘎，我的朋友：

今天，同時收到了你和他的兩封信。不，應該說是你的兩封，他的一封。他厚厚的來信中，還夾著一封你給他的信。

我反覆讀著那動人肺腑的、真摯熱情的句子。在沒有看到你

寫給他的那封信以前，我已經感到了在你小心翼翼的熱情中包含
著多麼深沉的內容。我不應該讓朋友失望或者傷心。但我又怎樣
才能不使朋友失望或傷心呢？ ── 這實在是一個我無法回答的問
題。我深深感到不安。

　　自從你和早春一起闖到我的心裡，自從你和你的朋友們，用
你們的奮鬥精神和探索真理的熱忱，敲響了我心靈深處的沉鐘，
我彷彿從一場噩夢中漸漸甦醒了。當最早開放的櫻花開始凋謝的
時候，我的精神開始被你和你的朋友們在我眼前展開的新天地吸
引住了。從此，我時時想著你和他。

　　是的，我深深瞭解你的抱負和才華，也深知你道路的艱難。
我好像時時刻刻看見你在崎嶇的山谷中奔走，兩旁是冷漠嚴峻的
懸崖，地上鋪滿了刀尖般的怪石。當烏雲密佈，狂風怒吼時，風
沙遮沒了一切。我看不清你前進的步伐。當天空晴朗時，山中的
小鳥會告訴我你走到了什麼地方。我擔心你走不出這條幽暗的峽
谷。我擔心天才的火花還未發出奪目的光彩就被狂風吹滅。所以，
我常常對你說，無論如何不能中斷前進。中斷或停頓就意味著消
沉，而消沉就是靈魂的死亡。同時，我很清楚地瞭解，要走到底，
路是多麼長、多麼長，多麼難、多麼難啊！

　　我說過，你習慣於在屈辱和壓抑中生活，你真正的本性都變
了形。你要成為一個藝術家，就必須勇敢地挖掘自己豐富的內心
世界。

　　我知道，即便是一個堅強的戰士，在沉悶而冷酷的現實裡，
他的靈魂也渴求著安慰。但是，我又能給你什麼呢？我不知道。
我不相信我有這種能力。

　　你的生活剛剛開始，你的道路剛剛開始，你的自我剛剛覺
醒，為什麼你要說"多麼淒涼啊"？與其說是我不理解你的這一
呼聲，倒不如說是我不同意你的這一慨歎。不要這麼傷感吧！我
堅信，當你真正的自我重新被挖掘出來之後，你就會擺脫可惡的

習慣留給你的怯弱和自我關閉，像一個真正的堅強的藝術家那樣勇敢地、創造性地開拓自己的道路。我堅信，那一天，你的熱情會洶湧澎湃地鼓舞你去創作，而那創造的才能會開放出絢爛奪目的藝術之花！

如果說，過去我對你的創作的支持是出於我對一切美好事物的態度的話，那麼，現在我對你的支持就深刻得多了。這是出於真正的理解。我不把自己對你或其他朋友的理解和支持當做個人的義務和責任，而是看做時代對我的指示和召喚。

現在，我把自己的熱情無保留地獻給我所熱愛的並期待著我的熱情與友愛的朋友們。我希望這種熱情成為鼓舞朋友們前進的力量，而不要帶來任何心靈的痛苦。

我和老久通信才數十天，我還沒有見過他的面，然而，生活已經以意想不到的速度展開了。他好像一塊新大陸，我還來不及去理解和探索，就欣喜萬狀地向他靠近了。但是，易感的心早已使我有種種預感。我還不知道怎麼辦，事情就發生了……

他在信裡向我熱情大膽地傾吐了。我怕他忍受不了等待的煎熬，立即給他寫了回信。但這不是答覆。我不知道應有什麼樣的答覆。我只是要把我的生活經歷告訴他。也許，這會使他失望。可又有什麼辦法呢？

一切都太突然了啊！

真真

第六封信　真真致老久

老久，我親愛的朋友：

我反覆讀著你的來信，忘記了時間，就好像這些話不是對我的傾訴，而是來自那我不可企及的境界裡的心靈的流露。

當預感中的事情發生的時候，我並不感到慌亂，也不感到驚奇，只是感到它來得太快了、太猛了，感到茫然和不安。如果說在我的不安中有傷心的成分的話，那麼，這種傷心決不是來自你和你的感情，而是來自過去的經歷留在我心上的沉重的包袱。然而，你傾吐了。這是怎樣的生活難題啊！

事到如今，我不得不對你訴說我經歷的坎坷。當你瞭解到這些經歷在我心上留下的創傷以後，你就會明白我現在感情上的緘默。

我不是不會愛，也不是不能愛。我並不缺乏勇氣，也敢於藐視不值錢的輿論。但是，生活是那麼重地傷了我的心。我不願去縫補被生活殘酷撕裂了的感情碎片，也不願意把這被玷污了的感情再獻給任何一個值得我愛的朋友 —— 正因爲真正地愛著密茨凱維支*（注：支（1798－1855），波蘭詩人。革命家。作品有《先人祭》、《塔杜施先生》等。）說過：

　　不幸者是一個人能夠愛卻不能得到愛的溫存，

　　更不幸者是一個人不能夠愛什麼人，

　　最不幸者是一個人沒有爭取幸福的決心。

我寫這封信，就是希求你對我這最不幸者的理解！

也許，在旁人看來，這一切很平淡，很容易忘卻。然而，我卻不能！如果下地獄就能忘卻，我情願與魔鬼爲伍。我的青春啊！有誰知道，一個愛笑愛玩愛唱愛鬧、爽朗樂觀的姑娘，她怎樣在痛苦時還不得不笑，想沉默、想孤獨時還要和不相干的人混在一起 —— 藉以掩蓋她那顆破碎絕望的心呢？

我已經對你講過文化革命前不久我和姨父的那次衝突。當我接到少年朋友的信後，一個人陷於痛苦之中，我立即斷絕了和他的友誼。說我是資產階級情調也好，人情味也好，我不信。用長輩的忠告和威嚇來勸來壓，甚至命令我服從，我不怕。但是，我怕受騙。生活騙了我，友人騙了我，我熱愛的書籍騙了我，我尊敬的姨父不理解我。什麼是理想？什麼是未來？什麼是生活？一切都搞亂了。當我和姨父和解以後，當我理解到他不是出於內心的責任感和真誠的信仰來壓我，而是出於一種自己受衝擊後的恐懼心理,出於怕犯罪(他真以爲他的思想是對青年人的犯罪)的膽怯心理,我不但諒解了姨父,我也開始感到那位少年朋友的無辜。我心裡保存著對他的溫暖回憶。如果歷史能夠重演的話,我願再去愛他。然而,當時他真的愛了,爲什麼又要在一開始信誓旦旦地把友誼絕對化?正是在這一點上,我一直不能原諒他。社會,就是這樣無情地摧殘了和嘲弄了生長在純潔心田裡的感情之花。

我是個感情豐富的人。我有自己的愛情、理想和追求。我總覺得,我心中洶湧著奔騰不息的激情。這種熱情要求發洩,要求表現自己。這種熱情還伴隨著偶爾進發的詩句和絢麗的想像。創造的欲望誕生了。這種欲望弄得我心緒不寧。在我一個人與姨父姨媽對抗的那些日子裡,我寫了許多幼稚的詩句 ── 我的掙扎、吶喊,我的追求以及受損害的悲哀。我覺得,我需要有一個理想的人來愛我,也需要把自己的愛無私地獻給他。我想像不出理想中的愛人長得是什麼樣子,會有著什麼樣的經歷。但只要有一點就夠了:他能夠真正打動我的心,他能夠解放我心中的熱情。我的愛情啊,它不是清泉流水,也不是月明松青;它是大江奔騰,它是奇峰突起;它是海濤洶湧,一泄汪洋,像那氾濫的春水一樣融會著豐沛、強烈的生命。我感到自己沒有力量解放內心的熱情。但我深信,我理想的愛人和他的愛情的力量有這種能力。因爲只有比我具有更熱烈、更深沉的感情的人,才能打動我的心。那麼,不管這個人的出身、經歷、相貌如何,只要他有一顆磁石般吸引我的心,我就會愛他。這就是在那些痛苦的日子裡,我成熟了的愛情的理想。沒有真正地愛過,但有誰能像我這樣強烈地愛呢?我等待著,觀察著。然而,在我周圍從來沒有出現過這樣一個人。這樣,我這個高幹子弟便過著一種高高在上的、孤獨空虛的精神生活。

文化大革命的巨浪把我從養尊處優的特權地位無情地拋到

堅實的地面上。我摔痛了，流血了。但我沒有哭。我睜大了眼睛看著。我努力理解眼前發生的突變。父親被監禁了。姨父成了反動權威。我也成了"黑幫子女"，成了"精神貴族的臭小姐"。反動加反動，使我跌入了屈辱困窘的深淵。起初，我一下子變得沉默寡言了，像是被惡作劇的孩子追打的小貓，蜷縮在一隅瑟瑟發抖，說不清是恐懼還是憤怒。漸漸地，我的思想又開始活動了。我幾乎失去了一切：富裕的物質生活、高高在上的優越感、出眾的學習成績。這時，我才第一次感到：我是個人，我應該有人的尊嚴，我應該有和別人一樣的權利。特權的被剝奪，只能使我清醒。昨天人們百般吹捧而今天又被大肆侮辱的是我這同一個人。我大聲疾呼：我是人！我要普通人的權利！過去吹捧我最厲害的馬屁精、勢利眼們，現在神氣地向我吐來骯髒的唾沫，從鼻孔裡哼道："哼！你也想革命？這次革命就是革你老子的命。你這黑幫子女！你們這樣的人從骨子裡就是反動的。"我不怕這些打擊，仍然不顧一切地投入了運動，成為一個在學校裡和社會上都相當活躍的人。

　　由於過度勞累，我病了，不得不暫時回姨父家住。那時，姨父已經住進了"勞改大院"。姨父家的客廳和書房，被一個什麼大學造反聯絡站當做了辦公室和臥室。

　　那批神氣活現的大學生們，對我這個他們批判對象的外甥女有怎樣的輕蔑態度和嚴格界限啊！我以牙還牙，不理他們。我常常咬著牙躺在小房間裡聽他們高聲談笑。

　　一天，是冬天的一個寒冷的黃昏，我躺在床上，不知為什麼突然對自己的命運傷感起來。我過去很少這樣的情緒。我總認為自己不需要依靠任何人，哪怕父輩徹底完蛋了，我仍然可以像一個真正的人那樣闖自己的路。可是那天，我覺得人們待我太不公平了，太不公平了。難道我就比所有的人都矮一截嗎？……這時，我聽到一陣悠揚的笛聲，笛音彷彿是在向我傾訴著什麼，我感動得幾乎落淚。我從床上爬起來，走出去，裝著無意路過書房的樣子，故意去看看是什麼人能這樣動感情地吹笛子。啊，是他，就是那個平時不太愛說話、但很有主意的石田。

以後，我經常聽到這笛聲。這笛音像是在安慰我。如果有哪一天聽不到，我就會覺得生活中少了點什麼。後來，我實在忍不住了。趁有一天書房中只有石田一個人的時候，我藉故去找書，和他攀談起來。他是歷史系四年級學生，一個鐵路工人的兒子。我看著他，細高的個子，狹長而黧黑的臉，端正的鼻子，長著一雙清秀多情的大眼睛。他待人和氣，甚至有點窘怯，不自然。我們成了朋友。

一九六七年，在反擊所謂的“二月逆流”中，我被打成伸向群眾組織的“黑手”。運動一開始，就有檔規定像我這樣出身的人是不能參加群眾組織的，否則就是“黑手”。一天，我正發著燒，我們學校幾個人闖入我家，勒令我當天下午趕回去，接受群眾批判。這時，不知什麼時候趕進屋來的石田說：“她在生病、發燒啊！”“關你什麼事。你少囉嗦！”他們橫蠻地把我帶走了。

那一天，我很晚才回家。姨媽等著我，深情地對我說：“孩子，還燒嗎？石田來等了好一會兒，這是他送來的藥。”我撲到姨媽懷裡，忍了半天的眼淚終於奪眶而出……

後來，那個聯絡站解散了，那些大學生要回校復課鬧革命。和石田分手時，我偶然發現他噙著淚水。“你……”我說不出話。他趕緊扭過頭去。我的心顫慄了：他愛著我呢，默默地愛著我呢！在這種處境下，居然會有這麼一顆純厚的心在同情著、依戀著、慕著我。我感動了，但這不是愛。我也不能愛。我不能影響他的未來。黑幫子女 — 我早已背上了這黑色的十字架。

回校後，我繼續受到批判。我響應號召參加文化革命何罪之有？為什麼我天然就是保劉少奇、保工作組的保守派？為什麼一定要我承認犯了反黨反人民、破壞運動的彌天大罪才算態度好？

即使我的觀點不對，也犯不著沒完沒了地這樣對待我啊！每次批判會上，我不動聲色地聽著。有時還忍不住盯一眼發言者。心想：天啊！他怎麼會說出這麼難聽的話啊！我沒有流過淚，也沒有乞求過。有時，爲了強迫自己壓下內心的憤怒、不發作不爭吵，控制住自己對那幾個如狼似虎的政治打手的強烈蔑視，我放在袖筒裡的手把胳膊都掐青了、掐腫了……一次批判會散場後，一個心眼歹毒的女同學故意讓我聽見她的話，說："小心她！她該不會……"她做了個自殺的手勢。在這之前兩天，我們系一個被打成反革命集團成員的同學剛剛自殺。我是多麼憤怒啊！我怎麼會死？我還沒活夠，我從來不想死！我對自己的未來還沒有喪失信心！

有一次，專案組審問我時，一個本系高年級的同學偷偷塞給我一個紙條。我捏在手裡，出來後一看，上面寫著："你很頑強。今晚我在圓明園等你。童汝。"

那是個初夏的晚上，我請假回家拿衣服獲準後，就逕自跑到圓明園。馬路兩旁靜靜的、高大的白楊樹在微風中搖擺著。它們好像在輕輕地掃著那晴朗的夜空。一簇簇的槐花，香氣濃烈極了。我和童汝走著，不再把他看做專案組的成員，而看成一個可以信賴的大哥。月光透過颯颯作響的樹葉，星星點點地灑在我們身上。他身材高大，皮膚白皙，戴一副黑邊眼鏡，平時總顯得過分矜持，一本正經，又顯得很有學問。他雖然還是個青年，走路卻有些駝背了。他邊走邊對我說："你太幼稚了，不要這麼倔。你說，心中無鬼不怕鬼，可現在，心中無鬼也怕鬼啊！儘管如此，你還是應該相信，即使在最艱難的時候，也有真、善、美的力量存在著，要相信好人到處有。"他又教我怎樣應付專案組提出的問題，還告誡我，別人最討厭的是始終沒有打下我的"反動氣焰"，讓我裝得老實點，這樣不會吃苦頭。我是多麼感激他啊！就在這個艱難的初夏，我們那不能公開的友誼誕生了。我也真覺得好人處處有，把自己美好真摯、純潔坦率的友誼獻給這位患難之交。有什麼問題，我都秘密地找他商量、請教。

盛夏到了，我再也憋不住了。前面一封信中我對你講過，我逃出來到大西南去串聯。串聯以前，我去石田的學校找他，約他同往。因和他分手後，他一直在追求我。我很感激他對我的感情，覺得他只是同情我，卻不瞭解我。我勸他一同出去，他不肯。說中央文件規定停止串聯了，他還勸我不要亂跑，否則回來後向學校專案組交不了差。他說得都對，可是，我就是不能接受。我可沒有那麼老實！我實在是忍不住了啊！我和幾個中學生跑到成都。後來在馬爾康我結識了另一批大學生。他們都是高年級的大同學，不和我一個系。他們主張對運動保持相對距離，既不能毫不關心，又不能被人當槍使喚。我和他們一起去游了泰山、廬山、華山。在忘情於祖國大江南北壯麗河山的那些日子裡，我們一起討論了祖國的未來。他們說眼前的混亂是不正常的，應該考慮一下今後我們國家的出路。我從個人的不幸中感到了一股力量。他們把我當做妹妹看，親切地叫我"小丫頭"。我身體不好，在串聯途中病過兩次，他們熱情地看護我。有一次我病了，發燒不能起床，到南京的船票眼看就要到期了。我勸他們先走，他們不肯，說：寧肯抬著我走遍天涯，也決不把我一個人丟下。在他們友愛的陽光的溫暖下，我那幾乎枯萎的心又復活了。一度變得沉默消沉的我，又以前一樣愛說愛笑了。

一九六八年春節前夕，我的一個大朋友要回河北老家過年。我送他到車站的路上，他突然對我說，他最不堪忍受的是要離開我。我愕然了，簡直說不出話來。我瞭解他。他的含蓄，他的深沉，他的刻苦耐勞，他對我種種細心的關照，我都知道。我把他當做大朋友、大哥哥。我勸他不要這樣對待我，因為我已經有了朋友。

我把這件事情告訴了石田。石田很生氣，居然說那些朋友對我都不懷好意。我也生氣了，說他無權干涉我。

那個朋友從老家回來後，我聽說他在農村匆匆找了一個物件，又匆匆吹掉了。他的這一舉動是怎樣地刺激了我啊！難道我所尊敬的朋友，對待感情和生活竟採取這麼草率的、不嚴肅的態度嗎？他也是這麼軟弱嗎？難道他這樣做就不會後悔嗎？我甚至想報復一下他對自己感情的不尊重。於是，我把和石田的關係確定了，對他說：「你放心好啦！以後我給你當老婆。」

這就是我那沒有愛的愛情。從此，我壓抑自己的感情，剷除愛的萌芽，抱著一種怕人說我忘恩負義的犯罪心理，忠實於石田。現在我才知道，在這種不平等的關係中，什麼不公平的事都會發生啊！矛盾很快激化了。

有一天，我正在聽那群大朋友討論南斯拉夫經濟問題。我們吵吵嚷嚷，很熱鬧，突然，響起急促的敲門聲。門被扭開了。氣得臉色發白的石田站在門口說：「原來你在這裡！好高興喲！」我剛想叫他進來，還沒出聲，只聽他「砰」地一聲關上門，走了。屋內熱烈的氣氛突然冷落下來，大家看著我。我想了一會，笑起來：「啊！我忘了，我和他今天有個約會。」大家讓我去追，勸他別生氣。我說：「我才不去呢。他不是氣我失約，我是常常失約的，他是氣我和你們在一起。」事後，他明確地提出說我身邊有一幫壞人，他們會把我引向邪路，並勸我要安分守己，多想想今後我們要建立的小家庭。我氣憤地說他自私狹隘。每逢我的火大了，他就默不作聲，用溫情的大眼睛看著我。事情就這樣過去了。六八年夏天以後，六六級大學生都分配了，我和石田的關係緩和了下來。童汝也在這次分配中留校當了系革委會委員，還在政工組當了個幹事。

原先多次對我宣稱取獨身主義的童汝，分配後不久，便和外系留校的一個女同學結了婚，但對我仍然很好。那幫大朋友離開北京後，他就成了我最親密的朋友。我始終忘不了在我受批判的日子裡他對我的關心和幫助。他認為我和石田是兩種類型的人，早晚要分開，勸我中斷和他的關係。我傷心地說："既然我在生活中碰不到一個我所愛的、能打動我的心的人，那麼，為什麼我要去傷害一個有恩於我的好心人呢？"

畢業分配時，我的父親剛剛解放，正在等待安排工作。但我頭上"可教育子女"的帽子還沒有摘掉。我和進駐學校的工宣隊師傅吵過架，我知道他們會在分配問題上給我出難題。但我決不願意屈辱地去討好、拉關係、送禮品。果然，把我分到了這大西南的山區小鎮。當時，石田面臨著兩個選擇：或者同我一起去西南，或者參軍。他各方面的條件都很好。他給我分析道：他必需參軍，軍人的政治地位最高。而且，一旦我父親安排了工作，就可以通過關係剛我也弄到部隊裡去。這樣，我們就有了一個美好而穩定的生活前景。對他設計的這幅生活藍圖，我很厭惡，但我支持他參軍，因為我不應當耽誤他的前途啊！他參軍之後分到東北某部當參謀，開始給我寫信。這些信使我越來越不能忍受。起先他是向我炫耀他的順利："要知道，只有穿上軍裝的大學生，才是最吃得開的，再也沒人敢罵我是臭老九了。"他得到了領導的賞識。可是，我和其他的朋友們卻在底層，用非所學，備嘗物質生活和精神生活的艱辛。我們被視為一批次處理品，胡亂分配，隨意處置。學數學力學的一個同學，因為個子大，被分配到火葬場抬死人。學物理的一個女同學去賣醬油。我還好，在公社中學教書。可是我們不知道怎麼開展教學活動，因為既讓我們教書，又不準我們教給學生任何有用的知識。彷彿知識就是罪惡。在這種情況下，石田的炫耀，使我不能忍受。最使我討厭的是當他得知我姨父解放後補發了工資，就讓我多靠近姨父，跟他保持密切關係，並向我暗示那筆錢將來會屬於我們。看了那封信，氣得我一把把它撕得粉碎，撲到床上痛哭了一場。他太卑鄙了！不僅僅是自私，簡直是無恥！他不僅向我索取情，好像我欠了他一輩子的債，還要向我的親人索取。我彷彿從噩夢中驚醒過來，奇怪自己為什麼能容忍這種關係維持下去。我開始考慮斷絕和他的往來，各走各的路。

這時，我的心靈也開始解凍了。我自己也不明白，我的心變得十分容易感動。大自然的一切在我眼裡顯得那麼多情，就連一隻被夕陽照得通身透亮的、扭動著屁股的絨毛小鴨子——一個笨拙可笑的小生命，也會使我高興，感動得流淚。

去年夏天，童汝來信約我利用暑假到大連——他愛人的家鄉去休養一段時間。我多麼感激他啊！因為我從小就嚮往著海，愛著海，可是我還沒有見過真正的海。

當我還是一個淘氣的小姑娘時，就非常渴慕大海。大海在我幼小心靈上留下的第一個也是永遠不可磨滅的印象，是安徒生童話中描寫的海。我在房間的一個角落中，一個字一個字地讀著《海的女兒》，聽任大顆大顆的淚水滴到書頁上。我彷彿與海的女兒一起，透過淡藍色的水波，在海底看見了像葵花般的太陽閃著紫色的光。我彷彿看到了海面上被朝陽照得閃閃發亮的、玫瑰色的泡沫。憑著一顆單純幼稚的心，我去體味那純潔優美的情操。太陽下山的時候，我常常從住讀小學中偷跑到長江邊上，羨慕地望著江面上的白帆。我多麼願意變成一滴水順流而下投入大海那廣闊的懷抱啊！

一到大連，我就奔向海邊，童汝和他愛人陪著我。天已經黑了。我幾乎已看不到海，只是感到海的存在。那濕膩膩的、帶著苦腥味的海風，是那樣輕柔地撫摸著我的皮膚，使我的每一個毛孔都感到大海對我的撫愛和溫存。街燈亮了，在海濱夜霧中發出迷蒙昏黃的光芒。一切都變得富有詩情畫意。童年時的幻想被喚醒了。漲潮的浪濤洶湧著，嘩嘩地推湧而來，好像大海在向我傾吐它深沉的愛和無窮的秘密。大海在召喚我啊，我停下了腳步，認真地聽著，仔細地看著。我感到，海的女兒馬上要從海面上升起,去尋找她心愛的王子⋯⋯

第二天,我們到海濱浴場游泳。白天看去,大海給我的印象太平凡了。既沒有我幻想中的絢爛的色彩,也沒有我渴望見到的澎湃激昂的波濤。淡綠色的海水懶洋洋地鋪向天邊。人們在酷日下疲憊地走著。叫賣冰糕的聲音也顯得悠長而懶散。

可是,當我的腳丫踩著被夏日太陽曬得熱乎乎的溫暖的細砂時,我整個身心又沉浸在興高采烈的情緒中了。我開心地笑起來,奔向我嚮往已久的真正的大海。我想,大海對我會格外溫存,因為我是這樣真誠地愛著大海啊!然而,當我一邁進冰涼的海水中,就有一股森森冷氣襲上來。我的愉快心情頓時涼了半截。我紮進海水,不知怎的又嗆了一口水。"好苦喲!"我的心叫著,一下子停住了,再也不願意向前游了。一切不愉快的回憶都湧現在我心中,心頓時涼了。我打了一個哆嗦,起了一身雞皮疙瘩。嘴唇也冷得發顫。"太冷了,我不游了。"我自言自語地向海邊沙灘游去。我想快點離開海,我走上了溫暖的沙灘。

"海水原來是苦的啊。苦得有點發澀。"我心中反覆叨念著這句話 —— 彷彿我受過的全部教育都沒有使我瞭解海水成份裡有鹽類化合物似的。我並不是怕海水的冷和苦,我是怕心中的偶像被無情的現實打碎啊!我坐在沙灘上,望著向前游去的人們,憂鬱地想著自己的心事。我那麼熱愛生活,為什麼總是得不到幸福?為什麼童汝能幸福地和愛人在海裡游泳,而我卻沒有這種幸福?

可是。萬萬沒有想到的是,就在這些日子裡,最令我難堪和痛心的事情發生了。一次晚飯後,我和童汝單獨散步。他突然向我表白說,他從開始搞我的專案那天起就愛上了我;說他和他愛人沒有感情;說他萬分想念我,為我安排了這次旅行。我沒有說話。我一直認為他在北京工作,又有個幸福的家庭。他靠近身子對我說,我對他也有一種不自覺的、朦朧的愛,只不過這種愛被禁錮著罷了。我否認了。我說:我既沒有愛過他,也不愛石田,我還沒有真正愛過任何一個人；如果我愛了，我的熱情一定會流露出來，不會自己也不知道。他又說，他對我拿出了全部熱情，卻從來沒有打動過我 —— 一個他唯一愛著的人。我反問他："你不是有愛人了嗎？""唉，沒有辦法。你始終不明白我的心啊。老婆和愛人不是一碼事！"他深深地歎了一口氣。我似乎被他的真誠感動了。當時，我已準備和石田斷絕關係。我的心處於迷亂之中。而處於迷亂和痛苦中的人，是多麼容易被誘惑啊！我難過地低下了頭。這天晚上，在海濱的木椅子上，吻了我。我的心亂極了。難道他真的愛我？我真的愛他？不愛，爲什麼又要讓他親吻呢？……

　　暑假後我回到了山區小鎮，沒幾天，我收到了童汝的來信。這封信寫得多麼卑鄙啊！我甚至不願向你重複。但是，我要無保留地告訴你一切！老久，你會驚訝的，童汝在這封信中無恥地說他把心中的愛情無保留地獻給我，讓我同石田結婚，然後在他和我之間保持一種誰也不知道的情人關係。他說這種關係在世界上是很多的。如果我有個丈夫，將會更方便些。無恥的惡棍！我把信撕碎了。想哭，又氣得哭不出來。我上當了！又上當了！這個惡棍，一切便宜都要讓他佔有：他要佔有一個穩定的社會地位和家庭，同時又要秘密地佔有我的感情，並讓我把自己出賣給我不愛的人 —— 爲了他更徹底、更穩妥地佔有我。真不要臉！骨鯁在喉，不吐不快！怨氣迴腸，不舒不暢！我憎恨人世間的虛僞。我雖則善良，但並不軟弱；雖則純真，但並不是傻瓜。最不能容忍的是自己純真的感情被人 —— 被自己長期信賴、熱愛的朋友 ——玩弄、踐踏。而踐踏我的感情是爲了實現他卑微的、見不得人的目的。他不是成天對我講什麼真、善、美嗎？世界上的真就是這麼虛僞？善就是這麼隱含著惡？美就是這麼奇特的醜嗎？醜惡！實在醜惡！我受不了這一切啊！爲什麼要讓這麼一個人。一個我的患難之交，一個成天把理想、事業掛在口頭，有時還能做出似乎是成人之美的俠義之舉的人,一個被世人尊爲君子、有禮貌的人來粉碎我對真、善、美的精神追求?!我自由、豁達、明朗、痛快,但爲什麼他要把我拖進一欺騙、庸俗、虛僞、病態的三角關係中?我差一點、差一點就要陷進去了啊!這個魔鬼,他要在真、善、美的幌子下實行最可恥的買賣。我不是那種賤骨頭。我寫信痛罵了他。我恨不得我的每一個字都變成一支利箭刺向他。我斷絕了和他的一切來往。

我陷於絕望之中。這不是對他的絕望,而是對自己理想和生活道路的絕望。我在痛苦的現實中認清了他 —— 一個在政治大動盪中湧現的精神流氓。他們是一群精神怪物。整人專案,他們獲得了地位;依靠欺騙,他們取得了尊敬。童汝追求地位和名譽,也得到了地位和名譽。但他並不滿足,還要追求和佔有別人的感情。爲什麼我的遭遇這麼悲慘?我早就不追求什麼名利了,只追求心靈的正直和崇高。可在我對真、善、美執著的追求中,五年了,付出了最寶貴的青春的代價,結果卻一無所獲。騙子、混蛋、惡棍、市儈是怎樣一次又一次地捉弄和摧殘我的精神啊!眼前是一片可怕的空白。難道世界上就再也沒有任何東西可以信仰和追求了嗎?我的青春啊,沒有愛情的光輝,沒有事業的召喚,沒有心靈的和諧。就這樣,五年,整整五年,狂風中,急雨中,暗夜中,有多少次我把雙臂虔誠地舉過頭,伸向那茫茫的太空,昂首問天:爲什麼在我的生活中沒有明朗的晴空,沒有燦爛的星星,沒有絢麗的朝霞?爲什麼??爲什麼???

就像大海告訴我的那樣:海水是苦的,苦得有點發澀。一眼看去,大海在那麼溫順地動盪著。它那一排排白色的浪花就好像可愛的孩子用柔軟的手輕輕地撫摸著大地母親的臉龐。海是那麼安靜地躺在大地的搖籃裡,對著藍天和陽光幸福地微笑著。有時,大海黑浪排空,發出雷鳴般的咆哮。它要壓倒一切、吞沒一切、毀壞一切!它那瘋狂的白色的浪花,就像激怒了的老人搖著滿頭的白髮……大海啊，你的色彩變幻無窮，時而灰綠，時而碧綠，時而湛藍，有時又閃著金碧輝煌的色彩。在夕陽的輝耀下，就好像是燃燒著的天空；在明月的映照下，就像是閃爍著珠寶的玉宮……大海啊，你就是豐富多彩的生活本身啊！我熱愛生活，追求生活中的美和光明，嚮往大海的豐富和深沉。我孜孜不懈地追求著。而生活卻讓我嘗盡了苦果。當我來到大海的身邊，大海卻無情地告訴我：海水也是苦的！如同生活那樣，只要你投身進去，而不是做一個旁觀者，就會嘗到生活海洋的苦味，苦得有點發澀……

過去，即使在我父親、姨父被關起來，我自己挨批判的那些艱難日子裡，我的精神始終是統一的，行動是堅定的。然而，在我最信賴的朋友無恥地玩弄了我的感情後，我的內心世界分裂了。支持我前進的動力在哪裡？我為什麼活著？難道我用青春和熱情追求的終極目標，就是這一片佈滿精神瓦礫、感情碎片的、寂寞孤獨的荒野嗎？鮮花和陽光在哪裡？有多少個夜晚，人們都已進入夢鄉，我卻突然拉開燈，從床上驚跳起來，抱著頭，呆呆地盯著牆上的地圖，心裡發抖地叫著："啊，我活著，活著幹嗎？難道我的一生就這樣永遠暗淡下去了嗎？祖國啊，我怎樣才能對得起你？時代啊，我怎樣才能不白白地度過這短暫的一生？……"

這次精神危機使我得出一個結論：現實生活中不能追求不可企及的東西。這使我恢復了和石田的關係。是的，我從來沒有把他理想化過，所以他也沒有過度地使我失望。從此我不相信再有什麼力量能復活我的感情了。我經歷了密茨凱維支講的感情的三個悲劇階段。想到這一切，難道不是很慘很慘嗎？如果我悲哀地說：我心中只有今天和昨天，沒有明天，那不是太令人痛心、太使人痛苦嗎？

就在這時候，你和老嘎闖入了我的生活。我內心中新的光明出現了。

朋友，我在這封信中表示了對你傾吐的感情的理解，並且向你坦率地談了我的生活經歷。我請求你也能夠真正理解我。我連自己都無法安慰，又怎麼能去安慰別人呢？是啊，任何安慰，比起我們在生活中經受的巨大痛苦來說，分量都顯得太輕、太輕了……

我覺得，我無法寫完這封信，但又不得不寫完它。我想說的話太多了，然而我不能把一切話都說完。爲了不使你失望和等待，我沉重地寫下了這封既不能使你滿意、也不能使我自己滿意的信。

原諒我、理解我吧，朋友！

真真

第七封信　真真致老久

老久，我的朋友：

收到你的信後，又過了整整兩天兩夜，我的頭一直發昏發脹。老天爺啊！

不論我怎樣強迫自己忘記一切，我依然靜不下心來，不得不嚴肅地考慮我該怎麼處理和石田的關係。過去，許多朋友勸我和石田吹，結果呢，都沒有成。似乎我甘願和他湊合一輩子。然而，爲什麼我要忍受這感情上的酷刑？爲什麼我要給自己戴上這生活的鐐銬？爲什麼我要爲惡棍們作的孽去受苦？難道我的心真的死了嗎？不行！我應該馬上寫封信告訴他，我們之間的一切早該完結，那麼，現在就讓它完結吧！我翻身拉開燈，想寫信，沒想到又是停電。我只好重新躺下來。難道我和他的一切真的就這樣完了嗎？我已經習慣了他、習慣了自己的痛苦啊！黑暗中，我彷彿看見他那柔軟的黑髮，那雙美麗多情的大眼睛。我們畢竟已相處了好幾年了啊！難道就找不到一點值得留戀的東西嗎？我發現只有心靈上的陌生。那俊美的外貌掩蓋著一顆多麼空虛、多麼醜惡的靈魂啊！痛苦也好，悔恨也好，幾年就這麼過去了。啊，一個人的青春能有多少歲月可以這樣浪費？！這幾年，我的心就被這空虛的靈魂佔據著。想到這裡，我恨他。如果說他曾經有恩於我，那我已經用自己的痛苦加倍地償還了他。但是，讓我重新選擇又太艱難了。我寧肯忍受已經習慣了的痛苦，也不願再經歷一次感情的冒險。也許，我告別了舊的痛苦之後，會有新的幸福到來？可是，我害怕感情氾濫的洪水重新把我吞沒……

今天上午，我終於寫了。我對他說，一切已經無可挽回了。我寧肯去死，也不願再忍受這沒有盡頭的痛苦。我寫了……寫完了，趕快跑到郵局發信。我怕自己有一分鐘的猶豫就邁不出這一步了。回到我的小房間後，一種悵惘的情緒控制了我。難道我這樣做不太輕率了嗎？我習慣了的一切都將成為過去嗎？禁不住地，我哭了起來……不知是一時的怯弱，還是出於對未來的恐懼。我終於抹掉了淚水。不管前面是狂風，是巨浪，我只有闖過去了。我已經經受了那麼多，就不怕再經受什麼了。我只希望這昏亂快一點過去，快點，再快點。煎熬是最難忍受的啊！

親愛的朋友，我非常嚴肅地懇求你，看看我這顆心吧，它已經亂了。讓我靜一靜吧！我還要處理很多事情。你的心，我理解，但是現在什麼也不能說，什麼也說不出來。請你不要再給我談這個問題——一切我都知道了。當我不能對你說什麼的時候，我不希望你再用這種感情把我折磨得太苦。

真真

第八封信　真真致石田

石田：

似乎，對你沒有什麼好說的了。這是我作為你的女朋友，給你的最後一封信。讓早該結束的一切就在今天結束吧！

我知道，你會像我前兩次給你寫斷交信時那樣，悔過呀，諒解呀，淚水呀，生病呀……用一切可以使我心軟的手段來對付我。因為你總是在恰當的時候表現出你比那些惡棍們有較多的人性，因爲你太深知我精神和感情的脆弱。不過,請你以後不要再麻煩我了。這是我給你的最後一封哀的美敦書。

不用我多說,我們在性格、志趣和生活追求上是如此的不同。你的狹隘和自私,我可以原諒;但我現在才認識到,最不能原諒的,是我自己的苟且湊合。而且,我認爲,依你的好條件,你完全可以達到你追求的生活理想。而從我這一方面,你想要的溫暖的小家庭、穩定的生活,卻一點也不能給你。唉,這樣的話我也不願意重複了。最簡單的一句話就是:我不愛你。不但不愛你的思想、性格,也不愛、甚至討厭你的生活追求。我們兩個在一起就像一隻生不著火的爐子,只會冒煙,污染空氣。更何況我並不相信你會從此變得可愛起來。

也許,你會把我這封信,又看做是某個對我別有用心的壞人蠱惑的結果。可以老實告訴你,這回算你說對了。一個和我幾乎素不相識的青年充當了外力。可是,說什麼你也不會理解,打動我的與其說是這個人,不如說是這個人對生活的態度。我沒有見過他,也不能預測我和他今後的關係如何。但是,他對生活的態度,使我認識到我同你苟且湊合下去是膽小鬼的行爲。

石田,我想,我們還是愉快地分手、愉快地告別爲好。今後,我們還可以是朋友,可以像朋友那樣來往。你在我處於極爲困難的時候,第一個平等地對待我,甚至愛我。這事我一輩子也不會忘記。但是,以後的生活,你也知道,沒什麼好說的了。我不希望再聽到你的辯解。對你自己的行爲的任何辯解都不能使我動心。因爲我現在是自己在救自己啊!我希望得到你的應允,請你不要再抱任何期望!我的決心如此之大:即使我已經和你結過婚了,我也要和你離婚!

再見了!

真真

第九封信 老久致真真

真真，我親愛的：

連續收到你的兩封信。

看了你敍述自己感情遭遇的信，我久久不能平靜。我原想沉默。又看到你和石田絕交的信，祝賀你，你在生活中勇敢地邁步了。

信中所說的一切，有些是我想像不到的。我讀著，讀著，想用我的心、我的靈魂來安慰你。你的真情和痛苦使我決定：不管你對我怎樣，我要愛你！這是一個意志剛強、永不欺騙的人的愛啊！

但是，繼續看下去，看到後面，我的心就冷了。後來，我簡直憤怒了。料不到你會寫出這樣的信來。不愛我，這是你的事，我不生氣，我不能強迫你愛，但你也不能強迫我不愛。如果有一天我瞭解到你是出於憐憫而給我寫這封信的話，那麼，我會瘋狂地恨你。

你可以滿足於一種自我安慰——所謂的純潔的友愛。我可不能允許感情上的欺騙。如果我是你，我會大膽地去愛值得愛的人，跟他們保持一種明快、大膽、激動人心的關係。

生活是多麼奇怪啊！你尋找、追求理想的愛人，追求新的生活，可是當他來了，你又害怕了、後退了。你渴慕大海，可又害怕大海。當真正的大海出現在你的面前，你又退卻了，逃跑了。你最仇恨的是欺騙。可是，你現在不也在進行一場自我欺騙嗎？你以為我沒有發覺嗎？

我的這些話會刺痛你，真真，但我要說實話。知道你在生活中勇敢地邁步了，我祝賀你的勝利。不論你落得個什麼下場，我永遠愛著你。不要害怕，拋棄那黑暗的陰影，你就會成為光明的戰士！

最重要的是明天，是新的生活！

老久

第十封信　老邪門致老嘎

老嘎，我最親愛的朋友：

一切我都知道了。你們 —— 我的兩個好朋友都愛上了她。我給你們寫了兩封內容大致相同的信。我只能這樣做—支持你們心中的愛情。

你還猶豫什麼呢？爲什麼只是向我訴說？爲什麼不能到她身邊去傾吐？

朋友，我從來不會安慰人。我只能理解你們的痛苦。現在，把一切都拋在她的神壇下面等待她的判決吧！

每個人都有愛的權利。這種權利同追求理想的權利、爭取自由的權利同樣神聖。這種權利既不能剝奪，也不能出讓。行使這種權利吧，我的朋友！

爲什麼要害怕激情呢？儘管我不可能陷於這種感情，但我全心全意支援你們進入忘我的狀態。一個人，只有當他忘我地學習、忘我地工作、忘我地鬥爭、忘我地去愛時，才能顯示出他堅強的個性。老嘎，我理解你的心，它是悲痛的。有時，你會感到非常淒涼。真的，非常淒涼。請不要被這種淒涼之感壓倒。你應該成爲一個堅強的、有獨創性的藝術家！你生活在二十世紀七十年代，千萬不要忘記這一點。我們的時代既不喜歡那種按照程式設計"革命音樂""革命舞蹈"的所謂文藝匠，也不喜歡那種哼著纏綿小調的庸俗歌手。一顆軟弱的心是容納不了世界上正在經歷著的史詩般的激變的。你是我們新時代的藝術家，你應該是一把火，一柄劍！

我們的理想是：公民和戰士！

你的工作不能期望得到公正的報酬。我們也會給你毫不留情的批評。你將長久地痛苦，但你仍然必須前進。因爲這種在藝術上探索道路的職責，你是無法推卸的。你必須從屈辱和困窘中站起來，勇敢地前進。

　　目前，在我們這一代人中間，有很多人因爲看不清前途而彷徨，甚至消沉。他們恰恰沒有意識到道路只能由我們自己走出來。這個真理曾經被人們用各種方式機智地說明過，但仍然不妨礙看不清自己力量這種錯誤一再被重複。我們的一切努力無非是向人們指出，對於新生活的希望是可以而且能夠實現的。我們還是這樣地年輕啊。

　　我目前的生活是千篇一律的，在農場繁重的體力勞動和繁忙的政治學習中，屬於我自己的只有高傲的理想。我冷漠地應付一切。我唯一的願望是：人們少來打攪我。

　　對於我們這些人來講，帶著宗教色彩的所謂愛情的貞潔是沒有意義的。勇敢地衝向生活的海洋吧！我很欣賞下面的詩句：

　　　不，我願同風暴比一比力量，
　　　把最後的瞬息交給戰鬥。
　　　我不願掙扎著登上沉寂的海岸，
　　　悲哀地計算身上的傷口。

　　你的老邪門

第三輯　帶著鐐銬的愛情

（一九七〇年六月初 ── 七月中旬）

　　難道只有和尚才知道怎樣戀愛？ ── 哥哥責備真真太輕浮。 ── 初戀使老久認識到：爲了愛必須鬥爭。 ── 真真談被狗咬的感受。 ── 老一代的悲劇。老久不想成爲鄔叔叔那樣的科學家。 ── 大火燒了五個年頭，他的心也著了火，他成了戰士。 ── 真真怕承擔石田“自殺”的責任。 ── 老久說：只有科學，才能使我堅強。

第一封信真真致老久

老久，我的朋友：

最近幾天，我交了好運。騎車在路上逮了一隻鱉，足有一斤多；在教室寫材料，一隻山鳥又自投羅網。有意思。

我的好興致是從前幾天收到北京來信開始的。姨父的手術很順利，醫生說問題不大。我知道，肺癌這種病不容易治好，但我總可以再見到姨父了。

前些日子，我一直擺出等著挨整的架勢，沒想到，今天縣革委給我校革委會主任打電話，要抽我到縣專案辦公室去。我想你也一定會猜到其中的奧妙吧。最近，我父親安排了工作，見了報。今天，那些"堅定的革命派"對我的態度就來了個一百八十度的大轉彎！

在別人眼裡，哪怕當個專案辦公室的額外辦事員，也神氣得像個大爺。可我想，這頂多不過是當個書寫工具。一切都有檔框框，還有地方特點的土政策層層加碼，七整八整，分析研究，上綱上線，把問題說得越嚴重，越複雜，似乎就越有成績。我常常想，周圍這些忙忙碌碌的人，有幾個對自己的工作感興趣呢？全國從事外調、專案工作的人有幾萬、幾十萬乃至上百萬。耗費了那麼多的錢，得到了多少真實的材料呢？甲到乙那兒去調查，乙到甲這兒來調查，往來頻繁，緊張忙碌。這樣清隊下去，不是越清越亂嗎？每想及此，感到太可怕了。但是，回校教書，難道又能好一點嗎？連自己都不相信的話，拿去硬塞給學生，又有什麼意思呢？

為什麼你把我看做一個狠心而又殘酷的人呢？難道你不知道，我，一個倍嘗生活苦果的人，對於自己的朋友除了最真誠的友愛外，從來不會有一絲一毫的傷害嗎？

我已經做出那個斷然的舉動了。我的意志是堅定的。我向著我看到的光明走去。我至今還沒有收到石田的回信。今天收到一位多年好友和我哥哥的來信。你可以看看，我有多麼值得自豪的朋友。他還不知道我已經給石田寫了絕交信。當然，我哥哥的信令人失望。他們這批四十來歲的人，總和我們格格不入。似乎我們和他們的距離比那些七八十歲的老人還要遠得多。我那些充滿才華的朋友，雖有一顆純潔美好的心，卻在底層輾轉著，沒有人想到把他們放到合適的位置上。一些重要的位置，已經被童汝這樣的人擠滿了。真是太可悲了。

真真

附一：朋友致真真

真真，我的好朋友：你好！

從鄉下麥收回來，收到了你厚厚的來信。

暴雨過後的夜晚，顯得格外寧靜。大地沐浴著雨神的洗禮，正安詳地睡去。山腳下的小溪在淨琮地奔鳴，那是夏夜的清歌。多麼美好啊！這靜謐的、純潔的、深沉的夜！

拿出紙筆，再燃起一支劣等香煙，給我的朋友回信，繼續我們早已開始了的討論。

俗語說："當局者迷，旁觀者清。"這並不是說只有小狗才知道怎樣去逮耗子，只有接生婆才知道怎樣投胎，只有和尚才知道怎樣寫情書。不是的。我是說，當我清楚地瞭解一切之後，我為自己的朋友深深地痛惜著。

談到愛情，我們首先要感謝上帝。他在所有的自然法則之外又加上了這一條。他使世間的男女除了愛其他之外，又有兩性之愛。其次，我們要感謝人類自己。人類本身和文明的發展使人從男女間互相愛悅、要求結合和延續種族這樣一個原始的自然法則下得到相對的解放，使人區別於公牛和母牛而建立了人類所特有的愛情法則。*（老久批：不會生孩子的愛情是不完美的。如果說婚姻是為了種的延續，那末新時代的愛情將是為了新思想、新道德的誕生。我們追求真正的愛情，但決不輕視愛的生理基礎。對於我們來說，精神的愛不是對肉體的愛的遮羞布，肉體的愛要在理想的愛中得到體現，二者是統一的。否則，精神的愛就變成了宗教。）對於社會的人來說，對於不僅用感情而用理性來生活的人來說，這個愛情法則要求雙方思想的基本一致。共同的愛好、共同的志向、共同的鬥爭才能使共同的生活充滿樂趣，才能使人生和愛情的意義得到體現。建立在這樣基礎上的愛情才是崇高的、純潔的、動人的。我不知道幾十萬年後人類的愛情還會有什麼變遷。至少，在今天和在今後幾十年內，只有這樣的愛情才是最理想的。今天的詩人、文學家如果只會描寫那些鴛鴦蝴蝶式、卿卿我我式、齊眉舉案式、一見鍾情式的愛情，那不管寫得怎樣出色，他們都將愧對十八世紀寫出了《紅樓夢》的作者曹雪芹。除了迎合市儈、庸夫俗子的口味外，這樣的作品在今天是不會感動人的，是沒有生命力的。

像你這樣的人，有事業心、有才華、有能力的人，是需要真正地被你理想中的物件來愛的。你也應當毫無保留地把自己的愛情獻給值得愛的人。你的熱情和能力正需要借助愛情的力量來啟發和鼓舞，在共同的生活中互相幫助，為共同的目標一起鬥爭，在困難和厄運降臨時風雨同舟，在人生坎坷而崎嶇的道路上手挽手一起勇敢地向前走。這是你應有的幸福。

如果一切都很好，你就不會，或者很少考慮到誰跟你在一起，而會獨自走自己的路。你甚至可以把丈夫的選擇看得很輕。即使是一個市儈，一個沒有頭腦的傢伙，你也可以準備跟他結婚，因為你並不希圖從他哪裡得到什麼，有他和沒他反正差不多。但是，當你不走運，或者當你年老的時候，你就會想到你身邊的是誰。你會感到需要依靠他，從他哪裡得到力量。如果他是一個能和你終生走共同道路的人，你就會因為你自己沒有孤獨的煩惱而感到幸福。你會發現你所要求的正是靈魂的美德、純潔、意志和力量。愛情決不是可有可無的東西。愛情所賦予人的力量，應當照亮整個人生的道路。當然，作為你的終生好友、患難與共的至交，朋友的幸福也是我們的幸福。

愛情是友誼的一種，而決不是對立的東西。（老久批：完全正確！更大膽一點說，在未來，愛情就是友誼。為什麼只能愛一個人呢？）（真真對批語的批語：我十分希望你把這個重要問題展開來談。如果說愛情就是友誼，那末我有許多真正的朋友，我就已經有了愛情，就不應再追求什麼了。我有廣泛的社會聯繫，作為一個女子，這要抗拒很多庸俗的輿論。我把這種聯繫看做一種自身的解放。然而，我碰到了許多友誼和愛情的問題。）我不能同意你那種"愛情裡沒有友誼，友誼裡沒有愛情，愛情不能使友誼向更高處發展"的形而上學的觀點。這只能被認為是你從自己以往個人生活裡得出的、非常片面的結論。它不符合一般的規律，也不符合正在發展著的事實。我始終認為，由友誼發展到愛情正是一種必然。對於一個理智的人來說，感情不是別的，只是思想的自然發展。（老久批：胡說！人類的激情從來不是思想的自然發展，相反，偉大的思想卻來自激情。）我們不是愛情至上主義者，也不是獨身主義或禁欲主義者。（老久批：我是愛情、熱情至上主義者。）我們必須有承認在生活中存在真正崇高的、純潔的愛情的勇氣。你不應該懷疑它存在的合法性，不應當迴避它發展的必然性。

我不想把石田那個市儈再搬出來討論。我上面所談的作為一個愛人應有的一切，他都不能給你半點。如果你有幸和他結婚，他一定可以讓你見識許多你現在還不曾想到過的事情。（老久批：有遠見的朋友！）

你有許多值得你愛的朋友。你沒有必要把自己和石田拴在一起，而拒絕其他朋友的友誼和愛情。你並不是個拘於世俗偏見的人。我們正是從這方面感到你的可親可近。此外，時下一般人關切的諸如門第、金錢、職位、相貌之類的東西，我們就沒有必要在筆下細論了。

我以為，你完全可以在朋友中實現理想的結合。你會說：談理想是一回事，談現實又是一回事。是的，生活中理想狀態是相對的，而不理想的存在是絕對的，正如物理學中理想狀態不存在一樣。但是理想之所以提出，就表明人們對生活中真、善、美的希望和追求。（老久批：不深刻。應改成對未來的追求，對激動人心的生活的追求。）人是憑著希望生活的。沒有希望，人的生命也就停止了。人正是憑著不再當猴兒的希望才創造了勞動工具，才永遠擺脫了動物的生涯。從這個角度講，有理想和為實現理想而奮鬥正是人的本性，人的天職。只有這樣，人類社會才會前進，思想才不會僵化。

就你的經歷而論，那麼過去的一切只不過是生活中起了一場小小的風波。一個擾亂其間的小人童汝，一個市儈石田，先後表演了一番。看起來，事情好像很複雜。其實，有時候一件無足輕重的事情會對人生發生重大的影響。（老久批：不對！那件事無非是生活中的導火線。真真，真正使你陷入悲劇的是希望的破滅。難道把希望寄託在一個不欺騙你的人身上，你就不會傷心和失望了嗎？）（真真對批語的批語：為了你這個非常好的批語，讓我吻你一下！（以後不啦！）你說出了我的心裡話。石田也沒有欺騙過我。我以為我的悲劇在於沒有看清方向，沒有力量擺脫束縛。）我們不應該成為那種易於被環境左右、易於被謬誤戰勝的人。我們不應該成為對自己應有的幸福喪失希望、對存在著的美好前景放棄爭取、對自己的青春和愛情缺乏責任心的人。不管發生了什麼，我們都應當去爭取事情應有的合理的結果。不用說是這樣一場小小的風波，不用說是這樣一點稍微棘手的麻煩，就是再大的波折，我們也應當昂起頭來，勇敢地走自己的路。

我想關鍵不在於你沒有愛的理想，不在於這個世界上沒有值得你去愛和真正愛你的人，不在於你感情的被玷污，不在於貌似陷於無路的現狀，而在於你缺乏爭取崇高、純潔的愛情的勇氣！

一個真正的人應當有自己的理想、自己的生活、自己的道路、自己的愛情。在外界貶低我們的價值的時候，我們應當看到自己的力量。如果你熱愛一個值得愛的人，就應當無所畏懼地為自己的愛情開闢道路，不管眼前的道路是多麼崎嶇艱難，都要大膽地闖。

你難道沒有想過，為什麼要被一個卑鄙的偽君子來左右自己的道路和愛情呢？（老久批：不是因為某個人，使她陷於絕望的，是找不到出路。）你放棄了一個陽光燦爛的未來，放棄了自己應有的新生，準備走一條自己不願意走的路，──僅僅是為了一個卑鄙的偽君子的惡作劇。你難道沒有想過，這是多麼不值得，多麼可笑啊！這樣的自我犧牲不是太廉價了嗎？

如果你說你並不懼怕充當悲劇的主角，你勇於讓一場悲劇來激憤自己，你願以你的青春去殉一個真理，那也是站不住腳的。確實，我們不應當懼怕悲劇的發生。不幸的降臨，常常可以使有志者堅強起來。但世界上只有那種有價值的殉道、動人的犧牲、神聖的獻身才能使悲劇放出絢爛的光彩。只有這種悲劇才能給人們以無窮的力量，激發人們為真理而鬥爭。但你所準備作出的犧牲卻不能給人以這樣的力量。而且遲早有一天，你會為自己聽憑一個偽君子導演了這樣一場悲劇而後悔。

如果你採取迴避態度，撇開所有這一切不管，正像你所說的那樣，“也許我會走獨身的道路，也許我會和一個更陌生的人在一起生活”，這就更表現出你的怯弱。大丈夫“修身齊家治國平天下”，這固然是儒生老調，但很難想像一個人連自己的個人問題都不敢正視，都沒有信心去得當處置，而在更大的問題上他能夠不聽天由命！（老久批：大妙之言！這句古老的格言對中國任何時代的正直的知識份子都是適用的──儘管它的內容應隨著時代的不同而不同。在中國知識份子心中，家事國事天下事從來都是統一的。這正是我們的民族精神。）

分配一年多了，我們被某些大人物當做十七年的處理品，毫不吝惜地塞到一些偏僻的角落 —— 不是爲了使用我們，而是爲了把我們從生活的激流中趕出去。一年多來的現實給我們提出這樣的課題：爲什麼還要對現實抱有幻想呢？爲什麼不可以去創造新的現實呢？難道這種創造不也應該是一種現實嗎？

一切問題的解決只在於你拿出勇氣和決心來。對生活的前景，我們儘管可以作出許多假設，但我們仍應以理智的決斷來投這重要的一票！（老久批：我服從時代精神的裁決！）

如果說辯證法的本質在於突變的話，我殷切地希望看到辯證法的勝利。

你的老朋友

附二：哥哥致真真

真真：

你的事我思考了好幾天，這是一件嚴肅的事情。我有義務談談我的看法。（真真批：什麼義務？一隻吃了鹽的蛤蟆！）

我覺得口吻嚴厲是內心嚴肅與真誠的表現。你的悲劇是怎樣發生的呢？讀了歐裡庇德斯的《美狄亞》，才知道悲劇是按照兩千三百多年前的樣子發生的。背信棄義者所使用的辯詞也一般無二。真真，你想想，石田有什麼錯呢？時代不僅僅使美狄亞與伊阿宋男女易位，而且使"悲劇主人"有了"新思想"。（真真批：那麼說我吃了十隻大蒼蠅好嗎？）我總覺得，《馬克思傳》，其他偉大人物的傳記，還有魯迅的雜文，已經淨化了人的靈魂。我明白了人是不應當有私仇和偏見的。（老久批：是的，你從來沒有私仇，你的恨就是階級的恨，你的敵人就是人類的敵人，沒有比這更妙的邏輯了。我恨，我就恨，我有這個權利。我沒有必要像你那樣不敢說我恨，而要說我們大家恨。）但我仍然不得不說：你過分了。如果你真的尊重歷史，建議你把過去的東西都抖落出來給家裡人看看。（真真批：把這個給父親看看，把那個給祖父看看，再把另一個給曾祖看看。我聽得耳朵都發膩了。）

　　真真你不要嗔怪。我看你信中唯一有價值的部分是關於"進退"一句。你不是已經懂了辯證法嗎？進與退，無論在日常生活中，物理的、生物的、思維的運動中，都是辯證統一的。不過，屢進屢退，人總不應該"進退失據" —— 失去做人的根本、根據。（真真批：他"根"在上級，"本"在經典上。）這根據便是理想與倫理。從你的信上來看，你還沒有弄懂"倫理"一詞的意思。倫理就是不同時代的道德理想，更重要的是各個不同階級、階層的行動規範。也就是你討厭的"條條"。還是不要討厭條條吧。倫理學是人類的第一門社會哲學。如果說自然哲學是在人與自然的鬥爭中產生的話，那麼倫理學也首先是由於人類自身"異化"的結果。（真真批："異化"，好難懂的詞喲！）（老久批：異化，異化，你是你爸爸的異化，我可不願成為你的異化。）問題倒不在於條條的多寡，而在於你按哪些"條條"辦事。（真真批：好哥哥，我不討厭"條條"，"條條"萬歲！好嗎？）

　　至於個人品質，它至少應該包括兩個方面的意義：一、"道德"在個人身上的實現；二、個人在實踐中獲得的知識、才能、意志狀況和體質狀況。（真真批：哥哥，你有腎炎，你的·"個人品質"不好！）"歷史"究竟對不對個人作出評價？什麼才是歷史的"評價"？我對歷史的理解，主要是歷史的進程；對"評價"的理解，則主要是價值本身。（真真批：妙極了！歷史就是歷史的本身，價值就是價值本身。）歷史既然創造了"個人品質"，歷史就需要"個人品質"。對走在歷史行列前面的人，尤其是如此。因為他們的"個人品質"會轉化為"社會品質"。有誰能說陳涉的不具備軍事才能和失信於人，不是導致起義失敗的重大原因呢？同樣，道德鼓吹革命，革命也需要道德。整個歷史說明，它並非"從不對個人品質做出評價",而恰恰相反,它"從來"對個人品質做出了過高的評價,變成了"英雄造時勢"。

真真,我並不想同你辯論你個人品質的高低,也並不想接受你給我"道學先生"的光彩命名。我痛心地看到,你輕率地提出命題,只不過是爲取消道德做辯護。我再三提醒你:閃光的東西不一定都是金子。(真真批:我追求閃光,但他總是一再對我說:閃光的不一定都是金子。)

如果說,你真的如多級火箭一般,必須靠甩掉別人來取得高度,那我已經看得多了。但是你又說,你是在追求理想,你要追回你失去的理想。這是什麼意思呢?我無可奈何地感到,你已經以孤注一擲的心情走上了一條不負任何責任的道路。這樣,你就對親人包括你自己,都不負責任了。你想做強者,倒把自己擺到了弱者的地位。

我作爲你的哥哥,對你有不可推卸的責任。我的主要錯誤是沒有抓住關鍵的東西。你我相差十多歲,但卻相隔得太遠了。我們的確太不同了,在你一天一個高度,幾乎要與整個世界決裂的"自我批判"裡,我感到我們的差距越來越大了。

你一向把你的一切對家裡守口如瓶,現在終於兒戲般地透露,你要把石田甩掉。很好,你還沒忘了我。

我一再申明,作爲哥哥我希望你幸福,希望你有一個理想的愛人。但是,像你這樣朝三暮四,又有何理想可言?人們會怎樣評論你的行爲?我見過好幾次石田,印象頗好。那不是個忠實淳樸的青年嗎?一個學歷史的大學生,能服從分配到部隊就很不簡單。到了部隊無論是搞文書工作,還是當政治輔導員、搞專案、當採購,他幹一行愛一行,受到領導的好評和重視,這說明他是一個有前途的青年。我看,你就缺乏點這種螺絲釘精神。(真真批:我想當螺絲釘,可人家把我們扔在這裡不用,讓我們生銹啊!)

(老久批:科學的進步正在給機器安上電腦,而有些人念念不忘的是把人的腦袋擰下來，變成由他們這些超人擰來擰去的螺絲釘！）父親倒楣時，你和他好；父親解放了，你又甩掉人家。你的行為正義嗎？我覺得你又在進行一次欺騙。欺騙，這是人類私有制產生後的第一個壞念頭。以前你不理會我說過我們這些人做樹根，讓你們這些比我更年輕的人做春花秋果的比喻。你打岔說什麼你愛火柴，"之所以愛，是因為它會發光"。這根火柴受潮了呢？毫無疑問，潛臺詞是：扔掉。因為火柴兩分錢一包啊！我覺得你這是寄希望於一種新的僥倖的冒險。

你總愛罵我，說我愛訓人，藉以"往自己臉上貼金"。可是，我縱貼成如來金身，神通廣大，你也不會聽我的忠告。但我相信世界上有比火柴更有價值的東西。既然你能那樣輕鬆地看待過去的"歷史"，我又何必由於過分認真而失去生活的幽默感呢？我想，在化妝舞會上，大可不必為自己不願化裝而痛苦失望。而一旦大家都摘去了面具，無論見到哪一位，倒都是乏味的了。這樣，我是不是就不庸俗了呢？

真真，還是從"碧桃天上栽和露，不是凡花數"的自我陶醉中清醒過來吧。還是認真思考些問題吧。建議你讀讀新近出版的克魯普斯卡婭寫的《列寧回憶錄》。請你不妨思考一下，你是天人還是凡人。

我的話，知道你目前不會相信，而卻會去相信一些神話和鬼話。但我希望你有一天會想起這些話。會的，你會想起的。

祝你

思有所得！

哥哥

第二封信　老久致真真

真真，親愛的真真：

太陽下山了。山上的實驗室裡只留下我一個人。晚上，我還要把未做完的實驗進行下去。

　　我走到門口一株葉子茂盛的桂花樹下，躺了下來。親愛的真真，讓我對你講講我的初戀吧！

　　兩年前，我還很不成熟，二十剛出頭，我的初戀來得是那樣突然，去得又是那樣迅速。她帶來的歡樂是那麼短暫，而痛苦是那麼急促，以至留下的既不是甜蜜的回憶，也不是無窮的傷感，而只是一次心靈的猛烈激蕩！

　　英並不漂亮，一切都很平常。中等個兒，皮膚因游泳曬得黑黑的，臉上透出青春的紅暈。一雙眼睛不太勻稱，然而卻閃著少女純潔的光輝。她也是個幹部子女，有大方、爽朗的性格，是我中學的同學，在上海讀大學。

　　一開始，我們的通信只限於友誼，談學習和生活。確實，我們誰也沒有感覺到這裡有愛情。一個青年的初戀是怎樣開始的呢？就連他自己也不知道。

　　六八年，學校發生了武鬥。武鬥逐漸升級。六月，我乘快車，踏上返家的途程，繞道到上海去看她。幾天飛快地過去了，我就要離開上海回家。這時候，我突然發現我不願意離開她。那時候，我真單純得可愛，因為我竟連愛情這兩個字也說不出口。

　　那是一個沒有月光的夜晚。幽暗的樹叢在晚風中颯颯低語。路燈亮了。鋪展在我們面前的大路一直伸到郊外。我們走著、走著，不知哪兒是盡頭，哪兒是方向⋯⋯

　　我開始說了。從遙遠的古代到人類的未來，從社會到個人生活，從哲學到文學。噢，真糟糕，這些怎麼能聯繫在一起？但是初戀純潔的美，也許正在於此。我書呆子般地想用哲學來告訴她，我在愛她。我對她說：生活中充滿了變化，萬象日新月異。難道我們的一切不都是這樣？從少年到青年，從中學到大學，誰說一切都是漸變？我說："世界充滿了飛躍，從友誼到愛情，難道就不可能在一夜之間實現？"我終於擠出了激蕩在心中的意思。哦，這是多麼艱難！一旦這感情的閘門被打開，那滾滾的心潮，就奔騰地傾訴出來。

她怎麼了？驚惶？害羞？不安？那方正的臉上露出的是興奮還是討厭？我詛咒這可恨的黑暗。我看不清她的面容。我變得越來越不安了。

她默默地低頭走著，不說一句話，也不望我一眼。她好像在聆聽，又好像在沉思。怎麼回事啊？是故作冷淡，還是用沉默來抑制內心的不安？

我又說了，愛情的燦爛決不只是享受和歡樂，也不僅僅是兩個人情投意合，為小家庭奔波；愛情的力量在於兩個人互相鼓勵，哪怕在漆黑的夜裡，也決不灰心，勇敢地去迎接黑暗後的黎明。

這就是我當時對愛情的理想。雖然光明，卻也淺薄。因為一個少年只能從文藝作品和傳聞中，從自己對愛情的幻想中去體驗愛情的含義。我當然不可能想像到，只有經過等待、渴望，只有在現實生活中經歷過失去愛的痛苦，而最終又去追求真正的愛的人，才能體會這些話的含義。

我多麼盼望她能瞭解我的思想，我對未來的熱望。少年的激情就像銀光四射的明月，雖然淺薄單純，卻也使人終身難忘。

“朋友，難道一定要我開口？沉默不也是一種表態嗎？”她說。

她就在我身邊，我們在一條長凳子上坐下來。我拉著她柔軟的手，聽著她均勻的呼吸。我們又回到了那天真無邪的童年時代，回味著中學生活。往事一件件，多麼親切，多麼深情。路燈投下長長的影子。我們心靈中閃動著幸福的火光。

我永遠記得我一生中這個迷人的夜晚。

初戀時，一個人往往對異性含情脈脈的目光，起伏不停的胸脯，柔軟的手臂，臉上淡淡的紅暈，以及有點不自然的舉止特別敏感。這一切都使他激動、神往。實際上，這僅僅是他初次領略愛的甘露，遠不是愛的本身。然而，可悲的是，大多數人對愛的理解，往往停留在這種表面階段，而不去發掘更深的意義。對於很多人來說，生活進一步的展開，只能是性欲和現實的小家庭。只有少數人，才去進一步探索"愛"的更深沉的內容。

我和英的戀愛，從一開始就遭到我父母的反對。他們說："你的愛情是不會有好結果的！"父親擺出兩條過硬的理由：第一，她父親是省裡的大幹部，即使是現在，也還是門當戶對的好，那樣的姑娘，我們侍候不起；第二，儘管她父親現在得勢，誰又能保證他以後的命運呢？而一個大幹部的倒臺，就意味著株連所有親屬永世不得翻身。聽到父親的分析，我像被蠍子蜇了一口，跳了起來。我討厭社會等級在人心中挖下的鴻溝。我認為，因出身高貴而看不起社會地位比自己低的人固然是愚蠢和醜惡的，反過來，因自己社會地位低而抱有一種清高的態度來對待愛情，也是病態的。不幸，我父親的預言卻是對的。

秋風怒號著，無情地席捲著地上的落葉。幾個月後，我收到了她冷冰冰的來信。

開頭沒有稱呼，突然的字句一個個地跳人我的眼睛。信不長，然而它卻威嚴地鋪在我的面前，好像寒冬的一片冰雪。那藍色的格子，熟悉的字跡，慢慢扭動著，模糊了，幻化成一張陌生冷漠的臉。啊，不會，不，她不是這樣的，她不會這個樣子。—— 我呆呆地坐在窗前。我心中的她竟會這樣說、這樣做？一定是別有原因。一定是發生了什麼意外。我應該馬上到她身邊把一切都弄清。

初戀中的年輕人總以為，自己為愛所受的痛苦和對現實生活的反抗，總會被對方理解，會消除一時的誤解，對方會在愛的感召下重歸於好。然而，後來他才明白，初戀往往是兩個完全不同的人擦身而過，只不過朝對方看了一眼，拉了一下手，就被生活的洪流衝散了，從此再也不能聚集到一起了。年輕人的初戀不過是為自己塑造了一個愛人的形象來膜拜而已。這種空中樓閣般的理想，遲早要被現實所粉碎。

一個冷清的早晨，我坐上了去上海的火車，沉思起來。和她說什麼呢？難道還需要心靈的表白？翻滾的心潮早就衝開了堤岸。難道去詢問原因？這可怕的信裡，一切已向我講明。那末，去向她哀求嗎？去用悲苦的心換取她的同情？啊，不！我那痛苦的心猛然縮緊了。一個可怕的思想從我腦際劃過。一切都是這樣分明。我彷彿又看見了那封信，聽見了那冷冷的聲音。

"我深知你是個熱情的人。然而，我和你不一樣，我的一切都是別人給我安排好的，從幼稚園到小學，從無憂無慮的中學到大學……我怎麼能夠設想，我以後將永遠和你以及你家裡那些人住在一起？"我再也不能往下想了，我閉上了眼睛。

我沿著熟悉的馬路又來到那多少次我隨著夢神來到的地方。

她還在午睡。匆匆過路的同學上去把她叫醒，她終於出來了。

我們站著，站著，好久沒有說話。不知過了多少時間，也許只是一瞬，她低下了頭，露出了我熟悉的不好意思的神色。我們又在漫長的馬路上肩並肩地走著。

我內心深處的感情猛烈地激蕩著。我傾吐著離別的深情、半夜的相思、突然的恐慌、心靈破碎的痛苦。她幾乎顫慄起來。我緊繃的心焦急地等待著她的的回音。

啊，她終於開始說了，那麼低、那麼輕，好像在沉悶凝固的空氣中抖動著的弦音：

"不是我不懂得你的心情，不是我不知道你的痛苦，你永遠也料不到我的心也和你一樣創痛。我知道，我給你帶來了悲痛、絕望。但這些難道不是同樣撕裂著我的心？朋友，我瞭解你，你有一顆正直的心，有崇高的理想。但我的處境逼迫我走出了這一步。一個月來，我很少給你寫信。就在這一個月裡，我的家庭發生了變化。前些天，父親派小車把我從大學接到家裡。他得意地告訴我，奉中央首長之命，他升調到北京當部長去了。我並不感到興奮，只覺得父親離我越來越遠了。父親臨走時，一再告誡我，不經他允許，不準我隨便交朋友，不準我亂講家中情況，尤其不準談戀愛……我從來沒有對父親講過你。現在，我更不能講了。我不能違背父親的意志。不是我認為父親正確，而是我從小就習慣於別人為我安排命運。我還沒有學會生活。如今，我是多麼悔恨啊，如果我早就將內心的一切告訴你，也許會得到你的諒解。我的一切努力，都衝不開家庭那堵凝固的鐵壁 ── 我的心已經夠痛苦的了……”

夜晚的涼風吹著我。墨藍的星空，那麼高，那麼冷。我的心也漸漸涼了。是的，一切都完了，完了。還有什麼可說的呢？她是對的，對的。

我該走了，戲已經完了。難道還有什麼可抱怨的？真的，一切開頭得很好，結束得也不壞。為什麼一定要追求永恆的東西？我耳邊響起了哲學家的格言：“萬古永恆的山嶺並不勝於瞬息即逝的玫瑰。”

就這樣，我們告別了，永遠告別了。我甚至沒有回頭去看那漸漸遠去的身影。

完了，要知道，一切都已結束了啊！我的初戀一閃就過去了。好像空谷裡消失的回音，好像曙光初露的天空一下子又佈滿陰雲。

真真，這就是我短暫的初戀。這件事使我整整痛苦了一年。是她家的社會地位迫使她把我遺棄。恥辱在我心中燃燒。從不平等的利害關係來處理愛情，使我感到憎恨。

回家以後，儘管我內心十分痛苦，但我一直不想讓父母察覺。但我太年輕了，不能把痛苦隱藏起來。母親企圖安慰我，甚至給我張羅介紹物件。我非常反感這種安慰。老一代人並不理解我們青年人的痛苦。難道我僅僅是因為失去了愛而痛苦嗎？不！我是為這不尊重愛的現實而痛苦。

　　老一輩的舉動使我不由得想起小時候的一件事。我上小學時，有一段時間弄收音機著了迷。線圈啦、電阻啦、電容啦，擺了一桌子，枕頭下面也塞了不少。母親病了一個星期，我竟一點兒也不知道。一天，我正在專心地繞線圈，數著圈數，父親一把把我拉到母親床前，大聲叫著："看看你媽媽！"母親哭哭啼啼地說："把你養這麼大，我病得快要死了，你也不問問，好狠心哪！白養了你這麼個兒子……"當時，我呆住了，線圈滑落地上，我"哇"地一聲大哭起來。父親說："哭什麼？以後要懂事點，都那麼大了。"事隔多年後，我總也忘不了這件事。因為自從這件事以後，我開始懂事了。幹事不僅考慮自己，還常常觀察周圍和想到自己對親友的責任。然而，我的心一直很沉重，因為我從此就告別了無憂無慮的童年。那時，我才十一歲。現在，每當我回憶起這件事時，我總這樣想：每一個人都應該勇敢地承擔自己的痛苦，沒有權利讓別人來分擔，特別不能讓孩子來分擔。讓孩子來分擔老一輩的痛苦，是非常可怕的，是一種精神上的摧殘。而這種現象，不是廣泛地存在於我們的現實生活中嗎？難怪烏雲和苦難總是籠罩在我們民族的頭頂上。

　　真真，這就是我的初戀。從此，我沉默寡言，似乎一下子長了十歲。一些朋友以為的權利。然而，父母又有什麼錯呢？他們不僅肩負生活的擔子，還不得不與世俗打交道。不是愛情了。這些人是怯懦者。而我，並沒有被擊垮。我認真地思考著，把愛情深藏在心底，決不把它隨便奉獻給別人。我開始從一個成熟的人的角度，而不是從一個天真的青年或是一個被遺棄者的角度來思考這一切。我考察、研究了生活中大量存在的、愛情問題和婚姻問題上的不正常現象，終於得出結論：今天為了愛，我們必須去鬥爭，必須同偏見和社會習俗鬥爭。我們要改造這個不尊重愛的現實環境，成為握著真理之劍的戰士。

　　瀑布可以用雷霆萬鈞之力傾注在山谷中，滾滾的烏雲可以化成驚心動魄的傾盆大雨。然而,在沒有遇到你之前,我能向誰訴說我內心的悲哀?

我親愛的真真,我心中的光明啊,爲什麼至今我還聽不到你對我最親切的稱呼呢?

我很累了。我多麼希望你那潔白的手能放在我的心口上,在你的安撫下休息片刻啊!你不能把手拿開。我在睡夢中都是時時刻刻地吻著它啊!

永遠愛你的老久

第三封信　真真致老久

老久,我親愛的朋友:你好!

現在,夜間十點半。今晚上是高原山區少有的星光璀璨的夏夜。起伏的山巒靜靜地站立在暗藍而又透明的天穹下。一幢幢分散的茅屋,星星點點地撒在廣闊的田野中。我抬頭望著那被我稱爲希望的種子的群星。

我因爲厭惡那整人、害人的專案工作,所以又回到山區公社中學來了。

今天黃昏,我差點兒被一條禿尾狗咬了。晚飯後,我去抓一隻小公雞。它是一個朋友送給我當滋補品的。可是它太瘦小了。這樣,小公雞便成爲我的鄰居 ── 一位美術老師用畫板釘成的雞窩的住宿生。(非常痛心!這位中央美院的畢業生,再也不肯畫畫了。)但小公雞不回窩,我就去抓。眼看要抓著時,只覺得身後一陣寒風,似有什麼東西竄來。猛回頭,只見一隻禿尾巴大狗已衝到身旁,正惡狠狠地盯著我。這是一對什麼樣的眼睛啊!兇殘、惡毒,閃著吞噬一切的貪婪目光,我一輩子再也忘不掉這一雙惡眼。我以前也曾見過這種目光,只不過沒有這樣赤裸裸、這樣兇相畢露。我拔腳想逃。虧我早邁出半步,大狗只咬住我的一條褲腿,"嘶啦"一聲,從褲腰到褲腳撕成三條。主人來呔喝狗了,大狗頓時失去神氣。主人假惺惺地問我是否被咬著。我捏著褲子,生怕露出大腿，溜回屋裡。這一次，我才真正體會到，咬人的狗往往是不叫的。狗叫，只表明它在嚇唬你，並不想咬你。生活中要提防出其不意的**襲擊**，提防這樣兇惡的眼睛！該死的小公雞成為我和美術老師的刀下物了，儘管它瘦得只有一把骨頭。

你的初戀，我覺得平淡極了。但我發覺，你那麼愛思考、挖掘。也許，這是你迅速成熟的原因吧。而我，總也不能接受教訓。

這幾天，我的心開始不安起來。整天想著石田為什麼還不給我答覆。我天天盼望著他的回信。即使他出差二十天，我也該收到他的信了啊。他會哭嗎？會在黑暗中奔走嗎？會痛不欲生嗎？

昨夜，我幾乎徹夜不眠。十點鐘開始下暴雨，電閃慘白。我呆呆地坐著。當天花板開始漏雨，把骯髒的灰塵衝洗下來，滴落在我頭髮上、桌子上時，我才發覺。就讓我這間木板房漏得徹底些吧！清理好、移動好床的位置，已經快十二點，雨也小了。

我躺在床上，渾身乏力。我覺得只要稍微放鬆一下自己的意志力，那麼我就會立即垮掉。我的身體是這樣的虛弱，甚至連走山路也感到吃力。我時時刻刻在等待著。我不知道未來會是什麼樣子。我感到黑暗和光明各自緊緊纏住我的半邊，在爭奪我。它們似乎要把我撕成碎片。我呼喚著，可是又有誰能聽見我心裡的呼喚呢？石田為什麼不給我寫信？如果沒有出路，我寧肯去死。如果有熱情的生命灌注到我生命之中，我將又一次新生。現在，我還是一個沒有掙脫鐐銬的人，我無法談自由。朋友，你在我心中放了一把火，我現在多麼需要你啊！

我在夢想，你就坐在我床邊的椅子上，離我那麼近，只要一伸手就可以摸到你。甚至我都聽到了你那急促的呼吸聲。我感到你在看著我，又慢慢拉住我的手。你的手是這麼溫暖有力。好幾滴燙人的淚水滴在了我手上。你低下頭來……啊！不！我一下子坐起來，發現周圍是那麼空、那麼黑。我怕！我拉開燈，才深夜兩點。我不能關燈，一關燈你和他就會在夢中出現。我鑽出被窩，坐在床邊。我多麼渴望夜晚的涼風能冷卻一下我的心啊！三點鐘了，我感到冷，又鑽進了被窩。怎麼打發這漫長的夜啊？不行，我不能胡思亂想。我應該穩定情緒。我找了一本書來看。為什麼我總也不能入睡？是不是枕頭太高？我把枕頭下壓著的衣服統統抽出來扔到床的另一頭。哎，還是不舒服。也許，我根本不需要枕頭。於是我把枕頭又扔開了。混亂的思想紛至遝來：他看了我的信後會哭嗎？他會尋死嗎？不，他是膽小鬼，他多麼留戀他現在的地位和未來的前程啊。那麼，為什麼他要纏住我不放呢？

當報曉的晨雞打斷了我混亂的思緒後，我感到疲乏極了。我是多麼願意入睡啊，睡著了，就會有甜蜜的夢。睡著有多好。這是一個多麼寂寞煩躁的夜啊。

朋友，你肯在我懇求你到我身邊來的時候來嗎？那時，如果我得不到你的回音，對我將是致命的打擊。我有軟弱的一面。不是在意志方面，而是在感情方面。我是深深地留戀我的朋友們，還有你。

音，好象曙光初露的天空一下子又佈滿陰雲。

想念你的真真

第四封信　老久致真真

真真，我親愛的：

看到白楊挺立的平原，

我的淚如泉湧。

祖國啊，

我是你一個有罪的兒子。

昨天，我覺得該收到你的信了，可沒有收到，我變到非常不安。我足足在太陽下走了三個小時。太陽猛極了，我全身浸透了汗水。晚上，我悲哀地躺在床上。這幾天，我一直沉浸在回憶中。傷感和孤獨常常向我襲來。確實，再也沒有比這種內心的傷感和孤獨更可怕的了。這種感情，像濃霧般彌漫在我心靈的海洋上，使我情緒灰暗，憂心忡忡……

前幾天，我和家裡吵架了，父母和我都很不愉快，到現在氣氛還很緊張。吵架的原因你會覺得可笑，是由一支電燈引起的。我每晚都要工作到很晚，最近又加上和你通信，點燈的時間更多了。我的燈是四十瓦的，媽媽曾讓我換個二十五瓦的，我一直沒換。那天，我給你寫信寫到很晚。第二天一早，媽媽就對我發脾氣：「讓你換個小的燈泡，你不換。家裡不說你吧，和鄰居合用一個電錶，人家會有意見的……」媽媽囉唆起來就沒個完。以往，這種事經常發生，我總是忍著。而這次，我卻像只野獸似的發作了，大叫一聲：「庸俗！」媽媽哭了。我心裡也很難過，飯也沒吃就上班去了。

我想，我有什麼錯呢？我們這一代人，什麼都被剝奪了，只有晚上的時間是屬於我們自己的。我們寧可少睡覺，也要學習、工作，也要給愛人寫信啊！因為這是我們生活的權利。然而，父母又有什麼錯呢？他們不僅肩負生活的擔子，還不得不與世俗打交道。起碼不得罪人，才能使生活平靜點。但他們卻很少設身處地地想想他們年輕兒女們的心情。

一個偶然的機會，我在父親忘記上鎖的抽屜裡，發現了一張褪了色的舊照片。照片上是一個年輕美麗的姑娘，穿著裙子，坐在滑梯上。照片背面寫著父親的名字和一句題詞──「動盪艱難的時代把我們分開」，署名香玉。當時，我不禁大笑起來。原來父親年輕時也浪漫過，也沐浴過如煙似雨的月光，也坐在湖邊相思過。只是後來被貧困、疾病、生活的重擔拖垮了，使他變成了斤斤計較於一分錢、一把米的人。他們經歷過苦難，以為懂得了生活。我突然笑不下去了，有什麼好笑的呢？這些事現在不是仍在千萬次地輕演嗎？我隱隱地感到一種揪心的痛楚。我們必須改變世世代代壓在我們民族身上的、這個把人變成庸人的、貧困落後的環境！

　　自從看到這張照片後，我一直想知道香玉是什麼人。後來從姑姑哪裡瞭解到一點點情況，知道這張照片中埋藏著一部淚浸的戀愛史。

　　我的爺爺是無錫城郊的一個私塾先生，一輩子做著讓我爸爸出人頭地、光宗耀祖的夢。他省吃儉用送我爸爸到城裡讀高小，後來又送到南京上中學。中學時爸爸愛上了低年級的一個姑娘，那就是香玉。香玉也很愛我爸爸，兩個人相敬相愛。正在熱戀中的爸爸突然發覺他的一個好友 —— 我們稱他爲鄔叔叔 —— 也在愛著香玉。鄔叔叔和爸爸是同鄉，他父親是個大地主，在國民黨部隊裡當官，在無錫城裡有一片當鋪。鄔叔叔和爸爸先是同在我爺爺的私塾裡讀書，後來又一起上高小、中學。因爺爺家裡窮，常付不起學費，鄔叔叔就在經濟上接濟爸爸。當爸爸發現鄔叔叔也愛香玉時，精神非常痛苦，覺得自己如果繼續愛香玉姑娘就是忘恩負義，對不起朋友。經過反覆考慮，爸爸忍痛斷絕了和香玉姑娘的關係，並馬上和我媽媽結了婚。深深愛著我父親的香玉痛不欲生，投河自盡被人救起來後也嫁了人。當鄔叔叔知道這些後深感內疚，他告別了家鄉，漂洋過海，到美國留學去了，並且因此他一輩子沒有結婚。抗日戰爭爆發時，我爺爺死了，父親負起了生活的重擔，開始了教書生涯……解放前兩年鄔叔叔回國了，他在美國獲得了電機博士學位。他一回國就來看我父親。當時我們家很貧困，他一點也不在乎，他對爸爸說：錢財是身外之物，可貴的是人的品德。鄔叔叔送給爸爸兩件禮物：一個是我家現在還用著的收音機，還有一本韋氏大字典。解放後鄔叔叔在一個電機廠當總工程師，經常在經濟上接濟我們，使我能夠讀書……

　　真真，我常常想，父親的戀愛悲劇應該歸罪於誰呢？是鄔叔叔嗎？是父親自己嗎？他們都是多麼正直、高尚的人啊。鄔叔叔愛香玉，他有這個權利，但香玉不愛鄔叔叔，鄔叔叔一定很痛苦。父親把這種痛苦歸罪於自己，這合理嗎？我覺得，悲劇的根源也許在於父親僅僅把愛情看做自己私人的歡樂，從而無情地克制自己，甚至為義氣和報恩出讓自己的愛。他沒有想到，他出讓的不是一件東西，而是一個人，一個同樣有愛的權利的人。愛情是屬於戀愛者雙方的，父親沒有出讓愛情的權利。固然，鄔叔叔是痛苦的，但這是一種人們應受的痛苦，是一種崇高的痛苦。正如人們為自己的生老病死、為美好的理想不能實現所受的痛苦一樣，它是正常的痛苦，是激勵人發奮的痛苦。可悲的是一種陳腐的道德觀引起了有罪感，引起了心靈的迷亂。然而這一切並不能歸罪於我父親，而應歸罪於他們生活的那個時代。那是一個從來不把女性真正當做平等的人，而是把她們的感情和肉體隨意出讓的封建社會啊！

　　真真，你不知道鄔叔叔是一個多好的人。他幾乎把所有的愛都傾注在我身上。是他引導我走上了科學的道路。他是我精神上的父親。有些事是我終生難忘的。

　　我初中畢業時，偶爾看到了任鴻雋寫的介紹愛因斯坦和他的相對論的小冊子，我整個身心都被那不可思議的時空理論吸引住了。最使我震動的是愛因斯坦那種向傳統觀念挑戰的非凡勇敢。有一個月的時間，我都沉浸在興奮中。我把這次體會寫了一篇作文。父親把這篇作文送給鄔叔叔看。一天，已經很晚了，我們都睡下了，只聽見砰砰的敲門聲和鄔叔叔興奮的聲音。鄔叔叔一進門，我也從被窩裡鑽出來，只見他披著衣服，穿著拖鞋，嚴肅地對我父親說：「這孩子應該成為一個科學家。」鄔叔叔讓我第二天放學後先到他家裡去。

　　第二天，在鄔叔叔的書房裡，他和我進行了一次難忘的談話。他說：「孩子，你已經長大了，我要嚴肅地同你談談。」他指著書櫥中一排排整齊的精裝書說：「這是人類知識的結晶和寶藏，從今天起，你應該自覺地、有計劃地學習它們了。」書架上有馬克思、黑格爾的哲學著作，有中外文的科技書。他又說：「你的作文表現出你已經開始為新的科學思想激動了。任何創造，任何偉大的發現，都是從這種激動開始的。屬於你自己的思想開始覺醒了，這使我很高興。”鄔叔叔的話，使我突然感到有一種偉大的事業在召喚著我。這就是科學。

鄔叔叔還常感慨地說，在舊社會，像他那樣出身於有錢有勢家庭的人，因為不願走父親安排的路，因為祖國被外強凌辱，不得不個人奮鬥。而今天，祖國欣欣向榮，有才能的孩子都有充分發展的可能，不必像他們一代人那樣精神苦悶了。

我報考大學的志願表，是鄔叔叔給我填的。當時，父母捨不得讓我離家太遠。鄔叔叔罵了我爸爸一頓，說孩子不是家庭的私有財產，孩子是屬於民族和國家的，應該讓他到第一流的大學去深造。就這樣，我到了北京。臨別時，我和鄔叔叔在湖邊散步，做長長的交談。鄔叔叔語重心長地對我說：“孩子，你已經走過人生的鄉間小道，開始踏上科學的大路了。北京，可以給你一個開闊的新天地。哪裡人才濟濟，書籍豐富。但是要記住：第一要虛心，學人家的長處；第二要有自信心，千萬不要自卑。不要看重分數，要走自己獨特的學習道路，形成自己學習和研究的風格，這樣，你就會成功。”

因為家庭經濟困難，我假期很少回家，刻苦學習著。我和鄔叔叔一直在通信。六六年暑假快到了，我正準備回家，文化大革命開始了。

六六年九月一日，是我最難忘的一天。那天我收到了父親的一封信，信很短，讓我不要再跟鄔叔叔通信了，說他是資產階級反動權威，是美國特務。我驚呆了，一整天沒有說話。鄔叔叔啊，鄔叔叔！叫我怎麼能相信這是真的？！儘管你出身不好，到過美國，可你是那樣熱愛祖國、熱愛新社會、熱愛黨啊！世界上的事，難道可以這樣由人信口雌黃嗎？不，這是無恥的陷害！我要說明事實真相。

　　我寫了封信給鄔叔叔廠裡文革領導小組。不久，信被退到系裡。這一來，我幾乎成了運動的重點對象。本來，運動一開始我很積極熱情。現在，我厭惡把好人當壞人整的混亂。他們否定鄔叔叔，進而又否定我，我開始懷疑關在學校牛棚中的"黑幫"是不是都像鄔叔叔那樣的為人，他們是被不公正地虐待著了。

　　文化大革命開始一年多以後，我回到家鄉，被允許在勞改大院與鄔叔叔一見。我幾乎認不出他了，他不再是那個熱情、有朝氣、知識淵博的鄔叔叔了。那是一個頭髮花白的小老頭，面部不時地抽搐著，身體瘦弱不支。他的身體垮了，但我相信他的精神還是堅強的。

　　"啊，你來了。"他淡淡地說。"我有罪，不要來看我了。""什麼？鄔叔叔，你真的認為自己有罪嗎？"我驚奇地問。"孩子，我們應當相信群眾，相信黨，這是兩條根本的原理。我有罪，我的父親是剝削階級，手上還沾滿了人民的血。我是資產階級知識份子，精神貴族，過著剝削勞動人民的寄生生活……"鄔叔叔背書般認真地說。"不！鄔叔叔，我從小就聽你說要愛黨、愛祖國、愛人民，要為建設富強的社會主義國家做一個有為的科學家。難道這些話都是假的嗎？難道你認為他們這樣虐待你是公平的嗎？"我有些驚慌失措了，想不到鄔叔叔會自認有罪。

　　"我沒有欺騙過你。但是，"他傷感而又虔誠地說，"我的靈魂是骯髒的，我有罪，我心甘情願地接受批判、鬥爭。"我什麼也不想說了。他還教訓我不要意氣用事，提醒我不要在大原則問題上摔跟斗等等。

　　真真，聽到這些話，好像一桶冷水迎頭澆下。我突然發現，以前我只看到了鄔叔叔光明的一面，今天才發現他還有另一面。我第一次感到了我們和老一代的差別。他們中很多人的人格中，光明和陰影是分裂的。他們掌握的科學武器只能破除對自然界的迷信，卻不能破除對社會、對人的迷信。

那天，我在湖邊漫步到深夜。我站在陡峭的石壁下，向著茫茫的湖水憤怒發問：在世界上許多地方，科學是榮譽，為什麼在我們可愛的祖國，知識成了罪惡？在世界上許多地方，科學突飛猛進，為什麼我們這裡科學像罪犯一樣橫遭囚禁？他們把鄔叔叔這樣正直的科學家的靈魂扭曲成這個樣子，我感到無比的痛苦。我不願讓我一直視為楷模的鄔叔叔就這樣徹底地在我心中倒臺！他用光明的東西教育過我，自己卻甘心困厄於黑暗屈辱之中，沒有絲毫怨言和反抗。難道只有逆來順受、只有把不公正的遭遇視為命運，才叫忠於神聖的事業嗎？我痛苦極了，為我自己尊敬的人有如此怯弱、不敢正視現實的靈魂而難過。

去年年初，我分配回家鄉。這時鄔叔叔已經解放了。我到他家去，看到過去掛著白窗簾的門窗上貼上了紅紙剪的大"忠"字。我覺得很彆扭，但想到現在盛行"忠"字化、紅海洋的熱潮，也難怪他了。鄔叔叔家的書櫥裡，只剩下馬克思、恩格斯、列寧、史達林和毛主席的著作，還有一本林彪語錄。書櫥顯得空蕩蕩的。我坦率地對鄔叔叔講了我對當前運動的一些不理解，也希望他對我敞開心靈，像過去一樣。鄔叔叔嚴肅地說："你怎麼能這樣思考問題？如果你還是個孩子，可以原諒你。可你是個成人了，是個大學生，這種說法不但不能原諒，而且可以說是背叛。"

"背叛？！"我忍不住反駁道，"我背叛了祖國還是人民？如果說背叛的話，確實有幾個野心家企圖背叛歷史的發展，背叛人民，踐踏科學，蹂躪民意。還有的人，背叛了科學，背叛了現實生活，變成了只知認罪的可憐蟲……"我的話顯然刺痛了他。他勃然大怒，叫了起來："你怎麼這樣說話？就算有些做法是不要文學、不要科學吧，我看社會能回到君子國描寫的境地也好。要是人人都是活雷鋒，共產主義道德得以實現，即使生活苦一點，不也是很好嗎？如果單純追求科學而忘記了思想道德，又有什麼意思呢？"我針鋒相對地回答："問題是什麼叫道德？難道現在讓人人認罪、大家鬥私批修的做法能夠提高道德水準？你認為不公平的虐待就是革命道德？"　"我不認為我受到虐待，雖然群眾有些過火行為，但那是支流。"鄔叔叔聲音低了下來，"我確實是個資產階級分子，我有房產，長期拿房租，一直想獻給國家，但是……"我再也聽不下去了。

這次會面，使我思考了很多問題。當時，我已受到了初戀失敗的挫傷，鄔叔叔在我心中又徹底垮臺，使我思想上完成了一個很大的轉變。我感到，我們和鄔叔叔他們雖然都在追求科學，但我和他的信仰之間有著本質的差別。我們信仰科學，信仰辯證法，是因為我們認為生活應該進步，進步只有依靠科學。信仰對於我們是戰鬥的武器，是人類發展和進步的準則。它必須在前進的實踐中受到檢驗，必須拋棄陳舊的信條，不斷在現實中汲取新鮮血液。而對於鄔叔叔他們來說，信仰卻是一種安慰自己的宗教，是用來和緩因內心分裂而帶來的痛苦的麻醉劑。從這個區別中我意識到，我不能沉醉於當科學家的夢了，我不願意成為鄔叔叔那樣軟弱的人。我要成為一個仇恨欺騙、敢於正視生活的人。

真真，經過這次和鄔叔叔精神上的交鋒，我感到我們這一代人在意志上比父輩們強悍。我也由此而想到了我們這一代人對祖國和民族所擔負的責任。愛祖國，就是要用自己畢生的努力使她成為當代最強大的國家，使我們的民族成為世界的驕傲。

真真，通過這封信，你一定更加瞭解我了吧？

你不讓我寫信傾吐我心中的愛，而我除此以外什麼也寫不出來。

昨天晚上，我讀一篇論文時，突然想起了你，怎麼也看不下去了，這樣的日子真不好過。怎麼辦呢？一個人的感情真是奇怪極了，奇怪極了……

漫長的夜裡，我陷入激烈的思考之中。我想起一首古老的、奴隸的戀歌：

"他望著燦爛的北斗，嚮往著自由！"

永遠愛你的老久

第五封信　真真致老久

老久，我親愛的朋友：

可怕的死一般的沉默啊，我實在無法忍受了。直到現在石田仍未回信，日子過得真艱難啊！

他爲什麼不回答？難道他覺得說也沒用？如果是這樣，那真要感激老天給了他一個明智的頭腦。如果這種沉默包含了十分可怕的因素的話，我只希望它早一點爆發。讓該發生的事情早一天發生吧！千萬不要搞這種我的精力和體力都不允許的疲勞戰。

風暴來臨前，空氣變得多麼沉悶，時間變得格外慢，甚至連秒針都踱起時針的步子了。爲什麼我註定要受這種煎熬？！晚上，我盯著天花板，看見了一場生死的搏鬥。在屋角，一隻蜘蛛和一隻落網的大蒼蠅在搏鬥。蒼蠅使足了勁拼命地掙脫，蜘蛛網搖得眼看要破了，只剩下幾絲還掛在牆上。蜘蛛沉著、果斷地補著網，並趁狂怒的蒼蠅不注意時，把絲纏在它的翅膀上·然後迅速把另一頭黏結在牆上。半小時之後，蒼蠅被縛牢了。再也動不了了。我呆呆地想了一個多小時，心中說不出的悲涼。我還沒掙脫束縛啊！

朋友，儘管你可以憑你的樂意把我稱做你的愛人，但是，作爲一個沒有獲得自由的人，我怎能說什麼愛不愛呢？你要我幹什麼啊？我又能用什麼回答你呢？我能帶著鐐銬去見你嗎？難道一個沒有得到解放的奴隸能奢談未來和希望嗎？不，我要在這裡擊退生活的打擊，讓他來糾纏我吧，我不怕！

石田這個人，我從來沒把他當做一個惡棍，我只是無法忍受他的庸俗和空虛。他從來還沒有不擇手段地欺騙過人，這就使他顯得比較正派，在這個動盪的時代甚至顯得有點高尚。至少他沒有靠整人和政治賭博撈取高官和特權。他的生活理想完全可以在一個安分守己的姑娘和一條筆直的褲縫上得到滿足。我也從來沒有感到需要他這樣一種愛。這種愛是對我本性的束縛。唉，我知道，他是真的愛著、用他的方式愛著我呢。他的心腸也很好，不會害我的。如果他急瘋了，我這一輩子精神上就不能平靜。我怕這種後果，這將使我在心靈上受到創傷。"我害過一個人，一個愛過我的好人。" —— 這是一種多麼不堪忍受的精神負擔。我寧肯死，也不願背上這深重的精神枷鎖啊！

我知道，你會對我的態度感到失望。有什麼辦法呢？嚮往未來嗎？那只不過是賣火柴的小女孩手中的一根火柴：是個幻覺，一閃即滅。

信剛寫到這裡，一位同事送來了石田的短函。沒有稱呼和署名，最後兩行是血寫的，太可怕了。我受不了啊！

真真

附：石田致真真

我無法改變你做出的決定。但是，由於我對你有了比以前更深刻的認識，我的完全出自內心的對你的愛，比以前不知要強烈多少倍！但你不允許我贖罪和彌補了。

我對你的愛不會改變的，永遠不變！我要帶著這種愛去見上帝！

第六封信　真真致老久

老久：

為了你不按時回信給我帶來的痛苦，我詛咒你！我的朋友，在這種時刻，你不能沉默，你不該沉默！如果你怕了，退卻了，畏縮了，那麼我將嘲笑你。我也會用我的沉默來報復你。

多少年來，只有別人損害我的心靈和感情，我從來沒有報復過。就連那個童汝，我也沒去傷害他。可是，為什麼我總是一次又一次遭受打擊？為什麼你也對我這樣無情？難道你覺得我心靈上的創傷還不夠深嗎？為什麼你點起了一把火，又不讓處在黑暗中奮鬥的人看到光明和希望呢？無論如何，對於你的冷淡，我無法忍受。我得不到支持和力量，這使我太傷心了。然而，我只有向前走啊，必須走到底！

你無法想像我每天盼你來信的焦急狀況。在學校收不到信，我就會跑到郵局去查找。唉，爲什麼我要對你說這一切呢？想到我其他的老朋友在華北農村小煤油燈下寫給我的親切的信，我的心漸漸明朗了。對你，我真的生氣了。

我詛咒你的沉默！

真真

第七封信　老久致真真

真真，我最親愛的真真：

好姑娘！我讀著你詛咒我的簡短來信，熱愛和讚歎你這強烈的個性。

你責怪我的沉默，可是我看到你在信上寫到竟然想用愛情作宗教式的殉葬時，我怎能不憤怒，不沉默？我憤怒得眼淚都流出來了。我罵你了。我想，即使你從此恨我，我也要這麼做。

爲什麼一個沒有獲得自由的人就不能對她所愛的人說"我愛你"？從某種意義上來說，我不也是個奴隸嗎？爲什麼奴隸就不能大膽地訴說他的理想、他的愛情？爲什麼奴隸就不能拖著沉重的鐵鐐瘋狂地奔向太陽？爲什麼我們不能相愛？

我的理智、意志和感情是統一的，而不像很多人那樣用理智來約束感情。我有自己的理想，但我不是幻想家。在實現理想時，我是十分客觀、冷靜的。

還是在大學的時候，我和老邪門、老嘎等朋友常常擠在一間小房子裡學習。冬天，電爐滋滋地響著，地上堆滿了書。就在這裡，我們讀著、吃著。睏了，就睡一會兒，起來又是學習和討論，可以一連幾天不下樓。我們都厭倦無休止的派性鬥爭，也不願在武鬥中無謂地流血。我們深深苦惱的是爲什麼年輕人的思想這麼混亂，似乎理論的危機已使很多人從根本上對未來喪失了信心。
但我們努力探索著，希望我們的工作成為茫茫大海中的一盞燈，
給年輕的朋友們指明方向。我們堅持不懈地努力，不讓奮鬥精神
喪失，不讓熱情的火花熄滅。我們決心走一條和許多年輕人不同
的道路一在理論上進行探索的道路。我們希望我們的思考成果能
成為縶在海底岩石之中的柱石，不管風暴多麼猛，浪濤多麼大，
那些被巨風吹散的船隻能靠到這裡拴住它們的纜繩。

　　我們從現實的痛苦追溯到理論，又從理論的雲端追溯到它的
基礎 ── 哲學。我們甚至熱烈地討論著黑格爾和存在主義。我們
深知理論的危機植根於一個時代的哲學之中。我們越是深入討
論，就越感到驚愕，甚至恐怖。那些不眠之夜，至今我還記憶猶
新。我像是在那被閃電照射得忽明忽暗的哲學思想的密林深處狂
跑。我發現了一些大樹是沒有根的。這樣的大樹不是愈高大愈危
險嗎？這時，我看了本世紀偉大的數學家哥德爾的著作。他證明
了即使對於純數學來說，一個完備體系本身必然是自相矛盾的，
要不，就是不完備的。包羅萬象的體系是不存在的。我終於懂得
了，一個時代思想上的錯誤，是不可避免的，這只能用這個時代
本身偉大的實踐來修正。理論不能超出舊世界，它只能超出舊世
界的理論。我們終於理解了我們生活的時代，理解了二十世紀開
始的科學技術革命的偉大意義。我們必須投入到這股強大的、科
學技術革命的洪流中去。我們必須用科學來改造我們的哲學。學
校儘管停課了，但我們卻一分鐘也沒有停止學習。從立志學科學，
到文化革命中思考現實，又由現實思考到理論、探索到哲學，最
後又回到科學，我們走過了一條多麼痛苦的、思想鬥爭的路啊。
一旦取得了明確的認識，我們發現許多人在運動中表現出的盲目
性和精神上的巨大痛苦，都是因為他們不瞭解我們生活的時代，
歸根結底，他們還是被宗教般的狂熱所左右。

　　真真，你問我為什麼比你堅強，那是因為我相信科學，只有

科學才能使人堅強。去年夏天，我決定用現代科學對我過去的哲學思想作一番清算。在一個狂風暴雨的天氣裡，我一個人伏在桌子上寫一篇對黑格爾哲學體系的清算總結。天空發出了閃光和轟響。偉大的自然把雷電的力灌注到我的筆端。我越寫越有勁，任憑瘋狂的思想和烏雲一己交給未來和大自然。

是的，真真，我雖然沒有在武鬥中經過長矛的考驗，也沒有經受什麼政治上的厄運，但是我的思想卻經受了最深刻的考驗，經歷過痛苦的動搖，也沉溺過內在的孤獨。對於一個面對現實而頑強地尋找光明的人，一個正視生活、意識到應負的歷史使命的人，一個聽從祖國召喚的人，怎麼能說他沒有經歷過政治挫折和精神痛苦呢？是的，也許我們看透得太早了，我們不願充當那些大大小小的政客們的工具和犧牲品。我們始終清醒地觀察著、思考著。我們不同於逍遙派，我們刻苦地學習著，因為我們深信祖國要富強，民族要前進。我們的使命是踢開前進中的絆腳石，讓中華民族跟上歷史前進的步伐！我們深深感到，任何新學科、新理論的形成，都不是靠一兩個科學家所能辦到的；任何一種工作的成功，都聯繫到一批人的成長。實際上，世界上沒有一個巨人是獨自走出來的。我們堅信，雖然現在我們人數不多，但在探索的道路上遲早會形成浩浩蕩蕩的隊伍。我們所經歷的痛苦和付出的努力決不會白費。我們的努力正代表著一代人的出路。

真真，我不能離開這些來回答你提出的問題。離開了這些，一切都變得毫無意義。

想到我的沉默給你帶來了那麼大的痛苦，我很難過……或許，當你瞭解到我在等你的信時那種極度難忍的盼望，你可以得到少許的安慰吧？只要你說需要我，我就會來到你的身邊。

看了石田的短信，我想，如果他願意贖罪的話，又該怎麼贖呢？他不過是靈魂空虛、貪愛錢財和追求地位而已，只要還沒發展到嚴重損人利己的地步，畢竟不能算犯罪。但是，一個空虛的靈魂企圖扼殺年輕的生命和愛情，那就有罪了。要贖罪，就應該贖這個罪。如果他對你還有一點同情心的話，他應該和你分開。

我始終認為，最可怕的不是他，而是你的軟弱的善良，沒有同過去決裂的決心。記住你所愛的人對你的愛情吧，這會使你堅強！你缺乏勇氣，我的真真，跟我在一起吧，跟我們在一起吧，你會勇敢起來的。世界上只有我的情懷才能容納你的熱情和靈感。可是，我是一個戰士，戰士只能是戰士的愛人。你必須在過去和未來、庸人和戰士之間抉擇！

我親愛的真真，你什麼時候才能有勇氣響亮地對我說出那三個光輝燦爛的字呢？

永遠愛你的老久

第八封信　真真致老久

老久，我親愛的朋友：

今天是個天氣陰晦的假日，我把自己的思念整個地獻給你。我是多麼渴望你現在就在我的身邊啊！我多麼想看看你，聽聽你講話，摸摸你，讓我感到你切切實實地存在著啊！

今天早上，我遲遲不肯鑽出被窩，無力地躺在床上。突然，有急促的敲門聲，我跳起來拉開門，你就站在我的面前，像門口那株年輕的梧桐樹一般。你綠色的短髮被雨淋濕了，滴著晶瑩的水珠。你黑亮亮的眼睛緊盯著我。我多心疼你啊，一下子撲到你的懷裡，哭了起來。你吻我了。不！我推開了你。一陣痛苦使我清醒。我不能這樣靠近新鮮的生命。"你應該休息。"我把你按在椅子上，用毛巾擦乾你的頭髮。你痛苦地望著我："為什麼啊？"我笑了："也許你來了就不會失望。"

當然，這是一個夢。

我想見到你，主要是我覺得像我們這種感情強烈的人，不會把我們之間的關係問題拖到第二次見面才解決。當一個人有了新的生命以後，就不會感到孤獨了。

我覺得，你對我的感情儘管強烈，卻又單純。這種單純，構成一種閃光的美。面對這種美，我的感情洶湧著，但始終衝不出我過去的經歷築成的堤壩。

你的愛，激起了我內心的風暴。我的靈魂像被狂風吹襲的大樹，它借助風力抖落“過去”的枯葉。但儘管可以抖掉枯葉，它卻終究擺脫不了那痛苦的樹根……難道真有可以拔起樹根的狂風嗎？

在等待你的來信的煎熬中，我意識到我對你的愛是強烈的。這只能加深我的痛苦。既然我命中註定要和你相遇，上帝啊，為什麼不讓我們早點相遇？為什麼在我受到這樣多的恥辱、心靈上烙下流血的創傷以後，才看到真正的生活希望呢？你太陽般純潔、明亮、溫暖，你打動了我的心，你搖撼了我的靈魂，你點燃了我前進的勇氣，但是你能夠使我永遠忘記過去的一切嗎？

我怕石田會出什麼意外。我等著風暴，卻沒有一絲風。我什麼都猜，卻什麼也猜不著。我不愛他，可他卻從自己的生活理想出發那麼溫柔地愛著我啊！不，我無法忍受他。他給我的痛苦太多了。我在生活中栽下了荊棘的種子，收穫著刺人的苦果！

但是，他有什麼錯呢？他的痛苦，他的悲哀，甚至他的絕望，他那可憐的而又難於實現的生活理想，他的一切，不也具有一種社會悲劇的性質嗎？我忍受不了這樣一個無辜的人為我而死的譴責，但是，要讓我成為這種軟弱消極的社會力量的犧牲品嗎？我不幹。

我必須儘快知道我和你的關係今後能達到什麼程度，而這只有在我們見面的那一天才能確定。

生活剝奪了我們許多歡樂，留下了沉重的陰影……

真真

第九封信 老久致真真

真真，我親愛的，吻你：

晚飯時收到了你的信。我要去值夜班。外面下著暴雨，我把你的信放在貼身的內衣口袋裡，冒雨騎車夜行。到了實驗室，我全身都濕透了，只有你的信貼在我火熱的胸前。

在實驗室白色的日光燈下，我一遍遍地讀你的信。窗外的閃電時時勾劃出樹林、山嶺的黑色輪廓。真空泵在嗒嗒地響著，夜顯得格外寧靜。

我感到你的手在撫摸我潮濕的身體。我想，當我第一次吻你時，你一定會說我生硬。是的，這將是我平生第一次吻自己的愛人。過去我只得到過冷冰冰的禮貌和庸俗的說教，我時刻都在等待著真正的愛。我內心藝術情感的流水枯竭了，靈感的火花幾乎被壓滅……可是，狂風盡可以把小草壓倒在地，卻壓不死綠色的、自由的種子。

我總不明白，為什麼你不能大膽地愛呢？真真啊，你說一句吧，在我們之間只有一種可能，我們是愛人。

你說你擺脫不了痛苦的根源，可是，一旦嘩嘩的春水流到這裡，瀕死的大樹將會長出豐茂的枝葉。

真真，我愛科學，科學需要熱情，熱情是你的特點，所以我強烈地愛你。寫到這裡，我想起了一則小故事。

真真，你記得地圖上德國的小城市哥廷根嗎？在這個小城裡，只用自行車就夠了。秀麗的小城中有一個著名的哥廷根大學。本世紀初，這裡成了科學前進的旗幟。這個城市對科學家和年輕自由的大學生們特別寬容。市民們不會責備大學生們整夜在咖啡館裡吵鬧。酒店侍者也很尊重這些用菜湯在飯桌上寫各種數學符號的人……那時，舊物理學體系面臨瓦解，人類的認識深入到了原子的內部，突破就在眼前。有多少問題需要討論啊！探索者們的思想富有詩意，深刻、大膽而又解放。量子力學就是在這種氣氛中產生的。

不僅僅是這種氣氛，還有哥廷根美麗的風景，使一大批優秀的科學家聚集在這裡,醞釀出我們時代的新思想。有人講過:"大自然的風景和最抽象的數學有一種神秘的聯繫。"偉大的數學家羅巴契夫斯基和奧斯特洛夫斯基都是在俄羅斯的藍天下形成自己的思想的。這說明嚴格的訓練和勤奮只能打基礎,而新思想的產生還需要熱情、靈感和想像力。

真真,我們見面時,我可以好好跟你談談我過去的生活。你會知道我是如何頑強地啃書本、學外語、攻數學的。當然我也寫詩、也游泳。這一切是純潔的。當然,我並不特別喜歡純潔,因為純潔往往和無知聯繫在一起。我緊張的生活中,確實有詩一般的旋律。無論是生活的貧困還是無聊的政治討論,都不能使我忘記祖國最需要我們做的事。總的說來,思想上是一個接著一個地突破,工作上是一個接著一個地勝利。

真真,你不必產生那麼多的顧慮。如果你瞭解歷史上的戰爭,你就會發現在戰爭中那種十全十美的、深思熟慮而萬無一失的策略是根本沒有的。真正有才能的統帥,如漢尼拔、拿破崙都有一種逼人的鋒芒,一種抓住敵人的不可克服的弱點的能力、一種決一死戰的勇氣,一種扭轉乾坤的魄力。你只要在生活中保持逼人的鋒芒,你就會勝利。

現在,我是這樣任性地給你寫信。真真,我最親愛的,我心中的太陽,我愛你!無論你對我憤怒也好,嘲笑也好,我明白,都是出於你對我的愛。(千萬不要否定這一點。你可以沉默,但不能騙我啊!)當一個人被他熱愛的人愛著時,是多麼幸福啊!

憑著我的忠誠、我的愛情以及我們的未來,我有權利驕傲地吻你!我吻你啦!

幼年起

我就膜拜

光輝的太陽。

多少次

睡夢裡
我走近她的身旁：
那高山般巨大的火球
向我送來
洶湧的熱浪。
愛情本是
生活的鋒芒！
那是兩顆黑夜裡的星，
雖說陌生
卻互相傾往
互相碰撞
發出
鏗鏘的聲
火熱的光！
永遠愛你的老久

第四輯　只有一次生命

（一九七〇年七月下旬 ── 八月中旬）

　　真真罵老久是"現實的寵兒"。 ── 真真夢見自己變成了魔術師的徒弟。 ── 老久拒絕和真真結成兄妹關係。 ── 老嘎說：我想胡說八道，但我不會。 ── 老久的反思：從時代到現實，從現實到真理。 ── 老久對真真說：如果你忘記了歷史的責任，就只能是個庸人！ ── 真真焚燒過去。 ── 梔子花的葉子是綠的。真真和老久成為愛人。 ── 藝術家老嘎重新開始流浪。

　　第一封信　真真致老久

　　老久：

　　不要愛我吧。愛一個不幸者也是一種不幸！

今天，我病了，躺在床上，收到了你的信。當你沉浸在甜蜜幸福的感情中的時候，我心裡卻鬱結著怎樣憤怒的感情啊！我流淚了。

你信中充滿著幸福感、自豪感、強烈的自信心。讀你的信時我心中浮現出一個躊躇滿志的"現實的寵兒"的形象。這個形象強烈地刺激著我，使我不能忍受！你有高尚的目標，使你區別於一些騙子和混蛋，但你畢竟是在現實中得到充分發展的人啊！你走過一條順利的路，有一個光明的未來。我卻想到了我那些輾轉於泥土之中的朋友們想到了我的遭遇。唉！你太順利了。我想到了許多和我命運差不多的青年，想到了一切不幸。你沒有到過真正的底層，在沒有路的地方繼續走路，所以你不會理解我們！

難道說，你學會了幾門外語就能證明比我們更有智慧、更有毅力嗎？難道說你在工作上的成功是因為你比我們更有能力嗎？難道你能在城市中、工廠的實驗室裡工作是因為命中註定比我們要高一等嗎？我看完全不是這樣。難道我們就沒有這種毅力、智慧、能力嗎？不，完全不是！陽光啊，陽光為什麼不照到我們這裡？！我們失去了那麼多的時間，這是為什麼？

我們曾經有一個好的開端，但是道路中斷了。原有的思想那麼徹底地毀滅了，剩下的只是一片荒涼和不能忍受的精神空白。理想沒有了，活著又有什麼意思？成名成家嗎？那是多麼無聊的把戲！友誼愛情嗎？全是欺騙，最無恥的欺騙！我從小就接受的信仰嗎？它在別人高舉的皮鞭中被抽得粉碎。對於前途，我們都感到茫然。怪誰呢？怪我們嗎？我們不會拍馬屁，不會討好，不會賄賂，不會踩著別人的身子往上爬，不會昧著良心搞出賣，不會在政治鬥爭中下賭注。我們失去了學習的條件，也失去了發展的機會。我們的道路比起你們來艱難得多也痛苦得多。你沒有這種經歷，根本不可能理解這一切。

你太純潔啦！你的經歷太單純啦！你太順利啦！稱心的分

配，良好的導師，學習的條件，你這現實的寵兒啊！當你流露你的幸運時，只能加深我的痛苦。現在，我只能站在一旁，按住流血的心口，惡狠狠地盯著你。啊，我太難過了。為什麼，為什麼偏偏是你，偏偏是你這個現實的寵兒打動了我的心呢？難道我真的愛上了我本能上厭惡的現實的寵兒嗎？我不願意和你在一起，我怕各種對比。我寧願站在地獄的門口，也不願靠近召喚我的幸福的天使。我怕在你身上看到我失去了的而又不願失去的一切。我情願和底層的朋友們站在一起。然而，我又是怎樣地熱愛著你啊！難道我註定要這樣一個接著一個地追求，又一個接著一個地失敗嗎？我帶著那麼多現實給我的污穢，我不能和你在一起！我永遠忘不了我的過去！

你的熱情、大膽、思想的敏銳和深刻，我很喜歡。然而，在感情上，我似乎應當和你告別了。這愛情的光明的閃電啊，多麼強烈，多麼明亮，又多麼短暫。唉，我的心呀，不要顫抖吧！我的淚水啊，不要流淌吧！這是心靈的痛苦的吶喊。你聽得見嗎？聽得見嗎？你這現實的寵兒啊！

缺乏激情的心靈只會產生淺薄的愛情。我不能要求石田獻出他沒有的東西。我已經和他分手，不再有任何精神重擔了。你在我的生活中也擦出一道火光，我又要和你告別了。

但是，我為什麼一定要遇到你呢？當老嘎在櫻花盛開的早春對我興致勃勃地講起你的時候，我就被你吸引住了。短短幾個月，生活像中了魔法似的狂奔起來，我拉不住我的心 —— 這匹脫韁的馬。我會被拉到懸崖上，落進萬丈深淵，粉身碎骨。

昨夜，我做了個噩夢。就是《控制論》那本書中的故事。我是那個偷懶的學徒，當魔術師外出的時候，我命令掃帚挑水。掃帚拼命地挑啊，挑啊，挑滿了水缸，它還在挑，不停地挑。我無法讓它停下來，拉也拉不住，喊也喊不應。我急得出了一身汗。可它還在挑，不斷地挑。當水淹到我的胸口時，我心口堵得發慌。

我被那解放出來而又無法控制的魔力吞沒了。水灌進我的鼻子。鼻子一酸，我醒了。我拉開燈，這是一個可怕的夢。我望著枕頭邊上的照片，你對我微笑著。淚水又湧上來了⋯⋯

我的感情是複雜的。我沒有愛情地愛過，玩過，沉溺過。你卻純潔得像張白紙，生平不曾和一個異性親吻，而我⋯⋯算了，還是讓我成為你的好朋友、好姐妹吧。為了你，我不希望你愛我。收場吧！我怕更深地挫傷你啊！你的心靈上不應有點滴的污穢，更不能有我留下的創傷。

親愛的朋友，讓我們吻別吧！你看看，我的心在流血，眼在流淚，然而卻這麼堅定地和你告別。告別，並不等於忘卻。有個哲學家講過："我既站在這個地位上，也就不免要這麼做。"怎麼樣？面對我這樣一個人，你有什麼感想呢？我是這樣地赤誠啊！—— 難道你現在還不明白這一點嗎？對你，我沒有任何欺騙；對你，我也不能做任何傷害。

太陽啊，太陽，什麼時候你才能照到我們這裡？

真真

第二封信　真真致老久

老久：

天氣怎麼這樣悶啊？悶得叫人透不過氣來。為什麼還不下雨呢？悶啊，悶啊。下吧，下吧！

也許，這一切原本不過是一場彩色的夢？夢醒了，就這麼悶。怎麼連一絲兒風也沒有？悶啊，下雨吧，下雨吧。

然而，我畢竟是前進一步了。我拋掉了一副枷鎖，我不願再戴上另一副了。我會拼命向前走的。只是，為什麼這麼悶啊？

你 —— 我從來沒有見過的人，我不知道你是什麼樣子。幹嗎這樣盼著一個虛幻的人呢？也許，你根本不存在。你的出現只是一種心靈的啓示。你要罵我嗎？我的心太苦啦。一想到這些，我就喝酒。不知怎的，竟喝下了三兩辛辣的劣等老白乾。我的頭暈極了，心苦極了……真想慟哭一場。可是，我哭不出來。只感到悶啊，悶啊。為什麼還不下雨呢？下吧！

我想吐，又吐不出來。頭暈極了，暈極了。躺在床上，天花板晃動起來。你模糊地在天花板上出現：冷酷地盯著我，罵我。我坐起來，心茫茫然。我想，今生今世再不能一下子喝這麼多白酒了。

從小到大，我沒有大發脾氣過。不高興時，我常常是悶聲不響。我很怕我的親人罵我。打我，我不怕疼。我怕傷心，怕委屈。太怪了，我怎麼想到這裡了呢？我多麼愛高高興興、親親熱熱、朝氣勃勃啊！我多麼願意天天大笑啊！可是，為什麼現在這麼悶？

昨天，一位同事對我說，省會出版社裡有一個北京人，是個四十多歲的老姑娘，性格開朗，每頓飯要吃二兩朗每很辣的辣椒。她生活一點兒也不枯燥，還要天天喝點酒。

怎麼辦呢？我的頭很暈，很疼。喝多了吧？，每頓

天上有幾朵烏雲，動也不動。

悶啊，悶啊。為什麼不下雨呢？真怪。

明天會不會下雨呢？什麼時候吹來一陣風就好了。太悶了啊，真的。

人啊，也真怪，怪好玩的……

真真

第三封信　老久致真真

真真：

可悲的是一個人沒有走向新生活的勇氣！

可悲的是一個人沒有去愛自己所愛的人的勇氣！

我不能原諒一個不敢走向新生活的人。

如果你的宗教教義不打破，如果你永遠只追求個人內心的安寧，那麼，你只能是個永遠痛苦的幻想家、宗教家！

　　你愛我，又不敢愛，要和我保持一種不遠不近的關係。在我們兩人的關係上，我寧可死，也要在這兩點之間抉擇：不是愛，就是仇。我不能接受你出於一種調和的教義而提出的那種兄弟姐妹的關係。

　　"你太純潔啦！"一陣輕飄飄的聲音掠過耳際。一陣冷汗，我全身的毛孔都豎起來。我從一個甜蜜的夢裡、溫柔的吻裡驚醒了。一盆冷水從頭澆到腳。我呆呆地坐著。秒針嗒嗒地響著，我凝望著窗外黯淡的黃昏。

　　我的頭腦被冰包圍著。眼前是我熟悉的那個世界：女人、男人、金錢、利益、地位、權勢、玩笑、調情、哭泣……那個被我思索過、研究過的世界。

　　"你太純潔啦，我可憐的孩子。你不懂人生，不懂愛情……"一個牧師的聲音。

　　一絲冷笑掠過我的唇邊。我好像聽到地獄裡的獰笑和天堂中的喧鬧……一切都消失了。無邊無盡的、灰白色的、冷寂的霧漫上來了。我沉默了。

　　黃昏越來越濃。我看見一張又髒又亂的床。一個垂死的年輕數學家躺在那兒，沒有愛人和親人的哭聲。孤獨的黃昏中，他要死了。

　　遠方趕來了他的朋友，點燃了唯一一盞燈。他走到數學家床邊，喊著朋友的名字。他已聽不到回答。

　　可憐的朋友啊，無名的年輕的數學家，難道你就永遠聽不見和你共同走過漫長道路的朋友的呼喚了嗎？難道你再也領悟不到人生最後一點安慰了嗎？一顆心就這樣破碎了，沉沒了……

　　朋友停止了呼喚。他在數學家耳邊輕聲而鎮定地問："十二的平方是多少？"

　　"一百四十四。"這是臨死的人發出的最後的聲音，是對那熱情和友誼所作出的最後的回答……他死了。

在這孤寂的黃昏，我眼前出現了數學家光輝的墓碑：
"144"。

一道炫目的光射進窗來。門開了，房間裡充溢著玫瑰色的陽
光。一個美麗莊嚴的姑娘走進來。她愉快地微笑著，撫摸著我的
頭髮。啊，我心中光明的女神，你來了！

"你難受嗎？"

我點點頭。

"你愛她嗎？"

"是的。"

"你願意做她的兄弟嗎？"

"我光明的女神啊，你應該提醒她一下，歷史上從來沒有一
種強烈的愛情會以兄弟姐妹關係而告終。"

真真，我可以原諒魔鬼，但決不原諒庸人。

我的眼睛又碰到"牛虻"天藍色的眼睛。

"牛虻先生，靠邊站吧。現在已經是二十世紀七十年代了。
我們不需要那種病態的感情克制。我們這一代人將以自己豪邁的
愛情，紀錄在人類感情發展的史詩上！"

老久

第四封信　真真致老久

老久：

可悲！你的生活理想原來是寄託在一個宗教家、幻想家身
上。她只配永生永世地受痛苦。這太簡單了 ── 收回你的愛吧。
我既不需要救世主，也不需要恩賜！不要，不要，半點也不要。

既然如此，你為什麼愛她？

不要以宣判者的口吻對處在劇烈轉變關頭的人下斷語吧。這
既不符合事實，也不公正 ── 我拒絕這種無理的宣判！

真真

第五封信　老久致老嘎

老嘎，我的朋友：

"爲什麼愛情被有些人視爲撒旦呢？因爲它不僅把人變成物件，而且把物件變成活生生的人。"我想起了這句話。

雨嘩嘩地打著窗子。我拉開窗簾，望著風雨中那盞幽暗的街燈。我的心冷了，思想的火花一下子都熄滅了，就連悲哀也沒有了。四周一切是那麼空曠，那麼虛無，那麼灰敗……啊！雨還在下，地球還在慢慢轉啊。我永遠得不到她的感情了……一陣冷汗。

老嘎，我親愛的老朋友，爲什麼你也要壓抑自己的感情……你不該沉默啊！

我收到了她充滿憤怨的火焰般的信，我認爲她的感情是病態的。一個人不從追求個人幸福中擺脫出來，那他永遠是不幸的。我覺得，值得人們自豪的精神從來都是爲人類的進步和解放事業而獻身。 —— 唉，爲什麼我要對你講這些呢？我要認真思考一下她提出的問題，認真地回答她。

是的，我承認，我愛她，始終愛她，現在更加瘋狂地愛她。應該看到，我們和她的相遇，我對她的愛情，並不只是一種單純的個人遭遇。這是兩批人的相遇。我認爲，我們比他們走得遠，也更勇敢頑強。如果他們遲遲不完成必要的轉變，不投入到刻苦的學習和工作中來，那麼，他們的命運是可悲的。我從來不把我對她的感情僅僅看做私人的感情。

老嘎，不要胡說八道，怎麼春天就不屬於你了呢？怎麼能說歷史的審判現在已經做出了呢？我覺得，你身上的桎梏已經開始粉碎，你內心靈感的洪流開始奔騰 —— 從你這次寄給我的作品可以明顯地看出這一點。我爲你新的藝術生命的誕生而歡呼。也就是說，我爲你痛苦中的創作祝賀。

爲什麼你要那樣狹隘地對待愛情？爲什麼我愛她了，你就不能愛她？你應該經常去看她，大膽地愛她。要知道，只有解放的愛情才是真正的愛情。你是有條件去看她的。她不是一個熱心的、美麗的、心地善良的姑娘嗎？

我希望你成為一個真正有力量的藝術家，而不做一個僅僅博得現實中庸人喝彩的畫匠。藝術上應該走自己的路。不要受她的影響，她的風格太古典了。但是，她有極強烈的藝術激情，因為她心靈裡包容著翻天覆地的感情風暴。這也是我愛她的原因。

我們已意識到祖國需要科學。朋友，記住我們肩上的使命吧，這會使你無比堅強。想想光明未來的那些敵人，那些庸俗保守腐朽的傢伙們正在嘲笑我們的奮鬥是徒勞無益，那些消沉頹喪的人們在冷眼看著我們頑強的努力是自討苦吃，想想這些，我們就會更有力量。

讓該死去的在荒野中死去吧！熊熊的烈火將在深山裡燃燒起來。誰也不能遏制這種潮流。誰也不能阻攔，二三十年後，從這些努力奮鬥的年輕人中產生出來可以和世界上最新最強的科學思潮相匹敵的新潮流。

時代在前進，生活在前進，人們的思想感情也在前進。人類已經越過了自己感情上的少年時代，已經不再需要剛剛踏進生活的那種女中學生羞羞答答的柔情。人類的青年時代需要大膽、明快的生活追求，深刻的思想，勇敢的探索，豪放的生活態度，不畏艱險永遠奮進的決心。人類已經開始具備改造整個世界的偉大力量，並為這種力量而自豪了。

我親愛的朋友，表現我們偉大的時代吧！表現人類的自豪感吧！歌頌我們年輕人的未來吧！

親愛的朋友，到她身邊去，傾吐你的感情，愛她吧！

而我已用感情的烈焰來燒她了。如果她是個戰士，就會在閃電和火焰中得到新生；

如果她只是個浪漫而又浪漫的姑娘她就會在這烈焰中垮臺！

你的老久

第六封信　老嘎致老久

老久，老朋友：

我的一切言行都是無愧於我們的友誼的。離開了這一點，你將不會理解我的痛苦，要知道，有時痛苦完全是消極的。

也許，許多問題永遠也說不清楚。因為你們誰也沒有像我這樣，一顆高傲的心還未長成就被蹂躪到這種地步，裡面甚至還摻雜著親手促成的毀滅。你不理解我。雖然，你講的都對。

難道我會去追求庸俗的感情嗎？我早就說過，愛她這樣的人才是一種真正的愛。

我並沒有胡說八道。我想胡說八道，但我不會胡說八道。我從來沒有胡說八道過！

我的悲劇在於，歷史和現實把我已經拋得這麼遠了。

我痛苦，因為我無力幫助她。我把希望寄託在朋友們身上。還是在今年二月，我就和她提起電影《孤星血淚》中的一個鏡頭：男主角扯下了巨大的腐朽的窗簾，讓燦爛的陽光射進積滿灰塵的大廳，帶著女主角走出崩塌的城堡。只是，我只能充當男主角少年時代的角色，因為我獻上的只是一個小男孩用心採集的花束，雖然鮮豔,但卻單純,但你卻給她帶來了震撼心靈的雷鳴電閃……

我痛苦，因為我長久地關閉了心靈的大門。我認識我的可愛的朋友們太晚了。我老做太晚了的事情。活該！

最近，我要去看她一趟。

老嘎

第七封信　老邪門致老久

老久，我的老朋友：

我建議你請假去看她！因為通信能傳遞的信息量是有限的，尤其是跟神經過敏的姑娘打交道，很容易在文字上出紕漏。正是在通訊中資訊傳遞的誤差，葬送了歷史上多少對戀人啊！

你很直率，但也太性急了。我們不能希圖自己經過若干年苦心思索得到的結論，讓別人在一個早上就全部接受。現實生活總是這樣捉弄著理想主義者。你亮出一顆心，她卻認爲是在炫耀。糟就糟在這裡。但是，我們這類人，又怎能爲了尋求老婆而磨損自己的鋒芒呢？

和她見面的主要目的，是對她的內心世界來一番徹底的改造。在她身上，我們已經看到了新的科學思想顯示的作用 —— 使舊世界觀解體，衝破宗教教義、偏見和各種傳統觀念。然而，她要真正掌握新思想還不怎麼容易。因爲對舊世界的批判並不能代替新世界的開創。破中可以有立，但破不等於立。

必須使她從現有的生活圈子中跳出來。我們追求的永遠是一代人的命運，一代人的出路，實質上就是尋找祖國和社會的出路。我們的先輩 —— 老一代無產階級革命家，開創了我們的國家，創立了豐功偉績。可是在很多人眼睛中，他們成了偶像，而看不到這僅僅是歷史賦予他們的責任。現在，這種責任落到我們肩上了。我們應該而且能夠超越自己社會地位的限制，這使我們成爲解放的人，新時代的人。我們個人的結局也許是不幸的，但我們相信，我們爲之奮鬥的繁榮富強的新中國將會出現在我們下一代人面前。只有具備這樣胸懷的人，才可以擺脫個人遭遇和內心感情的任何痛苦。你要大膽地跨進人們根據社會默契而禁止的界限。

要使她明白，當我們向舊世界宣戰、決不向混亂的現實妥協的時候，就準備有一天惡勢力都向我們撲來，而我們決不後退一步。我們有我們最初的和最後的陣地 —— 堅實的理論基礎和頑強的內心世界。用她的話講，她應該在這場烈火中 —— 實際上是愛情的烈火中 —— 焚燒自己的過去，昇華成一個新時代的人，一個和我們平等的、共同戰鬥的人。生活的洪流滾滾向前，只有在我們離開人世的那一天，歷史才能對我們作判決：這是一個庸人還是一個戰士。只有這一點，僅僅是這一點而已。悲壯的歷史從來不對個人幸運和痛苦作出評價。

應該相信新思潮的威力，相信在她身上也將產生革命性的轉變。這是我們應該爭取的唯一的前途，也是可以實現的前途。說實話，我都有點忍不住了，想對真真提出抗議，她把我們通信中關於工作問題的討論擠得無影無蹤了。可以原諒你一段時間，長了可不行。警告你！

你的老邪門

第八封信　老久致真真

真真，心愛的：吻你！

不瞞你，今天差點出了事故。廠裡派我到郊區某地取藥品，本來可以雇輛三輪卡車去辦，但車不好叫，我怕因此而不能在下午取信時間趕回家，於是，我決定騎車去。太陽真猛啊，曬得人頭暈眼花。上午十一點鐘，我往回趕，在一條鄉間土路上騎著。我一心一意想著你。突然，迎面一輛大卡車捲著黃塵急馳而來。我正騎在路中間，躲都來不及，我一擰車把，衝到路旁的小河溝裡。拔出腿來，小腿上剮出很深的幾道傷口，滿腿是血。我用手帕紮好，繼續騎車往回趕。進屋第一件事就是找你的信。喲！你怎麼能一下子喝那麼多酒？真要命！

真真，我受了點工傷，真高興。這樣，我可以不去上班了（最近幾天因缺電，工廠停工，整天學習開會），可以整天想你，給你寫信了。

這些天，我一直在考慮你信中提出的問題。我的心很不平靜，有許多話要對你說。

看到你那封充滿憤怒的信時，我想："天！她在說什麼啊？原諒她的憤怒吧！"你的淚滴在我的手上了。你那憤怒屈辱的語言向我噴射著。你流著火一樣的眼淚啊！

我讀完了。你不瞭解我。什麼時候、什麼地方，我對你有過一絲一毫的輕視嗎？我在哪一封信裡傷過你的心呢？難道我們註定要發生這麼可怕的誤解？把你的痛苦傾吐出來吧，發洩到我身上吧。只要這樣做能減輕你的痛苦，那就讓我來承受一切吧！

前幾封信中，我已意識到你的這種感情。現在，終於爆發出來了。我還是要說：你這種感情是病態的。可是，我愛你，諒解你。是的，在我回憶過去、想到未來的時候，確實有種豪邁的感情。這並不是因為我是什麼"現實的寵兒"，而是我為自己的生活態度、為我們這一代人將獻身於使偉大的中華民族富強的事業而感到自豪，為自己沒有虛度光陰而自豪！是的，在目前這樣的時候，能保持進取的人生態度，這使我們感到自豪。你問我，為什麼陽光不照到你們心裡？我可以告訴你：一個人如果不從追求個人幸福和內心世界的安寧中擺脫出來，那他在現實生活中將永遠是不幸的。事實上，到目前為止，我們各方面的條件都是相當艱苦的。

給你講兩件小事。文化革命開始的那年，我鑽研黑格爾哲學入了迷。可是，我得不到更多的書，圖書館關閉了。有一天，我在廢品回收站看見北大哲學系的一位年輕教師正在把黑格爾的著作當成廢紙以八分錢一斤賣掉，我走上前去，壓住自尊心的反抗，懇求他按原價賣給我。可是，他冷冷地說："這些書有毒。何況，你根本看不懂。"我像乞丐一樣哀求他，他翻臉了："哲學家都啃不動它們，你要它幹什麼？！"我默默地走了。

六六年運動開始不久，我也受了點小衝擊。因為替鄔叔叔鳴不平的信轉回學校，聯繫我的日常表現，把我作為修正主義業務苗子、白專道路典型來批判。當時，我的腳氣病很厲害，腳全爛了，感染了，一步也不能走。只有一個朋友敢於幫助我，給我送飯，扶我上廁所。有天中午，天熱極了，我掙扎著去校醫院打針。半路上我摔倒了，再也爬不起來。當時，很少有行人路過，我準備爬也要爬去。有兩個中學生模樣的姑娘走了過來。她們趕忙扶起我，送我到醫院。我永遠忘不了這兩位好心的姑娘。不是因為她們幫助了我，而是她們使我感到在孤獨冷漠的環境中還存在著人類美好的感情。

你問我，為什麼我心中沒有留下過去的可怕陰影？問題在這裡：我們和別人的一個重要差別就是，我們從來不僅僅追求個人的幸福和解放。

六七年，我和老邪門一起攻讀外文，我們買了很多饅頭，甚至門也不出。當我們弄懂了基本文法，記住了足夠多的生字，終於攻下一門外語，可以看書時，老邪門很沉鬱地對我說："這無非是在一個巨大的天平上加了一個微不足道的砝碼而已，這至多不過是煉了煉我們的意志。"在我們堅持艱難的自學道路的人中，有的人絕望了，看不到知識還有什麼用。還有人甚至嘲笑我們太天真，預言我們會失敗。是的，當時知識被看做只能給人帶來痛苦和屈辱，而不是力量和榮譽。但是，我們學知識不是為了自己啊！我們是為祖國而學。

"在痛苦的生活中學習、探索。" —— 這是我們的座右銘。我們的結論是：一個人的價值不在於他現在的水準有多高，而在於他是否能在生活中不停頓地前進。真理的道路是無數勇敢的探索者走出來的。對於一個真正的人來說，應該具有熱愛真理、獻身事業的精神。這就是人生的光明、人生的陽光！

我們生活在一個自然科學和社會科學都蓬勃發展的時代。這個時代已經把歷史上最偉大的科學家、思想家拋在後面了。我們的時代需要我們提供前人沒有提供、也不可能提供的新思想、新成就。現在有不少人，他們取消了為變革現實而做的各種努力，於是無所事事，生活空虛，他們不可能不感到痛苦和絕望。這難道能怪命運女神不公正，她飛快的命運之梭只是由於偶然的轉動，把陽光給了一些幸運兒，而把烏雲給了另一些不幸者嗎？難道真是這樣的嗎？

當夜幕降臨的時候，我常常到公園裡濃密的樹陰中去。我仰望著從樹影間隙中露出來的星星，好像看到了歷史上那些思想家深邃的目光。這時，神聖的獻身精神從心底升起。我是他們的後繼者，雖說渺小，可是正沿著他們的足跡，舉著他們舉過的火把前進。我們並不想在歷史的紀念碑上留下自己的名字。可是我們卻願意用自己無畏的、奮不顧身的一生來鑄造這樣一塊紀念碑：人類偉大的奮鬥精神永遠不會中斷。即使我們不能走出一條路來，也要用自己的肉體和鮮血，探清黑暗中的利石，用自己的毀滅來標出失足的深坑。

也許有一天，事實終將證明，我們仍然落在時代後面，成了可悲的落伍者。這種悲哀是人類其他的痛苦都不能相比的。這是歷史對一個最勤奮、最忠誠的老戰士的宣判：他掉隊了。但是我們還是要向前走，盡一切力量向前走，直到生命火花最後熄滅。因為我們是這樣地忠於歷史，這樣地忠於我們生活的時代！

人們常說，一個人擺脫不了時代的局限，但這不等於說時代預先已經給我們規定了局限。時代的限制只有在這個時代結束後才能說明。從這個意義上說，我們為什麼要依靠時代呢？還不如讓時代來依靠我們。未來是屬於我們年輕一代的啊！

永遠愛你的老久

第九封信　老久致真真

真真，心愛的：吻你！

今天，我收到了你那封斬釘截鐵的短信。真真，親愛的，這封信顯示出你那不屈服的個性。我興奮得把信貼在胸口。

對於一個真正的人，他的弱點一旦被自己埋解了，這種弱點就不存在了。新生力量中的最強者往往是舊營壘中倒戈的戰士。

我覺得，走向虛無主義是當代青年的思想潛流。它出現在文化大革命開始之後的幾年，這並不奇怪。他們沒有掌握真正的科學思想，在他們看來，歷史上一些偉人的思想體系都帶有宗教色彩，既可以作為偶像來崇拜，也可以作為偶像來打倒。他們找不到新東西來代替舊東西。他們中間的優秀者忍受著極強烈的內心痛苦。你和你的朋友就是這樣一批人。你們是生活在底層但又不甘沉淪的大學生中的佼者。你們不願屈服於環境，在失望的等待中結成了親密無間的友誼，在困難時互相支持、互相依靠，使精神得到安慰。但是，不論這種關係多麼純潔，多麼富有桃源詩意，它仍然是無力的。現在，把人聯繫在一起的力量，不可能是某種純粹的精神生活，而只能是時代的要求 ── 獻身於祖國的未來。說得更深一點，共同的民族需要和不甘落後的緊迫感把人聯繫在一起的力量，比其他任何力量要強得多。

　　我們之間的差別在於：你們把真理、事業看做是精神生活的支柱，而我們卻把真理、事業看做是生命生活本身。你們傾向於個人的責任、美德，把事業看做實現品德的手段。我們認為，個人美德只不過是人類追求進步的大道兩旁的鮮花。

　　你從小就追求一種美的生活，一種崇高的精神境界，可是生活卻讓你嘗到了苦果。因為生活中有不合理的現象，你向生活宣戰；因為生活中找不到真、善、美，你對生活失望。你想超脫現實，追求富有詩意的平等的精神生活。童汝之流又粉碎了你這最後一點希望。這樣，你始終苦悶著，找不到廣闊的天地和光明的出路。你的心理在當前是有典型意義的。

　　我也常常想，童汝是怎樣一個人呢？今天，社會的動盪是深刻的，不可避免地影響到每個人的生活方式。動亂的年代提供了比穩定時期更多的機會 ── 使一批有能力和才智的人迅速成熟了，開始從個人生活小圈子中擺脫出來，清醒地認識到自己對祖國義不容辭的責任。還有一些人，迅速墮落下去，把整個民族甚至整個人類的利益當做自己生長的養料，取消了一切道德約束，貪婪地攫取地位和私利。童汝就是這種人。好話和便宜都讓他一個人佔有了。這是一些虛偽的政治騙子。你在這一點上算是看對了。社會的動盪使童汝之流看到原有的目標不可靠，於是，他們開始利用一切可以利用的機會和手段，在欺騙中不停地追逐。他們可以出賣一切，只要能從中不斷地滿足自己的私欲。這種人是時代的畸形產物。從他們身上體現出來的反面意義，同樣是深刻的。

對於這樣的人，我們只能用火與劍來評論他們。這些騙子，有的不正在拼命往上爬嗎？有的不是已經爬上去了嗎？讓他們去得意洋洋吧，讓他們輕視和謾罵我們吧！現在，我們一律用沉默來表達內心的蔑視。然而我始終有這樣一個信念：祖國和人民不會忘記艱苦中奮鬥的年輕一代！

真真，我希望你安靜一些，讓我繼續談下去。

在你寫到石田可能發生意外時，我的心為之一震。雖然，我並不相信這一點。但是，萬一呢？是我點的這把火，我是罪魁禍首。如果說手上有善良人的鮮血的話，這個責任最終要我來負。我豈不要永遠背上一個沉重的精神包袱嗎？這樣，我還會有什麼快樂和幸福？但是，我們是獻身於祖國未來的戰士，世俗的道德良心對我們沒有任何約束力。對於我們，背叛事業，背叛未來，追求個人目的而忘記歷史使命，才是最可恥的。不管一個人的道德如何崇高，一旦他脫離了時代，歷史對他只能宣判：「他是一個庸俗的好人！」

真真，在這種歷史年代，在這偉大變革的時代，你想想，一個人只知道追求道德的完善、心靈的和諧，忘記了未來，忘記了人民，忘記了祖國，忘記了歷史，那麼請問：

這同那種只追求生活享受、金錢地位的市儈有什麼本質上的不同？

當然，我並不想否認道德及心靈、藝術的美。但是，「道德」和「美」也是在發展著的。今天，我們生活在科學技術大革命的時代，這個時代已經提出了全新的、更合理的道德標準。你的精神悲劇不過是說明了這樣一個事實：你追求小農經濟式的、封閉的、過時的美和道德完善，就只可能過一種自我欺騙的精神生活。

這種精神生活和你追求的目標以及變動著的現實之間的深刻矛盾，正是你不可能擺脫痛苦的根源。而這種精神生活本身就是一種宗教。宗教比市儈更可惡，因為宗教麻痺人的心靈。難道你還不該睜大眼睛，正視一下現實嗎？

我認為，幸福永遠存在於人類不安的追求中，而不存在於和諧與穩定之中。你知道，在動亂的年代，追求個人美德是多麼不現實。社會在動盪、分化、鬥爭、死亡、新生，一些野心家不但妄想主宰國家的命運，還把一個又一個的家庭擊碎，把大學生趕出文明都市，在深山荒野中相互被隔離開。什麼藝術享受，什麼言論和就業自由，全被剝奪盡淨。許多年輕人浪費著青春，被迫在並不需要他們的地方從事所用非所學的工作。難道這是正常的現象嗎？正視現實，從中找出療救的措施，才是我們年輕人應有的態度。

話再扯回到石田上來，剛才說到他"可能發生意外"。你會說：那畢竟是一個人的愛、一個人的生命啊！不論這個人怎麼樣，生命對於人來說總是最寶貴的。我認為，人類最終目的不過是爭取自身的自由和解放。醫生搶救生命是崇高的，即使這是一個罪犯的生命。但是，你必須明白，醫生是從自然科學的角度來看待一個人（包括罪犯）的生命的。這是人類爭取對自然的勝利，是進步的事業。因此，生命的可貴和愛護生命的出發點都是為了整個人類的進步和反對社會的弊病，而不應該用宗教的仁愛的眼光看待它。著眼點錯了，就會引出佛教的信條：眾生是苦，普度眾生。作為自然科學家，他的鬥爭是爭取人類對自然的自由。而作為社會改造來說，時代精神應該是爭取科學為人民造福、反抗舊勢力的種種干擾。石田根本不會去死。但是，萬一他要死，就讓他死去吧。無非是這個世界上少了一個庸人罷了。這句話有些冷酷，但這是真理。否則，大家都不要戰鬥，都去當教士、和尚好了。

或許，你還會產生這樣一個問題："要知道，這畢竟是我以前的錯誤啊。我不愛他，可又答應了他。難道不是我害了他嗎？"問這類問題是缺乏起碼的哲學常識。黑格爾說過：變化是一種內在不安的動盪。動盪，我們這個時代最鮮明的特徵；變化，這就是生命！什麼永久不變的神聖的東西，統統是騙人的鬼話！

我提醒你，你的擔心是多餘的。你對一個庸人那麼溫情，而對一個每天進行忘我工作的戰士卻那麼冷酷。

談到你和我的關係，可以這麼說，如同我一開始就愛上了你那樣，你敏感的心也從一開始就愛上了我。你沒有勇氣承認這一點，沒有勇氣和舊關係決裂。你希望我愛你，又怕我愛你。難道不是這樣嗎？

去年夏天，老嘎來到我這裡，就對我說過你。說你是個有很高藝術修養的姑娘。我對他冷冷地說："朋友，這種姑娘喜歡藝術和我們不一樣。藝術對於她們不過是生活的點綴和消遣，然而對於我們，卻是生命，是可以獻身的事業！"當時，我在生活上取一種極端的態度，準備走獨身的路。我和老嘎在湖邊散步，望著西天出現的暮色，兩個拳頭很沉重地放在口袋裡。突然，起風了。天空被宏偉的白玉般的雲層遮住了。太陽把一絲絲餘光射到湖對面珍珠般的樓房上。綠色的湖水起浪了，洶湧著，以一種豪邁的旋律美向我捲來。在那一瞬間，我想到，這是一個思想深沉、性格大膽熱烈而又豪放的姑娘的愛情。我對老嘎談過這一難忘的印象。我甚至懷疑這是大自然給我的神秘的啟示。

真真，你想想，在這樣的年代，哪一個人心中沒有痛苦和陰影呢？無非是有些人面向著光明、面向著未來，而有些人面向著陰影、面向著過去罷了。

說實話，真真，我很為你著急。恨你抓不住主要的東西，恨你不珍惜青春。你一點兒也不把事業放在眼裡。你眼裡只有自己那一點點痛苦。真真，有多少事等著我們去做。一旦祖國需要我們、召喚我們爲她奮勇工作時,我們能說我們什麼也不會嗎?和我們在一起吧!我愛你。你有一種真誠的、全心全意的、不顧一切的熱情。只要你投入到事業中去,你就會成爲一個堅強的戰士!

在生活中,常常有一些閃電般的事物,它伴隨著震天動地的雷鳴,給人以強有力的震動、深刻的印象和永久的回憶。真真,我們神聖的愛情就是生活中的閃電。緊緊抓住這生活的閃電吧!黑色風暴帶著它的精靈來了,這就是 ── 勇氣和熱情!

第十封信　真真致老久

今天,我第一次這麼稱呼你,以後我要永遠這樣稱呼你了。親愛的,你腿上的傷口好了嗎?不發燒了吧?你都快把我急死了。你簡直無法想像,如果你現在在我面前的話。我將怎樣親熱地快樂地撫愛你。親愛的,從今天起,我的新生活開始了!

昨天,我收到了你的信,今天又收到了你的信。這是些多麼出色的信件啊!我想起了俄國偉大作家赫爾岑的一段話:

"這是一些從頭到腳用純鋼鑄成的英雄,是一些奮勇的戰士,他們自覺地赴湯蹈火,求喚醒年輕一代走向新的生活,力求洗淨在劊子手和奴才中間生長起來子弟身上的污垢。"

這些信是怎樣明亮的光芒啊 ── 直射到我心上了。我冒著汗,緊張地讀著。親愛的,爲什麼你不早點兒對我講這些呢?我感到一種瘋狂的力量在搖撼著我的心。你在愛我啊!愛得那麼真誠、那麼熾烈、那麼勇敢。爲什麼我竟然會提出要和你疏遠關係、保持感情上的距離呢?有哪一分鐘我不在渴念著你呢?爲什麼我要用這種不堪忍受的痛苦來懲罰自己、傷害你呢?只要想到我曾經說出過多麼刻毒的話來罵你,我就加倍地難過。親愛的,我勇敢的愛人,我需要的正是這種尖銳的批判啊!

這些信有逼人的進攻的鋒芒。我愛,深深地愛這種鋒芒、這種氣概、這種風格。我碰到了一個嶄新的人,這個人成了我的愛人。

　　你向我揭示了殘酷的真理。我有膽量正視真理。親愛的，你瞭解我的內心世界。我是"在劊子手和奴才中間生長起來"的人。我的內心世界裡，沸騰著熱血，呼嘯著風暴，有對光明執著的追求，也有惡魔留下的創傷。是的，我對現實中不合理的事物有勢不兩立的決心，但我缺乏思想的武器。

　　你有力地批判了我。只要是真理，我就接受。要做戰士嗎？何不拿自己來開這第一刀？我在一個封閉的體系中尋找真理，你拉我跳到一個廣闊的天地。你尖銳地指出了像我這樣的人不過是高級市儈。是的，在大動盪的時代，個人的一切變得多麼微不足道啊！我沒有絲毫理由長期糾纏在個人感情、個人出路之中。艱苦的工作在等待我們，激烈的戰鬥在召喚我們，我卻陷於個人的痛苦中不能自拔，這是多麼渺小啊！你使我在個人的苦悶中抬起了頭，我看見了光明 —— 我們這一代人對祖國和人民所負有的義不容辭的責任。我們決不把自己的命運交到別人手中！

　　一個敢於追求真理的戰士，決不怕真理的冷酷。如果他怕了，那他就是膽小鬼，是混蛋，是外強中乾的牛皮專家。儘管你把批判的鋒芒指向了我，但我是追求真理、服從真理的。你不要怕我受不了。你的火力可以更猛一點。我多麼希望我們今後的生活中充滿這種朝氣和鋒芒啊。我厭惡那種凝固了的、令人感到窒息的幸福。我們需要的是促使人拼命向前的激動人心的愛。讓我把自己赤誠而熱烈的愛情獻給你吧！現在，我是多麼幸福啊！我只是渴望儘快見到你，儘早投入到你溫暖有力的懷抱中！

　　真真

　　第十一封信　老久致真真

　　真真，我親愛的，我永久的愛人：吻你！

　　真真，我親愛的真真，等不及你給我回信，我小心地採下一片梔子花的葉子寄給你。如果你收到這封信時，這片綠葉已經枯萎，那麼，也許我們的愛情是一幕悲劇。如果它仍然是一片綠色的、散發著清香的葉子,那麼,我們的愛情將永遠長青!

想到我們的未來,我是多麼激動啊!

我望窗外,風把綠晃晃的樹葉吹動了。那熾烈的藍天搖成了碎片。一片藍色,明亮地搖著、晃著……啊,看啊,真真,親愛的!看那藍天,祖國熾烈的、透明的、無際的藍天,那是偉大的事業,那是自由,那是未來!

親愛的,如果我當了你的丈夫,你一定會把我管得很嚴,你是一個多麼厲害的姑娘啊!是嗎?吻你!

你的老久

第十二封信真真致老久

老久,親愛的:無窮無盡地思念你,盡興盡情地吻你!

綠的!綠的!梔子花的葉子是綠的,發出誘人的香氣。綠色、青春、生命。我們的一切多麼美好。我不信葉子有什麼預言的價值,一點也不信——雖然它是綠的。即使是枯萎的,我也堅信未來,堅信我們的愛情。不管未來有多大的風浪,我們的愛情永遠壯麗、永遠年輕。

不,親愛的,我不會管人,我不喜歡管人,也不喜歡人家管我,哪怕是愛人。你不知道,在生活方面,我是一個多麼馬虎粗心的人。我不會管生活,不會管東西,不會管錢,什麼都不會管。東西很亂,很愛丟,我最管不住的是自己的心……親愛的,你將討一個多麼沒有用的老婆啊!

雖說暑假已開始二十多天了,但文化革命開始後,哪個教師享受過寒暑假呢?假期成了理所當然的運動時間了,看那些整人整得毫無道理的材料,我簡直憤怒了。我常常和專案組組長發生爭吵。他辯論不過我時,就露出又黃又長的門牙提醒我:"你注意你的立場!"不,這種生活再不能容忍!我決定造反了。親愛的,幾天後,我將到你身邊。等我的電報,你要在出站口右邊等我,手中拿著一張紅桃 A。我相信,只要一眼,我就會在滾滾的人流中認出你來。

我渴望見到你。親愛的，吻你！吻你亮晶晶的雙眼！

老嘎來玩了幾天，又走了。他祝賀我們呢！我們可愛的忠誠的朋友啊，願他在生活中找到幸福，願他成為表現我們這一代人的感情的藝術家！

你的真真

第十三封信　真真致老嘎

老嘎，我親愛的朋友：

送你上汽車時，我曾經問過你，你當初怎麼會產生把我和老久聯繫在一起的靈感。你避而不答。汽車快開了，你突然對我說："我會告訴你一切的！"

是的，親愛的朋友，在你和我相處的七八天中，你一直很理智、很冷靜。但我明白，在你小心翼翼的熱情中包含著多麼深沉的內容。（老嘎批：也有不冷靜的時候，那天傍晚，我跑出去了，跑過了小河上的石橋，在黑夜中痛苦地哼著歌。）

其實，我這個人並不像你想像的那麼好、那麼完美。我只是一個心地善良、敏感熱情的人。我有無數的弱點和錯誤。（老嘎批：只有偶像才沒有錯誤。）

你不止一次地對我說："也許，將來我會很慘很慘。"我說："不會的，我們永遠和你在一起。"我明明知道這種所答非所問的方式不能解決感情上的問題，但我又能說什麼呢？我很清楚，友誼不能代替愛情。

上星期五下午，我帶學生們勞動回來，給你採回兩朵山花，還拾到一支老鷹的羽毛。這紫藍色的野花，像倒掛著的小鈴鐺。我心中充滿了詩意的幻想，好幾次，我非常認真地用那支羽毛撥動那倒掛的花蕾，仔細聆聽，看它是否會發出丁零丁零清越的聲響。你說："硬要花朵和鈴鐺一樣發出聲響的心靈是多麼美啊！"其實，它不會響，就像壓抑在你心頭的熱情永遠不會發出清脆的響聲。（老嘎批：我說過，心靈的鈴鐺從未停止過振響。）

　　晚飯後，我們默默地坐著。我無意翻出一封你過去給我的信。沒想到，你搶過去，一把把信撕碎了。一種強烈的情緒襲上我的心頭："你在做什麼啊？"我扭過頭去，不願再看你。你在撕信嗎？不，你是在撕毀你心靈中美好的感情。爲什麼要當著我的面呢？我傷心了，我從來沒有不尊重你。可你……我爲了控制情緒，看起書來。當我感到你用驚異的目光看著我那在暮色中蒼白起來的臉時，我走出了房間。（老嘎批：沒想到這麼令人心碎，無法彌補！）

　　我始終忘不了你穿著那件海藍色的汗衫，燈光下，你的臉顯得格外分明，面露深沉，只有一雙眼睛充滿了熱情和痛苦。（老嘎批：我也忘不了，那天晚上，燈光下，你站在我身邊，涼風吹起了白色的紗布窗簾，你深沉地說："悶啊！風來了。"）要知道，我希望你心頭的熱情伴著那痛苦的淚水一起傾泄出來，這樣我可以安慰你。但我又能說什麼呢？我知道，在你那顆高尚的心開始覺醒時，感情的浪濤開始洶湧時，你卻不能打開感情的閘門了。（老嘎批：感謝你！）

　　老嘎，我永遠尊敬你。我只是期望你更勇敢一些，在藝術創作上步子邁得更大一些。即使你一生的奮鬥都得不到社會的承認，我們也永遠愛著你。因爲，那些作品裡面凝結著你的、我們大家的感情和追求，這是我們一代人的經歷啊！

　　櫻花呀，櫻花……

　　沒想到過去的一切竟然這麼難忘。

　　今年，在櫻花盛開的春天，你給我帶來光明和希望。明年呢？櫻花重新開放成晴空裡燦爛的雲霞的時候，你還會來嗎？你又將帶給我什麼？"年年都有風和雨，櫻花總要盛開。"櫻花啊，我們心中的春天，我們心中的希望！

　　真真

第十四封信　老嘎致真真

真真，親愛的朋友：

收到信了，我走出門去⋯⋯

我一個人登上了山頭，茫然地走著。

我說不出來是什麼感覺⋯⋯斑斑爛爛的一大片呈現在眼前。這裡，已經不是陌生的地方，我是感到留戀還是感到冷酷？是悲痛欲絕，還是什麼都有呢？

難道你還不理解我怎樣以自己的痛苦和尊重，在用心地貼著那被撕碎了的畫頁，把它修飾成精美的畫冊麼？

難道你不記得在一封信中我說過“我將含著辛酸的眼淚去描繪我們共同奮鬥的歡樂和勝利的圖景嗎”？我堅信，總有一天，我能拿出這樣一幅創作，放到我的同志和戰友面前。

在旅行中，每當我要離開一個地方時，就會產生沒有著落、漂泊不定的情緒。我要走自己的路，但又不知現實將怎樣擺弄我。

這些年來，我那充滿矛盾和痛苦的內心世界，沒有人理會過。天真的亞瑟是在生活的艱險的考驗中變成了鋒芒畢露的“牛虻”。而對於我，卻是一顆高傲的心靈被壓抑成麻木的“東西”，帶上了沉重的精神枷鎖。直到現在，我還沒有擺脫舊的軀殼，以至於不能大膽地追求新的生活。

請你相信，我現在是在用理智寫信。我不願意傷害你。那天你勞動完回來，看到你是這樣高興、活潑，臉色紅潤，心情舒暢，我心花怒放了。多麼想唱一支歡樂的歌，但我馬上又產生了痛苦，竭力克制自己。我做過多少次這樣的自我克制，這是多麼殘忍的扼殺 —— 親自的扼殺啊！

雖然，你也一直對我關閉著心靈的大門，我還是感受到了你的靈魂。就像小時候我聽著姐姐在彈鋼琴，我感受到她急促的呼吸、激昂的內心一樣。我從心靈深處體驗著。我覺得我需要這樣的性格、這樣的心靈、這樣的熱情。一旦我獲得了，我將變得那麼強有力，那麼富有生命力！

歲月在飛逝著。我並不奢求什麼。你是那樣地理解我和體貼我。但是，你越是給我帶來友愛，我越是看清了你和我的差距，我便越感到現實的冷酷。正因為我是深深地愛著你，所以我吞下了自己的痛苦，帶著對朋友的友誼和熱望，做出了大膽的舉動。你問我為什麼大膽地促成了這件事嗎？因為我愛你，我認為他可以給你帶來你所需要的一切。我以自己的痛苦來幫助你投入事業。我相信，你一旦把充滿憤怨的一切傾吐出來，就會堅強地奔向未來。我已經失去了一切，但我決不遺憾。

我知道，如果一個人沒有能力幫助他所愛的人，最好不要隨便談什麼愛不愛。當然，幫助不等於愛情，但愛情不能不包括幫助。也許，我又錯了。不，不談這些了。

我不想再在沉默中忍受理智帶來的痛苦了， —— 從這裡，你不是更可以認識自己的價值，從而更加勇敢地走向未來嗎？我第一次，也是最後一次傾吐了我對你的愛，我將會以更加勇敢的步伐走今後的路。

祝福你，你以你那大膽熱情的心靈，獲得了愛情和事業。世界上再也沒有比這更動人的基於事業的愛情，也沒有比這更崇高的由愛情結合起來的事業了！這才是我們的未來！

我從小就看懂了安徒生的《醜小鴨》，然而直到現在才看懂了《海的女兒》。

啊，雨後的涼風吹起來了，吹響了鈴鐺！是的，那心靈的鈴鐺一直在振響著，從來沒有停息過。它是永遠不會停息的！

再見了！

淒苦寒冷的雨夜

總會過去。

接著而來的必將是 ——

陽光明媚的白晝。

狂風暴雨能夠

無情地摧毀 ──

腐朽的城堡；

也衝掉了

街道上的泥沙和污垢。

現在

你是多麼幸福地

沐浴在溫暖和光明之中，

你更懂得了

陽光的燦爛啊！

再見吧！

讓我深情地再看你最後一眼，

明天，我又將登上漫長的旅程，

重新開始心兒的歌唱⋯⋯

老嘎

一九七二年三月初稿

一九七九年九月二稿

（原載《十月》1980 年第 1 期）

波　動[1]

趙　振　開

一

【楊訊】

　　車站到了，緩衝器吱吱嘎嘎地響著。窗外閃過路燈、樹影和一排跳動的柵欄。列車員打開車門，拉起翻板，含糊不清地嚷了句什麼。一股清爽的空氣迎面撲來，我深深地吸了一口，走下車廂。

　　月臺上空蕩蕩的。遠處，機車噴著汽，一盞白慘慘的聚光燈在升騰的霧氣中搖曳。從列車狹長的陰影裡傳來小錘叮噹的敲擊聲。

　　夜，沿著微風的方向靜靜流動。

　　檢票的老頭依在柵欄門上打瞌睡。一顆脫落的銅紐扣吊在胸前，微微搖晃。他伸了個懶腰，從口袋裡摸出懷錶"又晚點了，呸，這幫懶骨頭。"他把票翻來翻去，然後長長地打了個哈欠，把票遞過來。"我去過北京，天橋、大柵欄、花市，沒啥。"

---

1 趙振開即北島。小說初稿寫於 1974 年，曾用"艾珊"筆名，以手抄本形式在讀者中流傳，公開發表前作者作了一些修改。小說最初於 1979 年連載於《今天》第 4、5、6 期，1980 年 8 月作為《今天》叢書之四出版，《長江》1981 年第 1 期公開發表。作品反映了六十年代末、七十年代初一部分中國青年在社會波動下的悲劇性命運，在創作手法上有新的探索。小說公開發表後，曾有評論文章認為這篇小說受了存在主義思潮的影響。

我遞給他一支菸。“您什麼時候去的？”

“民國二十三年。”他劃著火些，用手擋住風。火光在他的指縫間和額頭上跳了跳，他貪婪地吸了一口。“那年正趕上我娶媳婦，去扯點花布啥的。”

車站小廣場飄著一股甜膩膩的黴爛味。候車室門口的路燈下停著輛大車。轅馬不時地打著響鼻，在地上嗅來嗅去。車把式斜躺在大車上，一隻腳垂下來。我放下提包，點起一支菸，把火柴棍扔進旁邊黑洞洞的小水窪裡。

一路上，沒有月亮，沒有燈光，只在路溝邊草叢那窄窄的葉片上，反射著一點點不知打哪兒來的微光。忽然，亮著燈的土房從簌簌作響的向日葵後面閃出來，它蹲在一塊菜地中間，孤零零的。掛在門前的一串紅辣椒，在燈光下十分顯眼。

我把提包換了換手，走過去。

“老鄉，”我在門上敲了敲。“給口水喝吧。”

沒有動靜。

我用力敲著。“老鄉 ——”

窸窣聲。我感到有人就站在門後面，屏住氣息。終於，門拉開了。少女臉部的輪廓被一條燈光的細線勾出來，周圍是半透明的髮絲……真見鬼！

“對不起，我剛下火車，離廠還遠，渴得夠嗆……”我笨拙地解釋著。陰影部分漸漸褪色，我看見一雙警惕的、睜得大大的眼睛。

她做了個手勢。“進來吧。”

屋裡的陳設很簡單，糊牆紙有幾處剝落了下來。桌上擺著一張鑲在玻璃夾中的小女孩的照片，旁邊拋著鋼筆和藍皮筆記本。

“坐。”她指指門旁的板凳，一隻手背在身後退了幾步，在對面的床上坐下來。燈光滑到她的臉上，我愣住了：好漂亮的姑娘。

"自己倒,暖壺和杯子就在你旁邊的箱子上。" 她隨手翻開藍皮本,另一隻手依然背在身後。

水很燙,我吹了吹杯裡的熱氣,問:"你一個人住在這兒?"

她抬起眼睛,盯著我,過了好一陣,才心不在焉地點點頭。

"剛抽上來?"

"什麼?"

我又重複了一遍。

"一年了。"

"原來在哪插隊?"

她驚奇地揚了揚眉毛。"還有什麼要問的?"

我愣了一下,隨即笑了。"比如,你手裡拿著什麼?"

"你大概是讀《十萬個為什麼》長大的。" 她從背後抽出一把明晃晃的匕首,放在桌上。

"正相反,我小時候很不用功。"

她露出一絲嘲諷的微笑。"所以你現在開始用功了。"

"對。"

"快喝你的水吧。" 她皺起眉頭,不耐煩地揮揮手,匕首在空中劃出一道道亮閃閃的弧線。

寂靜。

她用刀柄在桌上輕輕敲著,節奏忽快忽慢。她側著頭,彷彿這聲音中包含著某種特殊的意義。顯然,她正沿著一條習慣的思路……喔的一聲,她把匕首拋在桌上,走到窗前,推開窗戶,一棵小楊樹把閃光的三角葉簇伸向窗口,在她的肩頭歡躍,似乎在迎接這位等待已久的女主人。

我望著她的背影,手中的杯子顫了顫,也許該說點什麼,打破這尷尬的處境,打破性別、經歷和黑暗的障礙,說不定在命運面前,我們有著某種聯繫,而這種聯繫往往又是那麼脆弱,那麼容易錯過。

桌上的那位小女孩調皮地笑著，悄悄地和我打招呼。

"這是你小時候的照片？"我不禁問。

她似乎沒聽見，依舊抱著雙臂向窗外眺望。她能看見什麼呢？夜空、田野、樹木……或許只有黑暗吧，漫無邊際的黑暗。我又問了一聲。這時我才意識到，問得多麼不合時宜。

她那削瘦的肩胛微微起伏著。突然，她轉過身來，冷冷地，甚至有點敵意地瞪著我。"你怎麼一點兒不知趣……入境隨俗，懂嗎？水喝完了，走吧，我需要安靜！"

我站起來。"打擾你了，謝謝。"

她點點頭，在這一瞬間，我看見了淚水的閃光。

（蕭凌）

媽媽在彈《月光奏鳴曲》。

屋裡關著燈。我像隻小貓靜悄悄地坐在鋼琴旁，小辮披開，散發著肥皂的香味。

月光投在地板上，叮冬起舞，像個穿著白色紗裙的女人，周圍的一切都應和著她，發出嗡嗡的迴響。

"媽媽呀媽媽 ── "我突然失聲喊起來。

月光凝固了。

"怎麼啦，凌凌？"媽媽把手放在我額前，"不舒服？"

"媽媽，我害怕。"

"害怕什麼？"

"我也不知道。"

是的，我也不知道，是由於黑暗，由於月光，還是那些神秘的音響。

我放下筆。往事就是從這兒開始嗎？記憶有時真奇怪，選擇的往往是些微不足道的小事。可也許正是這些小事，隱藏著命運不可逆轉的徵兆。很久不寫東西了，筆下很生疏。再說，這算是什麼呢？自傳？小說的提綱？不，都不是，僅僅是往事的追憶而已。

　　遠處，汽笛尖叫了一聲。有時候，我就像一個疲勞的旅客，被拋在中途的小站上，既不想到起點，也不想到終點，只想安靜而長久地休息一下。

　　"幻想嘛，是要不得的傻念頭，它只會使人發呆、抽瘋，做一些力所不能及的事情。" 物理老師穿著件揉皺的黑制服在講臺上走來走去，用手摸著發青的下巴。"同學們，科學是什麼？科學就是理性，其他學問也不例外……"

　　我舉起手。

　　"唔，有什麼問題？"

　　"老師，詩歌呢？"

　　"嗯，坐下，我的話適合各個領域，當然嘍，我也很喜歡詩，不瞞你們說，有時還動筆，寄給一些雜誌社，編輯同志對我推理的嚴謹給予了充分肯定。比如，有這麼兩句：

> 地球有了引力，
>
> 我們有了力量，
>
> 我們可以放心走路，
>
> 我們不怕碰上房樑。

哄堂大笑。

　　"怎麼樣，同學們，還不壞吧？" 老師謙虛地拉了拉衣角。

　　"還有什麼問題？"

　　"喂，爬得不慢哪。"

　　我扭過頭去，一個外班的男生拄著棍子爬上來。他像藏族人那樣裸著隻胳膊，袖子紮腰間。想起來了，去年暑假我給他補過課。

　　"恐怕繞道了。" 我說。

　　"沒錯，這是條近路，來，我在前面開路。" 他竄到前面，用棍子打著荊叢。"快點，離山頂不遠了。"

烏雲聚攏，低低地壓下來，風，撲進我的裙子裡。忽然，一聲雷鳴，彷彿就在耳邊炸開，我的腿被裙子裹住，有點邁不開步了。

"怎麼啦？"那個男生扭過頭喊。

"你先走吧。"

他像山羊似的蹦到我面前，把棍子遞過來。"拿著，管點兒用，別害怕。瞧吧，這才是真正的暴風雨呢。小時候，我常到這山上摘酸棗，就我一個人。趕上下雨，嘿，那才來勁呢。我把衣服一脫，"他用手在胸脯上拍了拍，"就這樣，我站在山頂上，雲彩就在我腳底下，翻呀滾呀，轟隆轟隆響，我大聲喊啊叫啊，到處都是我的聲音，你猜我喊什麼？"

"喊什麼？"

他爬到一塊陡峭的石頭上，朝山谷大聲喊起來："嗚啊 —— 嗚 —— 啊……"

回聲在山谷飄蕩，經久不息。

來了一位不速之客，他帶來風塵，寒冷和陌生的氣息。

我這是怎麼啦？渾身都感到不自在，思路也亂了，都是這個該死的傢伙，他和你有什麼關係？只因為水和光，他才來到這裡。然後呢？請吧，即使所有的路都又遠又長……

我和黑夜面對著面。

空虛、飄渺、漫無目的，這是我加給夜的感覺？還是夜加給我的感覺？真分不清楚，哪兒是我，哪兒是夜，似乎這些都渾然一體了。常常是這樣，有生命的東西和無生命的東西在一起的時候，才會和諧、平靜，沒有衝突，沒有欲望，什麼都沒有。

小楊樹啊，你不停地說些什麼？

"你在看什麼？凌凌，看海鳥嗎？"

"看太陽，媽媽。"

"別胡鬧，會把眼睛搞壞的。"

"沒事兒。"

"聽話，淩淩。"媽媽發黑的皮膚上，水珠像一粒粒鑽石。"不去遊會兒？"

"你先去吧，媽媽，我曬曬太陽。"

我趴在發燙的沙灘上，不眨眼地望著太陽。太陽的轟鳴震耳欲聾，蓋過波濤的腳步聲和人群的喧囂。我閉上眼睛又睜開，色彩迅速地變幻著。

天空變得那樣暗淡，那樣狹小，像一塊被海鳥銜到高處的骯髒的破布。畢竟，太陽是富有的。

漲潮了……

二

【林東平】

"抽菸 ——"我說。

他伸手在鐵筒裡取出支香菸，慢悠悠地劃著火柴。我們倆都習慣了這種冷場。窗外，一片枯葉飄落，碰到玻璃窗上，發出輕脆的聲響。

"家裡都好嗎？"

"爸爸很忙……"

"噢，報上見到了。外國佬們爭著擠進來，有什麼辦法……媽媽呢？"

"打算今年退休。"

"退休？"我沉吟了一下，手指在茶几的玻璃上敲了敲。

門砰地推開了，嫒嫒衝進來，不知是頭巾紮得太緊，還是風吹的緣故，她滿臉緋紅。"噢，是小訊哥哥，什麼時候回來的？瞧瞧，真是怪事，每回你一來，我們家就靜得跟墳地差不離……"

我責備地瞪了她一眼。

她連忙捂住嘴，笑了笑。"不吉利，對吧？應該這麼說：'靜得像沒有風浪的水面。忽然，公雞喔喔的啼叫，打破了……'"嬡嬡扯下頭巾往高處一拋，頭巾像降落傘似的落在衣架的頂端。"這是課文裡的話。"

"去給我們倒杯茶吧。"我說。

"行。'飼養員老張頭趕著牲口出了院子……'"嬡嬡推門出去。

電話鈴響，我拿起聽筒，把電線繞在手上。"是我，唔，幾點鐘？我就來。"

嬡嬡端著杯子進來，"爸，又開會？哎，這共產黨的會沒完沒了……"

"嬡嬡！"我厲聲喝道。

"人家都這麼說……"

"人家是誰？你又是誰？"

她吐吐舌頭，朝小訊遞了個眼色。

"留小訊在這兒吃飯，我一會兒就回來。"

我把擋風玻璃搖下來，頓時，涼颼颼的風灌滿車廂，窗簾翻飛，抽打著我的臉。這樣好一些，有了疼和冷的感覺。側視鏡裡，一切由大到小，迅速地溶化掉。退休，這兩個字那麼生疏，尤其對於她，甚至有些可怕。她的形象，依然停留在我們初逢的記憶中，依然那麼年輕，那麼潑辣。時間是不真實的。快三十年了。那次區委擴人會議上我們爭執了些什麼？是國共合作的前景，還是電廠工人的罷工問題？她握著杯子，不停地在手裡轉著，卻不沾杯裡的水。直到爭論激化的時候，水灑了出來，她才匆匆喝一口。也許是由於激動，或者光線太暗，我當時並沒有看清她的樣子。散會後，我們在樓梯轉彎處碰上了。她落落大方地伸出手，略帶嘲笑地望著我……哎，我為什麼又要折磨自己呢？誰說過，痛苦是生命的標誌。記起來了，那是醫大的第一節課上，一位留美的老教授說完後,用英文寫在黑板上,粉筆末輕輕飄落。那是一個秋天的早上,陽光從烏濛濛的老式窗戶上透進來……我和那個蓬頭髮的大學生還有什麼共同之處嗎?我的頭髮白了。

窗外,兩個滿身油漬的青年工人挾著飯盒,邊走邊爭論著什麼,他們抬起頭;戴著方格紅頭巾的小姑娘啃了口熱白薯,抬起頭;水龍頭邊洗衣服的女人在圍裙上擦擦手,抬起頭。他們的目光包含著什麼?也許,他們從來不去想車裡坐的是誰,和他們有什麼關係吧?只有民警同志把綠燈統統打開,甚至還揚起雪白的手套。

市革委會門口,停著輛黑色的吉姆牌轎車。我從牌號上認出了它的主人:這位現任的省委第二書記,在我擔任省委宣傳部長的時候只不過是我下屬的處長,他的晉升是在我調任之後,據說是由於在黨報上發表了一篇文章。

幽暗的門廳裡,兩個人正在交談。

"……吳書記,阻力不小啊,咱這杠槍桿子出身的可有點兒玩不轉,總有那麼幾塊朽木你動彈不得……"這是王德發的山東口音。

我咳了一聲,他們轉過身來。

吳傑中伸出瘦棱棱的指頭。"老林,你在背後搞突然襲擊嘛。"

"那可沒有好下場。"我說。

我們笑了起來,但每個人笑聲不一樣,顯得很刺耳。

"吳書記來檢查我們的工作?"王德發說。

"談不上檢查,路過這裡看一看,這個季度生產情況怎麼樣?"吳傑中拉了拉披在肩上的黑呢大衣。

"不好。"我說。

難堪的沉默。王德發從口袋裡掏出塊大手絹,哧哧地擤著鼻子。

　　“張莊煤礦恢復生產了嗎？”他問。“中央對這件事很重視。”

　　“冒頂後正在組織人搶修，但關鍵是事故的原因沒有查清，這一點很重要，否則，類似的事故……”

　　“我看，不要因噎廢食嘛。”吳傑中不滿地搖搖頭。“好啦，這個問題你們再研究一下，要儘快上馬，全國都在看著這煤礦樣板，主要是個影響問題……你們回去吧，不用送。”

　　“那件事說定了？”王德發插了一句。

　　“噢，我看算了。”

　　“劇團的同志連行頭都備齊了。”

　　“不過不要搞什麼排場，大家聚一聚……”吳傑中瞥了我一眼。“老林也來吧？”

　　“不，我今天不大舒服。”

　　離開會的時間還有二十分鐘，我走進辦公室，在桌前坐下來。桌上的印臺、筆架和鎮書石在陽光下閃閃發光。讓我安靜一會兒吧，我累了。小時候，鎮上東街的張瞎子搖搖頭，說我一輩子操勞沒好報。為這話，奶奶差點給他一巴掌。我還記得當時的情景：我踮起腳把下巴放在冰涼的棗木櫃檯上，望著那封在黑色膏藥裡的眼窩和那雙頗巍巍的大骨節的手。他把竹籤扔進筒裡嘩啦嘩啦地搖著，口中念念有詞。紅嘴的金絲雀不耐煩地跳來跳去……

　　我抬起頭，夕陽照在巨大的本市詳圖上。那些密密麻麻的線條、圓圈和符號漸漸模糊了，只有那座醒目的市委大樓悄悄立起來，俯瞰著全市。三樓東側的窗戶在夕陽中燃燒，像透鏡的焦點聚起來……奇怪，只要我一坐在這張桌子後面，就變得有信心了。似乎只有這個時候，在這堆閃閃的文具之中，我才找到了自己的合法地位……

　　門推開了，小張無聲無息地走進來。“林主任，有幾封群眾來信……"

"去交給信訪組。"

"是信訪組讓轉來的。"她神秘地笑了笑。

"放在這兒吧。"

信封重新封過，我用剪子一一拆開。其中大部分是附近縣份的災民寫的（想起今年夏天的洪水，真讓人不寒而慄），要求調查國家救災資金的去向。救災小組組長，是由王德發兼的。每次常委會上他總是要大談各項救災的具體數字，而他那件褪色軍服上的汗鹼從不洗掉，散發著惡臭，似乎能給人一種嘔心瀝血的感覺。其中居然有這麼封莫名其妙的信："……請於每星期三、六晚上到人民東路 75 號捉姦。"這些人發瘋了，居然把這樣的信也轉給我，簡直是開玩笑！我把信鎖進抽屜裡，哪裡已經躺著一百來封，再多幾封也算不了什麼。

開會的時間到了。我走下樓，推開小賣部的門，蘇玉梅正低頭看書，一縷頭髮垂下來。

"來盒菸。"我說。

她抬起頭的剎那間，目光很集中，顯然剛才的專心是一種做作。"林主任？"她撩了撩頭髮，嫣然一笑。

"在看什麼書？"

"《苦菜花》，真感人。"

"有前門菸嗎？"

"這什麼都有。新到了一種高級奶糖，牌子挺好聽，不來點兒？"

"什麼牌子？"

她挑逗地眨眨眼睛。"純潔，純潔牌奶糖。"

（林嬡嬡）

"分配有消息嗎？"小訊呷了口茶，問。

"咳，別提了，老師嚷著要照顧，鬧得全校都知道了，可連個影兒都沒有。再說，作又有什麼意思？”我靠在書櫃上，把短得可憐的小辮拆開又編好。媽媽說，我一輩子也留不出大辮子來。哎，她去世快七年了，這辮子還是又短又禿，像條兔尾巴。

“嘿，我說誰來了呢。”不知什麼時候，發發穿了件紅色運動衫，懶洋洋地倚在門口，雙臂交疊在胸前。“瞧嬡嬡，話音兒都變甜了。”

“討厭！”我瞪了她一眼。

發發擺著屁股走到茶几前，若無其事地抄起支香菸，在手裡轉了轉。“楊訊同志，京城裡怎麼樣？”

“哪方面？”

發發吐出一個又濃又大的煙圈。“當然是生活的基本方面啦，比如……”她在膝蓋上比劃了一下。

“裙子，”小訊略帶譏諷地笑了笑，“對不起，我沒太注意。”

“典型的書呆子。你們只知道從書本上瞭解姑娘……”

“得了，發發！”我打斷了她的話。

“那你又是通過什麼方式呢？”小訊慢條斯理地問。

“我嘛，喜歡觀察和體驗。”發發拉過一把椅子坐下。“根據異性吸引的原則，我對男人有一種特殊的興趣……”

真不害臊！我暗暗踢了她一腳。

“踢我幹嗎？你們看，說出真理的人總要倒毒，但我寧死不屈。”發發尖聲笑起來，像刀子劃在玻璃上。“經過調查研究，我發現男人都是些自私的傢伙，只有我們女人才是偉大的。”

“爲什麼？”

“女人最富於犧牲精神。”

哼，這套胡說八道早就聽膩了。我真想跳起來喊：發發，這不是你的想法，準是打哪兒聽來的！你不配，你從來不知道什麼是犧牲。

小訊淡淡一笑。"那麼你呢？發發，準備犧牲點什麼？比如，面對一個叫化子，你是不是準備犧牲你的門第呢？"

"當然，我喜歡窮人……"

"這話聽起來，就像在說你喜歡錢一樣。"

發發臉刷地漲紅了。"可別教訓人，我爸爸每天吃飯的時候都給我上政治課。"

"只在吃飯的時候嗎？那正好，有助消化……"小訊站起來。"嬡嬡，我出去轉轉。"

門帶上了。屋裡忽明忽暗，外邊的雲在飄。我走到窗前，望著他那結實的背影。

"這傢伙渾身都是刺。"發發說。

"發發，是你不對……"

"哼，都是我不對，他好。這還看不出來嗎？你愛上他了。"

"胡說！"我的臉一陣發熱，準連脖子都紅了。也許，這是真的？我的心怦怦直跳。愛是什麼意思？也就是喜歡？可我喜歡的人多著呢。

發發走過來，摟住我的肩膀。"這瞞不過我。"

"去！"

"生氣啦？算我說錯了，好嬡嬡，你看，這兒有兩張招待會的票，公安局才三張，聽說上邊的頭頭來了。咱們一塊去吧，啊？"

（楊訊）

我在街上漫無目的地走著。

櫥窗裡的東西落滿了灰塵，上面掛著小牌子："展品，均無貨。""一律憑票供應。"副食店門口擠著亂哄哄的人群。孩子們敲著搪瓷盆，在人群裡鑽來鑽去。一個戴著頂油膩膩的白帽子的小夥子從門裡探出頭來，大聲吆喝著什麼。街拐角處，"我們的朋友遍天下"的標語牌下面。停放著一排三輪車。車夫們靠在後座上抽菸、聊天、打瞌睡，破草帽半遮著一張張古銅色的臉……

　　忽然，一位姑娘擋住了我的去路。她雙手插在上衣口袋裡，側頭微笑著。“不認識了！”

　　我怔住了。“是你——”

　　“沒錯，相信自己的記性吧。那天晚上，你不是在夢遊！”

　　我笑了。“為了口水，我被趕了出來。”

　　“那天我情緒不好，又是晚上。”

　　“這和晚上有什麼關係！”

　　“人受環境的影響，這是唯物論的說法。”

　　“難道還有別的說法嗎！”

　　“你有個愛提問題的壞習慣。”她停下來，環視著四周的行人。“你看，咱們總不能老站在這兒。有時間嗎？陪我走一段吧，我喜歡這會兒在街上走走。”

　　她說得那麼坦率和自然，我不禁笑了。

　　“笑什麼？”

　　“你也常常這樣邀請別人？”

　　“那倒不一定。”她皺皺眉，把目光轉開。“你有事就算了。”

　　我差點喊出來。“不，沒事，我正好也在散步。”

　　我們向前走去。掛在電線上的風箏飄著，像撕下來的一小片白雲。

　　“自我介紹一下，我叫楊訊。你呢？”

　　沉默。

　　“是不是怕我玷污了你的名字？”

　　“玷污？這個詞很久沒聽說了。”

　　“在一個紅彤彤的世界裡，玷污是不存在的。”一輛重型卡車隆隆馳過，淹沒了我的聲音。

　　“什麼？”

　　我又重複了一遍。

"人也不存在了。"她說。

"你的情緒經常不好嗎？"

"現在很好。"

"那天晚上又是爲什麼？"

她站住了，驚奇地揚了揚眉毛，"怎麼，這是你們幹部子弟的優秀傳統嗎？"

"我爸爸是蹬三輪的。"

她冷笑了一聲，用手指在空中劃了一個圓圈。"少說了一個輪子。"

"你憑什麼這樣說？"

"憑直覺。"她停頓了幾秒鐘，在這一段時間，我覺得她又對自己說了些什麼。"你們身上的一些習氣讓人討厭。"

腳下的方磚在滑動：模糊、清晰、模糊……我站住了。"既然如此……"

"既然什麼？你答應了，就得陪我把路走完！"她幾乎惡狠狠地說。

"我不是這個意思。"

"算了，用不著解釋。"

我們穿過殘破的城門，沿著護城河默默地走著。漂著黑色雜草的河水綠得膩人，散發著一股濃郁的秋天的氣息。樹巢中的鳥兒咕咕叫了兩聲，撲簌簌地飛去了。

她撥開低垂的柳枝，星星點點的陽光篩落在她的肩膀和手臂上。"喂，怎麼不說話了？"她忽然問。

"我在服苦役。"

她笑出聲來。"真那麼苦嗎？哎，你這個人呀，看看，這是多好的流放地。"

"還是臭水溝。"

"嘿，你來看。"忽然，她抓住柳枝朝河上望去。原來是六七個孩子在打水漂。石子激起了層層漣漪，陽光被搖碎，每個浪尖上都浮著一枚亮晶晶的銀幣。她完全被吸引住了，一邊興沖沖地數著，一邊撕扯著身邊的柳葉。“四個、五個、六個……你看，那個黑黑的小傢伙真屬害……九個，最高紀錄……”她扯了片柳葉含在嘴裡，聲音變的含糊不清了。一條柳枝在她的周圍飄來蕩去，像一個綠色的鐘擺。她陡地轉過身，略帶譏諷地眨眨眼睛。

“喂，流放到臭水溝的囚徒，不感興趣嗎？”

“我在想，成年人是多麼不幸，即使有了一切也改變不了這種不幸……”

“你以為孩子們就幸福？別忘了，這都是些窮孩子，”她說。“人生下來就是不幸的。”

“那你為什麼還要活下去？”

“活著，只不過是一個事實。”

“事實也是可以改變的。”

“遺憾的是，人有足夠的惰性苟延殘喘，而通常把它叫做生命力。”

“為什麼這麼悲觀？”

“又是一個為什麼。”她凝視著我，近乎嚴峻的眼睛閃著綠色的星點，一縷頭髮垂在額前。“你想說明什麼道理嗎？”

我沒有回答。

“請告訴我，”她掠開垂髮，一字一字地說，“在你的生活中，有什麼是值得相信得呢？”

我想了想。“比如：祖國。”

“哼，過了時的小調。”

“不，這不是個用濫了的政治名詞，而是咱們共同的苦難，共同的生活方式，共同的文化遺產，共同的嚮往……這一切構成了不可分的命運，咱們對祖國是有責任的……”

“責任？”她冷冷地打斷我。“你說的是什麼責任？是作為供品被人宰割之後奉獻上去的責任呢？還是什麼？"

"需要的話，就是這種責任。"

"算了吧，我倒想看看你坐在寬敞的客廳裡是怎樣談論這個題目的。你有什麼權力說'咱們'？有什麼權力？！"她越說越激動，滿臉漲得通紅，淚水溢滿了眼眶。"謝謝，這個祖國不是我的！我沒有祖國，沒有……"她背過身去。

淡綠色的天邊，幾片被晚霞染紅的雲朵像未熄的煤炭，給大地留下了最後的溫暖。河流轉成墨綠色，發出微弱的有節奏的聲響。

她轉回頭，摘掉辮子上的柳葉，眼睛躲閃著斜向一邊，苦笑了一下。"我不該這樣，咱們回去吧。"

我們經過一家小酒店。

"進去坐一會吧。"我提議說。"會喝酒嗎？"

她點點頭。"不過，我只喝白酒。"

櫃檯前，一個醉醺醺的傢伙正跟女服務員調情。"我老婆是個混蛋，你、你以為我王八還沒當夠？"

我用肩膀把他撞到一邊。"半斤汾酒，兩個拼盤。"

那個醉漢隔著我的肩膀叫喊："我算是夠了，夠了！"

我付了錢。端起酒菜，在半路停下來。在她身邊坐著個和我年齡相仿的傢伙，抱著半瓶酒，正嘮叨著："……算一卦吧，不收費，對您例外，天地良心，咱說話算話……"

我把手搭在他肩上。"喂，哪兒的？"

他掃了我一眼，目光呆滯，顴骨通紅，顯然有些醉了。"老爺，也想來一卦？排、排隊，咱只對婦女同志優先。晤，今兒可夠、夠忙的。"

她向我抿嘴一笑，示意讓我坐下。我坐下來。

"您聰明，沒的說，絕頂聰明，可惜日子不好過，少個逗悶子的……"

我砰地捶了下桌子，站起來。他轉過臉，斜視著我，眼裡閃著凶光。"不耐煩了？活著，是件好、好事。知道咱是誰？白華，去打聽打聽……"

"管你他媽的白花黑花，我來讓你變朵紅花！"我順手摸到旁邊的一個空瓶子，一隻有力的小手按在我手上，我低頭望著她。

"坐下！你沒看見他醉了。"她那揚起的睫毛在臉頰上投下長長的影子。

我坐下來。

"你真是算卦的？"她問。

"那沒錯。"

"我看不像。"

白華咧咧嘴，從耳朵上取下半截香菸，捏捏直，劃斷了好幾根火柴才點著，煙霧從他的牙縫中一點點冒出來。你們打哪兒來？"

"天上。"她用手扇開煙霧，說。

白華直盯盯地望瞭望天花板，搖搖頭。過了一會兒。他又問："你倆啥關係？"

"你來算算看吧。"我說。

"對象？"

她響亮地笑了。"不，是對頭。"

"喝酒！喝酒！"白華不耐煩地把大半截菸捲甩到地上，把瓶頸伸進杯子裡，怪聲怪氣地唱著："滋一口甜蜜蜜的酒，小日子永遠不發愁……"

"別喝了，"她握住他的杯子，"看你醉成什麼樣了。"

"誰醉、醉了？我？笑話……"他掰開她握住杯子的手。"別、別弄髒了小手。"他舉起杯子剛要喝，被她用手擋住，砰地一聲，杯子重重放在桌上，酒濺出來。"你敢管我？"

"想試試。"她平靜地說。

“你？試試？”白華驚奇地打量著她。然後長出了口氣，肩膀搭拉下來。“好，我，我不喝了。”

街上彌漫著濕滋滋的夜霧，戴著光暈的路燈遙遙相望。一隻野貓飛快地穿過馬路。她突然停住腳步。“你喜歡詩嗎？”

“喜歡。”

“我來背一首，願意聽嗎？”

“當然。”

她直視著前方，聲音柔和而熱切：

綠啊，我多麼愛你這綠色。

綠的風，綠的樹枝。

船在海上，

馬在山中。

……

綠啊，我多麼愛你這綠色，

繁星似的霜花，

和那打開黎明之路的

黑暗的魚一同來到。

無花果用砂皮似的枝葉，

摩擦著風，

山像野貓似的聳起了

它那激怒的龍舌蘭。

……

一片樹葉落在她腳下，打了個旋，又飛過去。她搖搖頭。“背得不好。”

“不錯，洛爾迦的詩？”

“夢遊人謠。”

“多美的夢，可惜只能轉瞬即逝。”

“正相反，咱們這代人的夢太苦了，也太久了，總是醒不了，即使醒了，你會發現準有另一場噩夢在等著你。”

“爲什麼不會有一個比較好的結局呢？”

“你呀，總在強迫自己相信什麼，祖國啦責任啦，希望啦，那些漂亮的棒棒糖總是拽著你往前走，直到撞上一堵高牆爲止……”

“你也並沒有看到結局。”

“是的，我在等待著結局，不管什麼樣，我總得看看，這就是我活下來的主要原因。世界上有兩種人。一種人是爲世界添一點兒光輝，另一種人是在上面抓幾道傷痕。你大概屬於前者；我嘛，屬於後者……”

我默默地注視著她那雙瞇起的、深不可測的眼睛。“你個人的生活很不幸嗎？”

“個人？”她慢慢地閉上眼睛，“一到這種時候，人們就會把你和世界分開了……”

“不，我不是這個意思，我只是想問……”

她的臉驟然沉下來，狠狠地瞪了我一眼。“有很多問題是不能問的，懂嗎？！這在今天是最簡單的常識，懂嗎？！爲什麼，爲什麼，好像你是剛從另一個星球來的！”

這條街唯一亮燈的窗戶熄滅了，一片漆黑。馬路上到處都是坑窪。迎面走來幾個上夜班的女工，嘰嘰咕咕地低聲說著什麼，漸漸消失在遠處。

“我的脾氣不好。”她歎了口氣，喃喃地說：

“可以理解，現在是晚上。”

“哦，”她輕聲笑了，“不過，晚上和晚上還不一樣，今天有月亮。”

“還有詩。”

“是啊，還有詩。我去上夜班，該分手了。”

我們站在十字路口，面對著面。霧，像巨大的冰塊在她背後浮動。黑暗裏挾著寂靜的浪頭撲來，把我們淹沒在其中。寂靜，突如其來的寂靜。終於，不情願地悄悄退去。

她伸出一隻手。"我叫蕭淩。"

【蕭淩】

燈光，在工具箱上的一個破舊的綠塘瓷碗裡搖盪著。他的話真有什麼意義嗎？也許又是一種欺騙。祖國，哼，這些終極的玩意兒從來都是不存在的，不過是那些安分的傢伙自作多情，他們需要一種廉價的良心來達到一種廉價的平衡……為什麼這麼惡狠狠的？難道你真的厭惡他？可是別忘了，你陪他整整待了一個晚上，一個多霧的晚上，而且那麼興奮，簡直像個初次約會的小姑娘。頭直疼，我醉了。那輛音樂盒的小馬車（小時候我常常把它的輪子弄掉，）裝著我苦澀的夢向遠方，向大地的盡頭馳去。那邊是什麼？恐怕什麼也不是，只是這裡的延續……

"把鉗子遞給我。"

意義，為什麼非得有意義？沒有意義的東西不是更長久一些嗎？比如：石頭，它的意義又在哪兒？孩子們在笑，笑吧，敲碎這無止境的死寂吧……我在背詩。傻瓜，什麼時候變得多情起來了，居然有這樣的閒情逸致。因為有夜霧，是嗎？因為有月亮，是嗎？我喜歡詩，過去喜歡它美的一面，現在喜歡它鞭撻生活和刺人心腸的一面，可是我怎麼從來沒想到過這兩面合在一起的價值？也許是因為每個人在生活中只有一個角度……

"扳子，聽見沒有，把扳子遞過來！"

秋天來了，樹葉飄落，像春日裡懶洋洋的花朵一樣大片大片飄落。這是摹仿，拙劣的摹仿，正如鏡子裡的火焰那樣充滿著人間的卑俗，那虛偽的熱情沒有熱度，永遠沒有，卻要頻頻地搖擺那血紅的屁股……到處都是落滿灰塵的道具，甚至連人們也成了道具的一部分，笑的永遠在笑，哭的永遠在哭……

"換兩個六圓的螺絲……你為什麼愣？""二踢腳"停住

手，把頭從繞線機的陰影裡探出來，他臉上的粉刺和嘴角的折痕十分顯眼。我把頭轉開，燈泡上落著幾隻蒼蠅。

"嘿，你總在想什麼？"

一隻蒼蠅在燈泡上小心翼翼地爬行著。那薄薄的翅翼閃著淡紫的光，上面的紋路清晰可辨。我推開值班室的門走出去。

在廠房和圍牆狹長的夾道上空。星光蕩漾，月亮沿著長滿蒿草的牆頭滾動。我站住了，深深地吸了口氣。歸宿，多讓人渴望啊，只要長久一些，安靜一些，寧可什麼也不想。沒有昨天和明天，沒有痛苦和歡樂，讓我的心向著外界舒展開來，像一塊暗紅色的海綿，靜靜地吸著每一滴透明的水……

有個人影在夾道口閃了一下，不會兒工夫，"二踢腳"走到我眼前。

"咋啦？"

"我有點兒累。"

"你剛喝過酒，這瞞不過我。"他慢吞吞地捲著菸，菸紙在粗糙的手指間沙沙作響。"離婚手續總算辦完了，這個該死的婆娘狠狠敲了我一筆，呸！"他劃著火柴，在空中停了一下，火光照亮了他那搭拉的眼角。他點上菸。"小蕭。你在想啥？"

"關你什麼事！"

菸頭暗下來，他吹了吹菸灰。"互相關心嘛。小蕭，你給我出出主意看，往後我該咋辦？"

"你看，值班室上面的樑結實嗎？"

"鐵的，還不結實。"

"上吊吧。"我開心地笑了。

汽捶一下一下敲著。

"好，我要讓你看看我馬王爺是不是三隻眼。"他惡狠狠地掐滅了菸，火星散落在地上。"你不過是個臨時工，上班閒逛，還喝酒……"

"去匯報吧，滾蛋！" 我說。

【自華】

我走到櫃檯前，瞅著架子上一溜紅紅綠綠的酒瓶，它們跟抽瘋差不離，蹦呀跳呀，好像只要我他媽的一閉上眼，就會飛走似的。

"……你看，這是什麼？證件，上級對我的信任……" 前面站著個嘴角冒泡的廢物，正和櫃檯裡大娘們胡纏。

我在那傢伙的肩上拍了一下。"噓 —— ，安靜點兒。"

他扭過頭，莫名其妙地瞅著我。"可她們不承認發明，有啥法子？窮是窮，偉大的社會主義建設。她們呢，只知道站著，傻笑，這裡大有問題，應該提到路線的高度……"

鬼知道這個老螃蟹灌了點兒什麼湯。我照他屁股上踢了踢。"滾吧，該回窩了。"

他點點頭，朝我咧嘴笑笑，然後朝門口搖搖晃晃地走去。忽然，他轉身喊道："這是政治陷害，我要到省裡，到中央去上訪，去控告你們！馬克思他老人家要是知道了，哼……"

剛才那兩個娃娃是打哪兒來？我讓了一局，媽的，要是讓西河區的八崽子瞅見準得樂個通宵，那妞兒。真有那麼點兒勁頭，算了，拉倒吧。

我出了門。拐過一條街。前面市委招待所的大門裡一片燈光，門口停著一溜亮閃閃的小汽車，十來個員警神氣活現地轉來轉去。好小子們，又在尋歡作樂呢。

這時，大門裡走出兩個妞兒。雛得連奶毛還沒有退呢，可穿戴還挺俏。

"嬡嬡你到底怎麼啦？" 其中那個瘦高挑說。"我剛看上癮……"

"我又沒拽你走。"

"這是自覺的表現，同志們。" 我把帽子捏了捏，壓在眉梢上，趕上她們。

她們停下來驚奇地看著我。

"你是誰？"那個叫嫒嫒的怯生生地問。

"我嘛，負責保衛工作。"

"便衣，"瘦高挑急忙說。"你歸我爸爸管。"

"噢，你就是劉局長的千金？我和你父親熟得很。"

"什麼詞兒。哼，別這麼套近乎。你帽子幹嗎壓這麼低。還有股酒味，回去告訴我爸爸，讓他撤了你的職。"

"哎，我倒沒啥，"我裝出一副傷心的樣子，"可那五個孩子該咋辦呢？"

她倆對望了一眼，哈哈大笑起來。

我拐進條胡同，在一個黑洞洞的門口站住，門旁掛著塊木牌："倉庫重地，非公莫入。"我在牌子後頭摸到一截繩子，用力拉了拉：一長兩短。過了不大工夫，有人問："誰？"

"少磨蹭！"

門拉開道縫，露出一個大腦門。"老爹，進來吧，正有戲呢。"

我走進那間窗戶用板條封死的屋子。嗆人的煙霧中，小四圓溜溜的肩膀微微搖晃。她一邊彈吉他一邊用啞嗓子唱歌，四周擠滿了醉醺醺的傢伙。

"老爹來了。"

"老爹坐這兒吧。"

我在角落裡的一個木箱上坐下來，點起一支菸。

曲子唱完了，頓時亂了營，吆喝聲和呼哨聲連成一片。一個大顴骨的崽子跌跌撞撞地擠過去，坐在她身邊，用胳膊圍住她的腰，朝她咕嚕了幾句。周圍一片哄笑。小四搖搖頭，用手撫弄著琴弦，酸溜溜地笑了笑。

我在牆角摸到一把菜刀，站起身走過去，大夥自動讓開條路。我走到他們跟前，把手搭在小四肩上。"她是我的。"

屋裡霎時靜下來，聽得見杯子摔碎的聲音。大顴骨愣了下神，隨後一彎腰拔出刀子。我一側身，菜刀背磕在他的腕子上，噹啷一聲，刀子掉在地上。跟著菜刀在空中一翻，砍在他肩上，血沿著他緊緊捂住傷口的指縫中滲了出來。

"誰還犯刺兒？"我問，目光掃過去，那些雛兒的腦袋瓜子都扭開了。我掏出十塊錢。揉成團，摔在大顴骨扭歪的臉上。"去買點兒藥，蠢貨，以後長點眼……走吧，小四。"

三

（楊訊）

她坐在床沿，隨手翻著一本書，書頁的白色反光在她臉上閃動著。她的名字叫蕭凌。今年十三歲。此外，我又知道些什麼呢？她是一個謎。玟玟、小燕……那些我過去認識的女孩子，在她面前顯得多麼蒼白。她們只屬於客廳，如同其中的畫卷和花瓶一樣，一旦離開，你再也想不起她們了。她在想什麼？她一定有很多秘密，既不屬於我。甚至也不屬於任何人的秘密。比如，那個躺在桌上的藍皮本裡可能就裝著不少秘密，彷彿她的生命都儲存在這些秘密裡，永久地封存起來……

"喂，還沒看夠嗎？"她忽然問。

我笑了。"沒有。"

她啪地合上書，抬起頭來。"那好，你看吧。"我們的目光碰到一起。她的下巴頦哆嗦了一下，忍不住笑起來。她笑得那麼自然而爽朗，彷彿一條藍色的水平線正在四周飛快地展開。"說點什麼吧。靜得讓人難受。"

"入境隨俗，懂嗎？水喝完了，走吧。我需要安靜！"我說。

"打擾你了，謝謝。"她說。

我們哈哈大笑起來。

"喂，乞丐"她揮揮手，"別笑了，談談你自己吧。"

"有什麼可說的？我的履歷表很簡單：爸爸、媽媽、妹妹、上學、插隊、工作……一共十來個字。"

"也就是說，政治可靠。"

"不過在插隊的時候，蹲過幾天縣大獄。"

"因為搶東西？"她驚奇地瞪大眼睛，"還是耍流氓？"

"你的想像力很豐富。"

"可總得有個罪名呀。"

"我和另一個同學反對交公糧，那年正趕上大旱，不少老鄉家都揭不開鍋了。"

"好一位理想主義戰士。後來呢，低頭認罪啦？"

"是被我媽媽的一位老戰友保出來的。"

"結局總是這樣，要不然你們總是相信結局呢，因為在每個路口都站著這樣或那樣的保護人。"她用手指在書上彈著。"那天，當你說到祖國的時候，我就在想，祖國是不是你們的終生保護人……"

"你指的是保護還是被保護？"

"這是一回事。"

"不對。假定前者確實如此，那麼後者的任何努力和嘗試往往需要付出更大的代價。"

"什麼代價？"

"內心的代價。"

"可你們畢竟用不著付出一切，用不著挨餓受凍，用不著遭受歧視和侮辱，用不著為了幾句話把命送掉……"

"不一定吧，那些年……"

"都是暫時的，正像我們的微笑是暫時的一樣。"

我騰地站起來。"你們、我們，這個分法倒挺有意思。既然咱們不是一路人，又何必來往？對不起，我該走了。"

“坐下，” 她擋住我的去路，挑戰似的咬住嘴唇。 “告訴你，要是爲了這麼句話，就甭想走！”

我們僵持著，她離得那麼近，呼氣輕輕吹到我的臉上，在她的眼睛裡映出窗戶的方格子。蟋蟀在牆角細聲細氣地叫著。

“你可真好客。” 我說。

“我問你，禮貌是什麼？”

“是對別人的尊重。”

“不對，禮貌只是一種敷衍。”

“有些敷衍是必要的。”

“那麼，真實是必要的嗎？一個人不可能要得很多，既要這個，又要那個……” 她停下來，微微一笑。 “你不累嗎？”

我也笑了，坐了下來。

她搖搖頭。 “好吧，懂點禮貌吧。喝水嗎？對了，這兒還有點紅茶……” 她繫上圍裙，從箱子裡取出一個瓶子，走到牆角，把放在灶臺上的煤油爐點著。藍色的火舌竄了起來，舔著黑色的鍋底。火，有時不讓你想到它的狂暴不馴，不讓你想到它崩潰的情勢，卻往往顯出它那相反的一面：美麗、溫暖、熱情……

她用小勺在鍋裡攪動著。不時地碰出清脆的聲響。她背朝著我，忽然問： “楊訊，我這個人怪嗎？”

“怎麼說呢，每次印象都不太一樣。”

“說真的，我本來以爲自己老了，該相對穩定了吧，別笑，可還在變，有時候我自己都不認識自己了。你笑什麼？”

“你看上去不過十八九歲。”

“可別奉承我，女人總喜歡被說得年輕些，不是嗎？她們是在爲別人活著。真的，我覺得自己老了，像個坐在門口曬太陽的老奶奶，冷漠地打量著每一個過路人……”

“我就是一個過路人。”

“你是例外。”

“爲什麼？”

“你不僅路過，而且闖進來……把桌子收拾一下，茶好了。”她把紅茶倒進兩個杯子裡，又從抽屜裡拿出一包餅乾。“請吧。”

“你客氣多了。”

“是嗎？我學乖了一點兒。”她輕輕吹著杯上的熱氣。“奇怪，咱們怎麼一下子就熟了起來？”

“是啊，咱們很熟了。”

“你並沒有回答我的問題呀。”

“誰也無法回答。這個問題已經有了幾千年的歷史。”

她的臉紅了，過了好一陣，她說：“楊訊，你去過海邊嗎？”

“去過。”

“在每次漲潮和落潮之間，都有一次相對的平靜，漁民們叫做滿潮。可惜時間太短了……”

我不太瞭解這種現象。”

“你應該瞭解！”她提高了聲調，聲音中包含著一種深深的痛苦。我凝視著她，我忽然覺得。在陽光下她的頭髮漸漸地白了。

沉默。

“夠甜嗎？”她忽然問。

“有點兒苦。”

她把糖罐推了過來。“自己加糖吧。”

“不用了，還是苦點兒好。”我說。

（蕭凌）

我多麼喜歡一個人散步，無拘無束地走在大街上，看暮色怎樣淹沒大地。他走了，和來一樣突然，我沒有挽留他，可我多希望他再坐一會兒，再講講短暫的滿潮，講講海水爲什麼是鹹的……你挖苦他，冷言冷語地回答他，卻又盼他多坐一會兒，怎麼解釋呢？我不喜歡暗示，可是又不得不用暗示來回答暗示，因爲真實有時太沉重了，沉重得可怕……

"別把鼻子貼在玻璃上，淩淩，聽見沒有。''

"媽媽，你看冰花，怎麼變成這樣的呀？"

"因為寒冷。"

"可是，瞧，多漂亮啊。"

"淩淩，你非把鼻子凍在玻璃上才老實，怎麼不聽話？"

十字路口。向哪拐？選擇，選擇，我還是朝前走了。一群背書包的小學生，喧鬧地跑過去。路邊停著輛摩托三輪車，穿紅背心的司機靠在車門上，一邊抽菸一邊死死盯著我。挎籃子的母親拉著個又哭又鬧的男孩子，不停地說："萬萬，別鬧，媽給你買糖……"

我離開這個世界很遠了。我默默地走出去。我不知道哪是歸宿。有時，當我回頭看看這個世界的時候，內心感到一種快樂。這不是幸災樂禍，不是的，更不是留戀和嚮往，而似乎僅僅是由於距離，由於距離的分隔和連結而產生的一種發現的快樂。

暮色正在改變著什麼。陽光爬上了家家戶戶的房頂。匆匆忙忙的行人，他們每個人在這一瞬間構成了你生活的一個側面，這個側面不斷地變化著，你卻還是你。長久一些的東西，長久一些的……又是那雙專注的眼睛，這是第幾次了？是的，我渴望別人的愛和幫助，哪怕幾句體貼的話也好。我曾有過爸爸、媽媽和朋友……

天黑了。路燈那麼暗，像排螢火蟲緩緩地飛。月亮升起來了，這是一彎新月，長著副藝術家的下巴。它在沉思。遠處，昏暗的光傘下出現一個搖搖晃晃的身影，很快消失了。不久，又在近些的光傘下出現了……

"是你，白華。"

"噢，蕭淩……"

"你怎麼知道我的名字？"

"凡是我想知道的就準能知道，信不？"

“你又喝酒了。”

“那又咋樣？”他猛地晃了一下，扶住了電線桿。“那又咋樣？”

“告訴我，你住在哪兒？”

他愣住了，費勁地眨了眨佈滿血絲的眼睛。“住在哪兒？這、這還用說，地底下。哼，一隻會打洞的耗、耗子……”

我打斷他的話。“走吧，我送你回去。”

“我那兒？我說，不，不害怕？”他有點慌亂了，手插進褲兜，又抽出來，然後擦了下濕滋滋的頭髮，“唔，這是個好主意，天地良心，我說，姑娘……走，走，邁大步，邁小步，過大山，過小河……”他囁嚅著。

黑暗。光明。黑暗。我們沿著路燈下走著。隨著他的搖晃，路燈的搖晃，路，不那麼結實了，似乎也輕輕搖晃起來。是什麼念頭驅使我去看看？好奇心？算了吧，歲月老人的戲法還沒變夠嗎？那又是什麼？難道是對剛才渴望溫情的報復？他那古怪的影子，一會滑到腳下，一會斜在路旁，一會撞到牆上。我為什麼要這樣看他？在自己眼睛裡，自己總是容易躲避的。

遠處有人唱歌，聽不清唱什麼。白華似乎清醒了一些。“……什麼玩意兒在叫？人又沒死絕，叫個啥？像攤爛泥巴糊在人身上。夥計們，聽咱來一段……”

他果真唱起來，開始有些暗啞，越唱越渾沉有力。似乎他和歌聲一起，穿過燈光和夜的帷幕，飛向另一塊天地。

流浪的小夥兒，

嘿，真快活！

踏遍了世界的山河。

在暴風雨中行進，

在太陽底下唱歌，

大地給我自由，

自由給我快活。

我們拐到一座樓房後面的空場上，走進一片黑黝黝的小樹林。他俯身推開一塊裝在滑軌上的水泥板，下面露出防空洞的臺階。我看了他一眼，跳了下去。裡面又潮又冷，黑得什麼也看不見。嚓嚓，他劃亮打火機。我們順著臺階走下去，推開一扇虛掩的鐵門，濕漉漉的拱頂沿著跳動的火光向前伸展著。靜極了，什麼地方在滴水。

我們拐進一間小屋，他摸索著，點亮一盞放在舊木桌上的煤油燈。這時我發現，牆角鋪著草墊子的床上，坐著個年齡很難判斷的女人，她雙手支在身後，野貓般的眼睛閃閃發光。

"去哪兒啦？"她問。

"小四？"白華抓抓頭皮。"誰讓你進來的？"

"你又喝多了，老爹，來呀。"她伸出胳膊。

"滾，滾蛋。"白華惡狠狠地說。

"我不走，這是我的窩！"

白華從腰間拔出匕首，一步步逼過去。我衝過去攔住他。"你怎麼不害臊？"

小四這時才看見我，她慢慢站起來。"噢，我說吃什麼藥了呢，又找到換班的了。哈，哈。"她怪聲笑著。白華推開我，撲過去。小四一閃身溜到門口，"瞅瞅，小臉多嫩呀，啊？哈，哈……"神經質的狂笑變成轟響，漸漸消失了。

白華朝桌子走過去，他的影子越來越大，在牆壁和屋頂上晃動，砰的一聲，他把匕首插在桌上，慢吞吞地坐下，雙手抱住頭。

"這就是你歌唱的自由和快活嗎？"我問。

白華擂了下桌子。"少說兩句吧。"

"回答我的問題。"

"好吧，我歌唱我沒有的，誰都是這樣！"他從桌底下摸出一瓶白酒，在桌角磕掉瓶蓋，給自己斟了一杯。

“白華，不能再喝了。”我走到他對面，說。

“陪我喝一杯吧。”他又斟了一杯，推到我面前。他的眼眶裡漸漸噙滿了淚水，然後深深地歎了口氣。“你是個好人，蕭凌，我不會傷你的，我只巴不得天天看著你，聽你說話，誰要碰你，瞧，就這樣──”

他猛地拔起匕首，朝自己的手心就是一刀。血湧出來，滴進酒杯裡。他又捅了一刀，杯子裡的酒變紅了。我一把攥住他的腕子，奪過刀子。“你瘋了！”

“沒啥關係。”他懶懶地一笑。‧“我們這兒的血不值錢，天地良心。”

“少廢話，按住這兒，把手抬起來，按住！聽見沒有？有繃帶和藥嗎？”

“在箱子上，真正的刀傷藥。”

包紮完畢，我長長地舒了口氣，坐下來。“你經常這樣嗎？”

他搖搖頭。“哎，沒啥，老一套。”

“你倒說實話。”

燈花飛爆，劃出一道道美麗的弧線，隨即化成一縷縷青煙。

“白華，你見過星星嗎？”我問。

“那還用說。”

“你想到過沒有？它既是舊的又是新的，在我們這裡只看到昨天的光輝，而在它哪裡正在發出新的光輝……”

“那咋啦？”

“我們只是在接受一種既成事實，卻不去想想這些和我們的生活融為一體的東西是否還有些價值？”

“價值？也就是錢嘍，那算不了啥。”

“我突然覺得，人是這樣可悲……”

“可悲。”他贊同地點點頭。

他明白我的意思嗎？不過明白也好，不明白也好，都和他無關，這純粹是我自己的內心狀態。一種情緒，一種由微小的觸動所引起的無止境的崩潰。這崩潰卻不同於往常，異樣地寧靜，寧靜得有點悲哀，彷彿一座大山由於地下河的流動而慢慢地陷落……寂靜發出嗡嗡的聲響。起初是遙遠的，輕柔的，漸漸變成刺耳的喧囂，彷彿這間小屋再也容納不下了。

他舉起杯子。"來，乾一杯吧，我的頭都要炸了。"

杯子在空中閃爍。星星。居然會有這樣的感覺，那它們一定是無所不在的。即使在那些星光不可能到達的地方，也會有別的光芒。而一切就是靠這些光芒連接起來的。昨天和明天，生與死，善與惡……

"好吧，我不喝了。"他垂下頭，說。

我舉起酒杯。"來，乾杯。"

（白華）

我做了個夢，夢見星星。

"醒醒，老爹。"有人推我，原來是蠻子。

"啥事？"

"一點二十的車快到了，老爹。"

我掏出懷錶，在錶蒙上彈了彈。"慌個啥，還有一個鐘頭呢。"一陣火辣辣的疼痛，我不由得咧咧嘴，瞅了眼纏著繃帶的左手。我走到水桶前，用右手朝臉上撩了點涼水，抹了一把。然後朝她剛才坐過的那把椅子瞥了一眼。"走，帶上傢伙。"

大街上冷落得很，一隻老貓在垃圾堆上叫著。我抬著頭，星星，忽閃忽閃。唔，這些寶貝疙瘩，不就是這麼個樣嗎？

"老爹，你在瞅啥？"蠻子也抬起頭來。

"你見過星星嗎？"

"咳，這不就是？"

"它們又是舊的又是新的，懂嗎？"

蠻子愣磕磕地盯著我。"不懂。"

"人是可悲的……" 我說。

"對、對，而且可恨。" 蠻子點點頭，表示他這回聽懂了。"呵，老爹，又長學問了。" 到了西站，我倆順著圍牆的陰影走著。前面不遠，有人正低聲說話。

"我們就要五塊，一點也不多。" 一個女孩尖聲細氣地說。

"這可是老價錢呀。" 有點像蘭子的啞嗓。

"三塊，夠你們吃幾天了嘛。" 一個操東北腔的老混蛋說。

我朝蠻子遞眼色，走過去。牆根下，蘭子和另一個不過十三四歲的姐們靠在牆上，正跟兩個四十來歲的傢伙講價錢。

"說不行就是不行，我們的錢也不是白來的。" 其中那個大下巴的混蛋說著，忽然瞅見我們，用胳膊肘碰碰另一個，轉身想溜。

"站住！" 我低聲喝道；蠻子抄到他們背後。

"有什麼事？" 大下巴故作鎮靜地舔舔嘴唇。

"把價錢說定了再走。"

"什麼價錢？我不懂。"

"少你媽的裝蒜！" 我說，"每個拿十塊錢。"

"幹嗎？" 大下巴不服氣地哼了一聲。"這不是砸明火嗎？"

"砸的就是你！" 蠻子拔出刀子，頂住大下巴的腰眼，大下巴哆嗦了一下。

"大兄弟，抬抬手讓我們過去吧。" 另一個在苦苦哀求。"初來乍到的，不懂這兒的規矩。"

"這兒規矩很簡單，" 我說，"不拿錢的就把命留這兒。"

"我們拿，拿。" 那個傢伙哆哆嗦嗦地摸出兩張十塊錢的鈔票，遞給我。

"滾吧。" 待他們走遠後，我望著蘭子她們那煞白的小臉，把錢遞過去。"拿著吧。"

"老爹，"蘭子苦笑著，"這兩天不順哪。"

"蠻子，你身上還有多少？"我問。

"六十。"

"分給她們三十。"

蠻子不樂意地掏出錢，遞給蘭子。

"謝謝啦，老爹。"

我們翻過牆，繞過一垛垛貨物，溜到調度室，見四周沒人，推開了門。老孟正晃著雞腦袋，哼著小調。他緊張地走到門口看了看。"沒人看見？"

"放心吧。"蠻子拍了拍他的肩膀。"這回給備了點兒啥貨？"

"都是稱心的。"他看了看錶。"再過二十分鐘進站，進第三軌，停車十分鐘。上等貨掛在第三節，不過要小心，有押車的……"他的喉頭上下滾著，像顆咽不下去的大棗。

"這是菸錢，"我遞給他幾張鈔票，"酒錢下回送來。"

"沒的說，算老爹看得起我。"

我們悄悄地穿過鐵軌，在一個水泥垛的陰影裡蹲下。蛐蛐在草叢裡吱吱地叫個不停。

遠處嗚的一聲，鐵軌頗著，錚錚直響。媽的，火車進站了。

四

（白華）

大玻璃窗裡照出了各路貨色：吊燈、桌布、酒瓶、吉他、頭巾、軍裝，外加一個挺水靈的鮮花籃子。怪事，這大冷天裡打哪兒弄的鮮花？那位媛媛正忙進忙出。她還認識我嗎？聽楊訊說，今兒是她生日。老天爺，我是啥時候落地的？蕭淩獨個兒坐在牆角，離那幫崽子們遠遠的。不行，楊訊總在色迷迷地瞅她，得跟他把話說在頭裡。

我往窗前湊了湊，景兒全換了：圓圓的月亮；一棵柏樹戳在月光下，像個半死不活的老白毛。星星呢，一顆也沒有。

「安靜點，誰先唱一個，」有人扯著嗓子叫喊。「吉他、吉他……」

吉他崩崩地響起來，有人跟著嚎叫，還他媽的跺地板，可真夠喝一壺的。真見鬼，我幹嗎受這份不花錢的洋罪？

我後退了一步，月亮和老白毛全飛走了，她還是坐在那兒，動也不動。黑黑的眼睛，紅紅的嘴巴，臉煞白煞白，白得像張紙。一股酸溜溜的東西鑽了上來。哎，那是十年前的事兒了……

初冬的早上，風停了，坑坑窪窪的路面被風舔得乾乾淨淨。我像往常那樣，踏著吱吱作響的冰碴子走進候車室，跟掃地的賈老頭打過招呼，就到椅子後面去取那根戳煙屁的棍子。一個瘦瘦的小女孩靠在哪裡，裹著件綻出棉花的破大衣，看樣子不過十一二歲。她朝我笑了笑，我也咧咧嘴，取出棍子走開了。

晚上，我照例溜進候車室，爐火呼呼直響，照在七倒八歪的人身上。忽然，我一愣：她照舊靠在那張椅子後面，有氣無力地朝我笑著。

「沒走？」我問。

她搖搖頭。

「就你一個人？」我又問。

她點點頭，又笑了笑。

「我問你話呢，傻笑個啥？是啞巴？」我有點生氣了。

「俺不是啞巴。」她咬著字輕輕說。

「那你幹嗎不吭聲？」

她瞅了我好一陣，用舌尖舔舔乾裂的嘴唇。「水，俺想喝水。」

我端來一碗熱騰騰的開水。她雙手抱著碗，牙齒碰在碗口上噠噠地響。我摸了摸她的腦門,吃了一驚。"哎呀,咋這燙,你在發燒哩。"

大顆大顆的淚珠子滾進碗裡。

"咋回事?你說呀。"

她抽抽答答地邊哭邊說: "後娘,帶俺來看病……坐火車到這兒。大夫說,好不了,還得白花好幾百……後娘,她,她就把俺帶到這兒,說是給俺買好吃的,就沒,沒影兒了……"

"這個老混蛋!"我把牙咬得咯崩響。"瞧我非揍扁她!"

她不哭了,眨眨眼。"她,她不老。"

"不老也一個樣。"

"她可胖哩,你揍不扁她。"

"那我用磚頭把她砸扁,你信不?"

"信。"她笑了,腮幫上現出圓圓的酒窩。

第二天一早,我跟小夥伴湊了點錢,給她捎回些藥和吃的。我用開水把饅頭泡軟了,一點點餵她。她很聽話。每天晚上,我都給她講故事,她總在問: "後來呢?後來呢?"

有一回,她梳著小辮對我說: "俺有個哥哥,可好哩。"

"那又咋樣?"

"他像你,真的。"

我一把攥住她的小手。"我就是你哥哥,聽見嗎?"

她愣了半晌,羞答答地垂下眼皮。"哥哥。"

幾天過去了,她的病竟好轉起來。我找來個"大夫"看了看。他跟我走出候車室,把遞給他的錢搓成卷,塞在帽子裡,想了好一陣,然後歎了口氣。"藥太貴了,老弟,得這個整數。"

"你開吧,我買得起,買得起!"

我在冷風裡轉了很久,走呀,走呀,嘴唇咬出血來。為了她,我啥都肯幹,哪怕是死!

夜深了,我回到候車室,她睜著眼在等我。"哥哥,回來這麼晚？”

“嗯，有點兒事。”

“你在發抖……”

“外邊冷。”

“來，坐過來，讓俺暖暖你。”爐火照在她的小臉上。她緊緊摟住我，可我顫得更厲害了。“還冷嗎？”

“不，不冷了。”

“等病一好，俺給你唱支歌。俺們山裡人都喜歡聽俺唱，連家裡那頭牛犢子也眨巴著眼，聽個沒夠……”

我忍不住哭起來。

“咋啦？哥哥。”她慌了，用小手梳平我那蓬亂的頭髮，淚珠子也撲簌簌滾下來……

一清早，我悄悄坐起來，拿開她搭在我肩上的一雙熱呼呼的小手，愣愣地瞅了她半晌。直到她的眼皮動了動，我才溜開了。

開頭挺順，可我心裡頭一個勁地嚷：多點兒，再多點兒，她會唱支好聽的歌……突然，在公共汽車上，一個肥頭大耳的傢伙擰住我的耳朵，把我揉進派出所。一個歪戴帽子的瘦乾狼轉著串鑰匙，用指頭戳了戳我的腦袋瓜兒。“關五天，算便宜了你！”

我瘋了似的抓住他的衣角，苦苦哀求。“叔叔，您昨罰法兒都行，打我吧，打斷這只胳膊吧，只要我能走。別關我，叔叔，啊？別，別，我還有個生病的妹妹，她快死了……”

“快死了？”他哼一聲。“呸，像你這樣的小叫化子，死一個少一個！”

卡察一聲，牢門鎖上了。我撲過去，用頭撞著門，指甲抓得滿牆是血，我昏了過去。

五天過去了。我在馬路上發瘋似的跑著，吃驚的人們讓開一條路。我撞開候車室的門，衝到那個角落，哪裡空蕩蕩的。“我妹妹在哪兒？她在哪兒？”我朝圍過來的人大喊大叫，誰也沒吭聲。賈老頭拖著掃帚順牆根溜走了。

在牆上,在她靠過的地方,有指甲刻下的大大小小幾十句話:"哥哥,我想你!哥哥,回來吧……"

(林嬡嬡)

總算唱完了,唱得讓人心煩意亂。我在圍裙上擦擦手,繞過桌子,走到小訊身邊。他站在書櫃前,正翻看著一本書。

"有事嗎,嬡嬡?"小訊抬頭問。

"她是誰?"嗓子直冒煙,我費勁地咽了口唾沫。

他翻著書,似乎他的答案寫在那上面。過了一會兒。他說:"她叫蕭淩。"

"女朋友?"

從玻璃的影子中,我看見他露出一絲很難察覺的微笑。"就算是吧,不歡迎嗎?"

"歡迎!"我狠狠瞪了他一眼,扭頭走開。

廚房裡,姑娘們嘰嘰喳喳地說笑著,一股嗆人的油煙在天花板上飄,我走到碗櫃前,隨手拿起一個空盤子,用抹布擦著。盤子中心印著朵紅豔豔的山茶花。原來是這樣,日日夜夜的煩躁和噩夢終於有了答案:我愛他;可他呢?又不是木頭。別哭,今天是我的生日,我十八了。我朝頭上那塊烏濛濛的鏡子瞅了一眼。哼,我醜,又怎麼樣?她好她的唄,幹嗎把她帶到這兒來?回答呀,哼,別假惺惺地笑了。山茶花模糊了,像攤血。破花,都是假的。我恨你,恨所有的人,要是我有顆原子彈的話,我一定把它拉響,讓一切都化成灰燼。呸,破花……

發發把頭湊過來。"芙蓉雞片要不要放糖?"

"不知道!"我沒好氣地把臉扭開了。

"又怎麼啦?"她扳住我的肩膀。

"胡椒麵迷眼了。"

"得了,連假話都不會說,告訴我 —— "她奪過盤子,盯著我的眼睛，"噢，原來是這麼回事，可你老不認賬。說吧，打算怎麼辦？想報復嗎？"

報復！報復，報復？我用不同的聲調默念著。可怎麼報復？又憑什麼呢？"發發，你少說兩句吧。"

"行，以後再談。今天是吉慶日子，高興點，想件高興的事，你就會好些。馬上開飯了，咱們去瞅瞅……"

我環視著一張張臉，顯得遙遠而陌生。怎麼，他們是來慶賀我生日的嗎？可我和他們又有什麼關係？我十八了，真讓人難相信，好像一張幻燈片插錯了，嘩啦一聲，推到你面前。在這以前是什麼？以後呢，又是什麼？哎，活著真無聊……

發發用勺子敲了敲盤子，"安靜點兒，同志們，把菸捏掉，這屋裡另一半人口還想活下去。"

笑聲。可笑嗎？

"林嬡嬡剛才中了點煤氣，有點不舒服。"發發舉起小勺。"現在由我宣佈……"

碰杯和哄笑聲。大家都很高興，唯獨我。好啦，你們高興吧，笑吧，把我忘掉好了，可就是別掛什麼假招牌。

我的目光又落在那個樣子很兇的傢伙身上，我哆嗦了一下。他是誰？好像在哪見過。看看他喝酒都嚇人，像喝水一樣。

那兩口子嘀咕著什麼，他們意識到我的注意，用喝酒來掩飾慌張。何必呢？這又不是教堂，你們親嘴都行！

安靜點兒吧，嬡嬡，也許生活就是這樣，它並不是光為你準備的。

（楊訊）

"蕭凌，你不舒服？"

"說實話，我不該來。"

"喝酒吧，嬡嬡在注意咱們。"

"她多大了？"

"十八，比你小五歲。"

"我比她大一百歲。"

"爲什麼不更多？"

"這是極限，一個世紀只有一百年。哼，偉大的二十世紀，瘋狂、混亂，毫無理性的世紀，沒有信仰的世紀……"

"咱們都信仰過。"

"那些碎片，還在後面叮噹作響。也許是前進了，可是路呢？"

"幹嗎非要有路呢，如果廣闊的田野能容納人類，爲什麼要擠在一條狹窄的路上呢？"

"田野。而我想的是地平線以外的地方……"

"那地方是不存在的。"

"不，當你想到的時候，它就存在了。"

"你是在躲避什麼。"

"也許呢，我在躲避歡樂，躲避美好，躲避光明……"

"喝得慢點兒，蕭淩，這樣容易醉。"

"我也躲避清醒，因爲這個世界太清晰了，清晰得讓人噁心，我希望能蒙上自己的眼睛，哪怕一會兒也好！"

"這不是辦法。"

"我希望那些有辦法的人也有一點兒良心，他們活在世上有的是辦法，辦法，辦法……"

"少喝點兒。"

"楊訊，你注意過街上拾爛紙的老太太嗎，其實，她們死了，早就死了，只剩下一個軀殼，這個軀殼和原來的人沒有任何關係，它僅僅爲了自身的存在保留著某種簡單的習慣而已。這就是我目前的狀態。"

"不，你會思想。"

"那也是一種簡單的習慣，正像我還會喝酒一樣。"

“你看白華……”

“為什麼把話岔開？不中聽？不合這裡高雅的氣氛？嗯？”

“蕭凌，我們都有這樣的時候，一切都會過去的。”

“不會過去，永遠不會，你用不著安慰我。”

“你說吧，我不阻攔你。”

“我不想說了。”

吉他奏出強刺激的和絃。吊燈開始慢慢地旋轉；牆上的人影層層疊疊，搖搖擺擺，似乎這些影子代表了舞臺腳燈後面的遠景，為了強調虛幻的部分而設置的。

我站在窗前抽菸，白華走了過來。

“有菸嗎？”他問。

我遞給他一支。他點著火，默默地抽著。眼睛盯著慢慢加長的白色菸灰，久久沒做聲，終於，菸灰掉了，他抬起頭望著我，一隻眼睛瞇得細些。“你，你喜歡她？”

“誰？”

“還用我提名道姓？”他那只眼睛瞇得更細了，幾乎閉在一起。“幹啥不吭聲？”

這一瞬間，我在他瞇起的眼睛裡看到了那天在酒館看到的一切：混濁、殘忍和渴血的願望。這反倒使我冷靜下來。“我喜歡她。”

“你們這號人可別拿人耍著玩。”他從牙縫裡絲絲地擠著字眼。

“這話該對你自己說。”

“行啊。”他怔了一下，舒了口氣，我從他嘴邊徐徐散開的煙縷中感到，他是多麼緊張。“咱們把話說頭裡，誰也別擋誰的道！”

“……我認識這麼個人，”發發坐在桌子上抽煙，周圍站著幾個小夥子。"別瞧我爹正在抓他。可我們還是照常來往⋯⋯"

"他家住在哪兒?"一個毛頭小夥子說。

"咳,他是個沒爹沒媽的狗崽子,哪來的家呀?"

"他叫什麼名字?"

"白華⋯⋯"

我擔心地看了看白華,他臉上毫無表情。他吸盡最後一口菸,把菸頭慢慢撕碎,扔在地上,用鞋尖擰了一下,然後推開我阻擋的手,向人群走去。大家的目光漸漸聚到他身上,屋裡安靜下來。發發也收住話題,莫名其妙地環視著周圍。這時,白華走到她面前。

"找我?"發發從桌子上滑下來,問。

"對,找你。"

"什麼事?"

"咱想結婚,跟你,同意不?"

發發後退了一步。把椅子碰倒。一片死寂。"你,你是誰?"

"咋不認識啦?你剛才提到的那個狗崽子呀。"白華用手托著發發那微微抖動的下巴。"回家跟你老爹商量商量,給了回話,嗯?"白華放下手,懶洋洋地掃了四周一眼,走出門去。

頓時,屋裡亂作一團。發發哭得渾身亂顫。有人叫著要去追,有人提議給公安局打電話,可誰也沒敢走出屋子。嫒嫒氣沖沖地走到我面前。"哼,都是你幹的好事!"

人們散去,屋裡只剩下我和蕭淩,她依舊坐在老地方,手托著腮,凝視著牆上的掛鐘。

"你在想什麼?"我問。

她搖搖頭,然後走到屋角的一架舊鋼琴旁,揭開落滿灰塵的方格布罩,在琴凳上坐下來,動作之慢,像個久病不癒的老人。

一個清晰有力的和絃打破寂靜,屋裡的玻璃震顫起來,熱切地應和著。接著,急促的琶音像溪水般地流過⋯⋯她停下來,轉身請求說：“把燈關上一會兒，好嗎？”

　　她彈起貝多芬的《月光奏鳴曲》。月光從窗外流進來，落在她那蒼白的臉頰和脖頸上。月下的海灘。浪花輕擊著岩石，吐出金色和紅色的泡沫。號角在遠方吹響……轟的一聲，像雷電劃過：她趴在鍵盤上，肩膀微微抽動。

　　“蕭凌 ── ”我走到她面前。

　　她彷彿剛從夢中醒來，慢慢直起腰，甩了甩頭髮，凝神地看著我，眼眶裡含著淚水。月光下，一種深沉的熱情在她那冷冰冰的臉上復蘇了。

　　（肖凌）

　　“不管怎麼說，誰反工作組就是反黨！”

　　“光扣帽子有什麼用？工作組明明在壓制群眾，有什麼權利代表黨？”

　　“反正，那，那……”她支吾著，漂亮的臉漲紅了。“你，你什麼出身？”

　　陽光在紅紅綠綠的大字報上閃爍，十分刺眼，我痛苦地瞇起眼睛。“高知。”

　　“哼，混蛋，狗崽子，別有用心！”她狠狠地打了我一個耳光，漂亮的臉扭歪了，她吃驚地看了看自己發紅的手心。

　　砸門聲。

　　“罐呀？”媽媽放下噴壺，在圍裙上擦擦手。紫羅蘭葉簇上滾下一顆亮晶晶的水珠。

　　門打開了，擁進十幾個人。為首的是個長著娃娃臉的男孩子。他用手背擦擦沁著汗珠的鼻子。“喂，站好，別亂動……開始吧。”

　　“為什麼抄我們家？”媽媽驚恐地問。

　　娃娃臉隨手揮了下皮帶，紫羅蘭花瓣紛紛落下。“就為這個！”

穿衣鏡被打碎了,一雙雙皮靴在碎玻璃上踏來踏去,吱吱作響。衣物和書籍拋得滿地皆是,有個傢伙走到鋼琴旁,用腳踢了踢。"美國貨,抬走,多來幾個人……"

"簡直是土匪!"媽媽喃喃說,雙手絞在一起,骨關節勒得發白。

娃娃臉轉過來,笑了笑。"說我們,嗯?"

我想阻止媽媽,可已經晚了。"就是你們,土匪!怎麼樣?"媽媽提高了聲調。

"不怎麼樣,"他收斂了笑容,揮揮手,"來人,教教她怎麼和紅衛兵說話。"

我朝媽媽撲去,可是被猛地推開。七八條皮帶向媽媽飛去。

"媽媽!"我掙扎著叫道。

皮帶呼嘯著,銅環在空中閃來閃去。突然,媽媽衝出重圍,向陽臺跑去,她敏捷地翻到欄桿外面。"反正一死,誰要過來,我就跳!"

一切都靜止了。天那麼藍,白雲紋絲不動,陽光撫摸著媽媽額角上的傷口。

"媽媽 —— "我大叫了一聲。

"淩淩 —— "媽媽的眼睛轉向我,聲音那麼平靜。媽媽。我。媽媽。眼睛。血珠。陽光。白雲。天空……

娃娃臉似乎清醒過來,他用皮帶捅捅帽簷,向前邁了一步。"跳呀,跳呀!"

我撲上去,跪在地上緊緊抱住他的腿,用苦苦哀求的目光望著他。他低下頭猶豫著,嘴唇微微張開,露出亮閃閃的牙齒。他咽了口唾沫,用力把我推開。

"媽媽 —— "

白雲和天空陡地翻轉過來。

我關上門,目光斜到一邊。"爸爸,把脖子上的牌子摘掉吧。”

“不行，人家會來檢查的。凌凌，這不累。”

暮色闖進屋裡，我和爸爸在昏暗中坐著。我感到了他那凝神的目光。“別這樣看我。我難受。”

“就這一次，爸爸平時看你太少了。”他忽然問：“凌凌，要是爸爸也不在了，你怎麼辦？”

“你胡說些什麼呀！”我憤憤地打斷他的話。

夜裡，我驚醒了，躡手躡腳地走到爸爸的房間門口。月光下，床空空的。桌上壓著的一張紙條，在風中瑟瑟作響。“凌凌，我的孩子：太恥辱了，我無法再活下去，原諒我的軟弱吧。別找我，我不願意讓你看見我死去的樣子……今天晚上，我看著你，我的心都要碎了，你還小，將來該怎了，凌凌！”

一盞盞孤獨的路燈。楊樹的落葉在腳下颯颯作響。我站住了，把手搭在冰冷的石欄桿上，河水衝擊著橋洞，在水銀燈光下迴旋，吐出一串串泡沫。它的聲音安詳、平和，又充滿了威嚴而不可抗辯的力量。這是和世界一樣古老的語言。

火車的汽笛在遠方長鳴了一聲。起風了，落葉飛揚著，被吹進幽深的河裡。我轉過身，沿著漆黑的公路走回去。

五

（林媛媛）

發發哼著一支曲子，獨自滑著舞步，在屋裡轉來轉去，皮鞋在地板上吱吱作響。她忽然停住問：“那傢伙沒有再來過？”

“來過了，前天下午。瞧，就從這個窗戶跳進來的。”沒想到，我的謊話來得這麼順溜。

“怎麼的？”

“問起你。”我抿嘴忍住笑，從衣架上拉下件晾乾的襯衣，攤在床上疊起來。

“怎麼的？”

“問你的地址。

“怎麼的？”

“什麼怎麼的。” 發發的臉都綠啦，準是。“當然是不知道了。” 我直起腰，說，

她徐徐吐了口氣，活像條在水底憋了半輩子的魚，好不容易浮到水面上。“沒怎麼樣你？”

“什麼？”

“我是說，跟這路人睡一覺也不賴。” 她把雙手按在胯骨上，做了個放蕩的姿勢。

我氣得渾身直顫。“發發，你，你不要臉！”

“幹嗎這麼凶，剛吃了死孩子肉？”

這時候，爸爸推門進來，發發悄悄溜掉了。我把疊好的衣服狠狠摔在床上。這一切太沒意思了，這就是生活和朋友嗎？這就是我嗎？真煩死了，窗戶關得嚴嚴的，暖氣燒得絲絲響……我總覺得，有什麼東西就躲在窗外，只要一推開窗，就會呼呼湧進來，可那又是什麼呢？

爸爸沉甸甸的大手放在我肩上。“嫒嫒，該工作了，人閑著就要出毛病……”

“你閑了那麼多年，也沒出毛病。” 我頂了他一句。

“你怎麼知道沒有？”爸爸說。“好了，看這天氣多好，去烈士陵園走走，怎麼樣？”

上課嗎？穆老師的大冬瓜臉：“這是紀念革命先烈的地方……向右看齊！”敲隊鼓。朗誦詩。獻花圈……隨便吧，我們生來就是為了聽話的。

馬達輕輕哼唱著。我坐在前排座位上，斜眼盯著吳胖子的兩隻毛茸茸的大手在方向盤上滑來滑去。車開得真快，行人紛紛閃

開。換了我，我才不躲呢，看誰敢撞！人坐在車裡，想的就不一樣了，只求穩當點，快點。

“停車，”爸爸拍了拍吳胖子的肩膀。汽車嘎地剎住，他探出頭。“去哪兒，小訊？”

“隨便走走。”

“上車吧，”爸爸的頭髮被風吹得直打轉。“一起去烈士陵園走走，難得的好天氣。”

楊訊抬起手，腕子上的手錶在陽光下閃閃發亮。有約會嗎？哼，別耽誤了！

後車門砰地帶上“嬡嬡變成啞巴了？”

我扭頭瞪了他一眼。“你才是啞巴呢！”

“這孩子！”爸爸責備說。

馬達又哼唱起來。筆直的白線鑽進軸轆底下，好像都繞在車軸上。頭上的小鏡噠噠直響，裡面映出爸爸的眼睛，那麼衰老而疲倦，就像一輩子沒睡覺……窗外的側視鏡裡映出另一雙眼睛，我不禁哆嗦了一下，一股涼氣順著脊樑爬上來。這是怎麼啦？可我什麼也沒看見呀，沒有，除了兩雙眼睛……白線。白線。白線。

初冬的陽光暖洋洋的。幾個拾柴的鄉下孩子聚到車旁，一邊比劃，一邊嘻嘻笑著；穿光板羊皮襖的老頭靠在不遠的長椅上養神，手伸進油亮的領口搔著癢；一對情人穿過廣場，朝小松樹林走去。

“嬡嬡 — ，嬡嬡到這邊來 — ”有人齊聲喊道。噢，原來是市委大院的夥計們，他們穿得花裡胡哨，挎著相機，站在紀念碑的臺階上朝我招手，姑娘們揚起了花頭巾。“去吧，”爸爸說。“等等，一塊去看看。”

我們一上臺階，大夥圍了過來，“林伯伯好！”

“喂，你們這是在辦時裝展覽？”爸爸說。

“您反對嗎？”徐猴鑽到前面說，今天他穿了件黑色皮夾克和一條棕紅色的細腿褲。

“至少我不想說贊成。”

“服裝就應該有個性，誰想穿什麼就穿什麼……”徐猴說完扮了個怪樣。

爸爸拍了拍他的肩膀。“讓我來看看你的個性。聽命令：蹲下！怎麼樣，看你打起仗來怎麼辦？”

“這和打仗有什麼關係？”快嘴的王胖兒插了一句。“我們討厭戰爭！”

“敵人來了，你怎麼辦？”

“我？”王胖兒掰起手指頭，“第一，那是沒影的事……”

“第二呢？”

“真要是來了，我們也不是膽小鬼。我就是不明白，這和穿一兩件漂亮衣服有什麼關係？”

爸爸笑了。“我不反對漂亮，但應該注意美觀大方。”

徐猴又把頭探過來。“要是對美觀的看法不同呢？您就乾脆下道命令吧：換上標準藍制服一套……”

“其實我們今天有意打扮一下，就是因為都覺得自己太老了。”王胖兒歎了口氣。

“林伯伯，你們青年時代怎麼度過的？”

爸爸臉色一沉，轉身望著紀念碑。“你問它吧，它下面躺著一千一百……”

“五十七位烈士，這我三歲的時候就知道。我就不信整天衝啊殺的，都是人唄，再說沒有戀愛也不會有我們呀！”

大夥都笑了。

“好厲害的姑娘。”爸爸說。

“依我看，你們那會兒要比我們輕鬆些，一切都明擺著，用不著含糊。可我們，要麼乾脆沒出路，要麼所有的出路都讓你們安排好了，活著還有什麼勁兒。嬡嬡，你說呢？”

我暗暗地眨了下眼。

"別誇大我們的作用，成不成氣候，還要靠自己。你叫什麼？好，王胖兒同志，以後再聊聊。你留下玩吧，嫒嫒，我和小訊去走走。"

我感到空虛極了，和大夥閒扯了幾句，就溜到紀念碑後面的陰影裡。從這兒看天空，顯得更藍了。幾隻烏鴉嘎嘎飛過。這些醜八怪還挺樂，聽說有的國家把它們還封成神鳥呢。看來連烏鴉的命也不一樣，可叫起來都差不離：嘎嘎、嘎嘎……

他們倆的身影消失在密林裡。

（林東平）

我們沿著林間小路，向山崗走去。枯葉覆蓋著路面，在腳下淅颯作響。微風掠過，疏疏朗朗的灰色枝條微微擺動。

很久沒來了。這個陵園建於五五年，是我簽字批準的。當時的市委書記老韓恐怕萬萬沒想到，他自己會成為第一千一百五十八名。和他前後死於非命的，還有本市幾百名教師和幹部。他們的名字應該刻在紀念碑上，讓孩子們記住他們，記住這一段歷史。在這長長的死者名單裡，其中就有嫒嫒的母親。她作為省委工作組的成員被派到這兒，僅一個月之後就死了，死在批鬥大會上，據說是由於心臟病復發。我對不起她，多年的感情不和加重了她心臟的負擔，尤其當她知道我和若虹的事情之後。然而，世界上卻沒有一個感情的法庭，除了良心。可如今良心的種類太多了，對我來說，只有一個，而絕不是兩個。我的良心又何在呢？"……都是人唄，再說沒有戀愛也不會有我們呀！"王胖兒那細溜溜的眼睛似乎看透了我的心事，好厲害的姑娘。是啊，都是人。人，有自己的歷史，有自己歡樂和痛苦的秘密。別人是不可能知道的，除了那個和你共同建立秘密的人。小訊為什麼不愛說話？一點不像她媽媽。組織上分配若虹協助我工作的那天晚上，我們聊了幾乎一個通宵。由於怕引起外人的注意，屋裡沒點燈，月光順著天窗瀉進來，照亮了她坐的那張老式鐵床架上的銅球。最後她累了，倚在銅球上睡著了。我給她蓋上毯子，去貯藏室拍發了最後一份電報……

白楊樹擦身而過，這一個個白色的紀念碑。應該爲我們不幸的愛情樹一個紀念碑，告訴孩子們：我們是爲你們的幸福犧牲了一切。果真如此嗎？事實往往被誇大了。我們至少留下了愛情的果實，留下了持久的回憶。

小訊走到前面去了。幾隻烏鴉聒噪著，翅膀擦著樹梢飛過。該死的傢伙！人們珍惜的一切你們竟毫無顧忌，甚至以破壞爲滿足。幸好世界如此之大，大得可以容納一切。容納是什麼意思？也就是並存了？可是像我和王德發這樣的傢伙能夠並存嗎？他活得那麼有信心，根本不把我放在眼裡，所以說起話來才如此放肆。剛才在辦公室的一幕……

"……金銀河工程的協作問題，基本情況就是這樣。"王德發合上筆記本，探探身子，從桌子對面推過一盒劣等紙菸。

"不，剛招掉。"

"另外我有這麼個想法，"他摸摸發青的下巴，沉吟了片刻。"新的年度就要開始了，咱們的供應情況一直成問題，能不能改革一下？我算了筆賬，如果每月每人的油、糖、肉和雞蛋都壓縮到最低限度，靠上周圍幾個縣就能自給，用不著到處求爺爺告奶奶了……"

"最低限度？"

"別急，有科學根據。上回我到省裡開會，請教了一位醫學權威，你瞧瞧他那把大鬍子吧。"王德發興奮起來，他從口袋裡摸出張紙。"報告我都打好了，咱們搞出點名堂來，說不定全國都要向咱們學習呢……"

我戴上花鏡，看著那份報告。"白糖二兩？"

"人體可以從糧食和高澱粉的瓜菜中得到糖分，科學嘛！"

"唔，是個好主意。"我摘下花鏡，揉揉眼睛。"農民怎麼辦？剛趕上水災，拿什麼上繳？"

"咳，俗話說，沒有享不了的福，也沒有受不了的罪。我就是鄉下長大的，比你更瞭解他們。你們這些喝墨水的人，愛感情用事。五八年怎麼樣？那可是你們辦的好事。我那年冬天正趕上從部隊回家探親，餓死的人就沒個數，不是也過來了嘛。"他用指甲剔了剔袖口上的一塊油斑。"勒緊點兒褲腰帶，問題就解決了。"

"勒緊誰的，包括你和我嗎？"我問。

他若有所悟地笑了。"老林呀，你怎麼越活越糊塗了，咱們還能算了數？放心吧。"

我把雙手在桌上攤開，又慢慢捏攏。

"老林，簽個字吧。"他說。

我戴上花鏡，又看了遍報告，然後從花鏡的上端瞥了一眼他那只夾著香菸的手。這隻手會幹什麼？拍桌子，打電話，甚至會掐住喉嚨不放……怎麼，害怕了？就因為他有實權，有上線？我是個聰明人，犯不著為這麼點小事毀了自己，我還可以為人民多作貢獻……撒謊！在這張紙的後面，有多少雙眼睛在盯著你，盯著你的一舉一動，盯著你的良心，可你還在大言不慚地談論人民和貢獻。可恥！

"我不簽。"我摘掉花鏡，推開報告說。

王德發用指關節在桌上敲了敲。"老林，你我都是過來的人了……我也是沒法子，可這是上面的意思。"

"那為什麼不下道命令？"

他微微一笑，"這你還不懂？自下而上嘛，這是從你們扛槍桿打遊擊時留下的光榮傳統。"

"既然如此，就應該拿到黨委會上討論一下，聽聽大家的意見。"

　　笑容從他鼻翼上一束細細的皺紋中消失了，他毫無表情地望著我。"好吧。"他說。

　　山崗上聳立著幾棵高高的白楊。陽光照在筆直的軀幹上，在周圍灰色調子的反襯下，顯得異常潔淨、挺拔。風把枯葉刮進低窪的地方。我在一塊風化石上坐下，大口吸著菸，咀嚼著落進嘴裡的苦味的菸絲。在這小路、落葉和白楊織成的寂靜的網中，一縷淡淡的哀愁擴散開來，被風帶到漫山遍野。

　　小訊走到白楊樹旁，向遠處眺望。

　　（楊訊）

　　那邊是城市和她。她在哪兒？一抹薄霧覆蓋著隱約可見的街道和屋頂，千百扇窗戶在夕陽下燃燒，閃著奇異的光。

　　我轉過身，林伯伯正凝視著我，他的目光中含著一種老年人的孤寂。

　　"這兒真美。"我說。

　　他點點頭。

　　"要不是落葉，簡直看不出是冬天。"

　　"季節的更換總是這樣，悄悄的。"風從他的嘴邊吹走一縷縷煙。"你看那片雲，說不定馬上要下雪了。"

　　我看看表。"該走了，我還有點事。"

　　"什麼事？"

　　"看場電影。"

　　"約會？"

　　我笑了笑，沒有回答。

　　"同學，還是本地姑娘？"

　　"都不是。"

　　"哦，"他沉默了一會兒，做個手勢，"去吧，代問個好，我再坐一會兒。"

　　雪花打著旋，漫天飛舞。夜褪色了。我們倆站在電影院的臺階上，看黑色的人流漂浮著一塊塊鮮豔的頭巾，沿著我們分開又合攏，漸漸消失在白茫茫的飛雪中。

「真奇怪，除了咱們，怎麼還有這麼多人能忍受這種電影，一直到結束？」蕭凌說。

「就像忍受生活一樣，沒什麼難的。」我說。

「可畢竟是藝術啊。」她從口袋裡取出塊紅紗巾，繫在頭上。「我總在想，這些製片廠的人恐怕腦袋都出了毛病……」

「是國家機器出了毛病。」

「噓——」她把手指貼到嘴邊，四下看了看。「你縣大獄還沒蹲夠嗎？我是說，不要把所有的問題都推到上層去，即使發生一次改變又能改變多少呢？納粹執政期間，大多數德國知識份子都拒絕合作。關鍵是中國老一代知識份子從來沒有形成一個強有力的階層，他們總是屈從政治上的壓力，即使反抗，也是非常有限的。」

「咱們這代人呢？」

「我也說不準。不過，一代總得比一代強吧，真的，我說不準。」她搖搖頭。「換個話題吧。」

「這場雪下得挺突然。」我說。

蕭凌貪婪地吸了口冷空氣。「我和雪花簽定過合同，就是在人們意想不到的時候飄落。」

「在哪兒簽訂的？」我問。

「玻璃窗上，用呵氣和手指。」

「什麼時候？」

「四五歲。」

「那時候你這麼大。」我指了指走過的一個穿綠棉猴的小女孩。

「那時你這麼大。」她指指小女孩手裡拎著的一隻塑膠玩具狗。

我們都笑了。

"它們沒有撕毀過合同嗎？"我又問。

"只有一次。"

"哪次？"

"就是這次。今天，我想到要下雪了，我想到了。"她歎了口氣，雪花在她嘴邊消失。"大自然有這麼一種力量，能使我們與自己，與別人，與生活和解……"

人群散盡了。電影院門口的燈一盞盞熄滅，白雪覆蓋的大地明亮起來，像一面晦暗的鏡子。

"……我太累了，多想好好休息一下，有個歸宿，有個窩。"她悲哀地閉上眼睛。"能舐舐傷口，做個好夢。"

"歸宿。"我重複了一遍。

她點點頭。"是的，歸宿。"

"蕭淩。"我一把抓住她的手，說。

"嗯？"她低下頭，臉紅了。

"假如有人願意幫你分擔一切呢？"

"一切。"她喃喃低語。

"是的，一切，痛苦和孤獨，還有歡樂。"

"歡樂。"她像回聲似的應著。

"對，歡樂。"

她抽回了手。"傻瓜。"

我們隔著一排高高的白楊樹走著，雪在腳下吱吱作響。很長時間，我們誰也沒說話。

"背首詩吧，蕭淩。"我說。

她的神情有點心不在焉。過了好一陣，她才咬咬嘴唇，用低沉的聲調朗誦：

　　"天空是美好的，

　　　海水是寧靜的，

而我只看到，

黑暗和血泊。”

……

“你怎麼選了這麼首詩？”我問。

“是這首詩選中了我。”她咬住嘴唇，搖了搖頭。“我只配這種命，有什麼辦法？”

“你剛才還在提反抗。”

“那是另一回事。”她苦笑了一下。“我首先得反抗自己，可惜連這個能力也沒有。”

“照你這麼說，這代人就沒希望了？”

“幹嗎扯那麼遠？只能說是我沒希望了。”

“不，有希望，”我堅決地說，“我們有希望，只要活著就有希望！”

“我們是誰？”她在一棵樹幹前停住，把半邊臉貼在樹幹上，嫣然一笑。

“我和你。”

“哦。”她摘下沾滿雪花的頭巾，抖了抖，繫在樹幹上，讓手指在頭巾上滑來滑去。“誰給你說這種話的權利？”她急促地低聲問。

“我和你。”

她突然抬起近乎嚴峻的眼睛。“你瞭解我嗎？”

“瞭解。”

“憑什麼？就憑這麼幾次見面？”

“這是不能用時間來衡量的……”

“不，不，別說了，你會付出代價的。”她匆匆打斷我的話，從樹幹上解下頭巾。“時間不早了，走吧。”

雪停了。水銀燈光映在雪地上，閃著藍幽幽的光。她咬住嘴唇，直視前方，步子忽快忽慢，磕磕絆絆，不時踢起一股股雪塵。

在最後一棵白楊樹前,她停下來,默默望著我,目光中含著猶豫和哀傷。

"咱們分手吧。" 她說。

"什麼時候見面?"

"不見了," 她把目光轉向一邊, "永遠不……"

"別開玩笑。"

"我沒這個興致。"

"你怎麼啦,蕭凌?"

"別記恨我,別……" 她的嘴唇哆嗦了一下,陡地扭頭快步走開,漸漸消失在前面的路口。

我在雪地裡站了很久。一場噩夢,它是怎麼開始的,又怎麼草草了結?我攢了把雪,貼在臉上,任雪水一滴一滴淌進脖子裡。風在遠處打著呼哨。不,風就在我的頭頂上,在樹梢之間,沿著一個固定的方向,像條無形的手臂,抱住了這個可悲的世界。是的,它是看不見的,只有黑暗和血泊……我沿著一棵棵白楊走回去,用手撫摸著每棵樹幹,上面或許還殘存著她的體溫吧,不,她的體溫是零度,是雪和冰……

我蹣跚地走著。狹窄的街道,歪斜的房屋,擠壓得我透不過氣來。我在一根電線桿旁站住,前面不遠的地方,一男一女正低聲說話。怎麼,是白華和她?!她匆匆朝我這邊瞥了一眼,然後壓低聲音對白華說了句什麼。白華摟住她的腰,朝陰影裡走去。

轟!周圍的一切旋轉起來,帶著嗡嗡的呼嘯,帶著一串刺眼的燈光和骯髒的黑雪……我扶住電線桿,惡狠狠地罵了一句。

(蕭凌)

風把淚水從眼眶中吹掉,頭巾的一角抽打著臉頰,我朝前走去,絕不回頭一顧,絕不!前面就是深淵,可我無法伸出求救的手,誰也救不了誰,又何必同歸於盡呢?總該留下點東西,留下一絲溫情,一點幻想,一角晴空,即使無邊的黑暗和血泊不斷像崩落的浪頭覆蓋在上面。飄忽的星星啊，又純潔，又美麗，讓我在你們光芒所及的地方找到一塊棲身之地吧。

我拐進街心公園，在一張被雪松半遮住的長椅上坐下來。這裡幽靜極了，能聽見風從樹枝上抖落雪的聲音，和偶爾幾聲遠處的汽車喇叭響。啪的一聲，一顆黑色的松果落地，滾到我的腳邊，我用鞋尖輕輕地把它踩進雪裡。

"咦，是小蕭。"忽然有人搭腔，嚇了我一跳。原來是"二踢腳"，他斜倚著不遠的另一張長椅，腳搭在扶手上。"這回又咋啦？"

我沒理他，扭頭望著松林後面像峭崖似的幢幢樓房。

他搖搖晃晃地走到我跟前，吐出一股難聞的酒氣。"沒去上班，嗯？"

我盯著他。

"別瞅咱，咱有病假條，三十八度六，需要溜達溜達。"他瞇起眼，嘴角的大折痕一張一弛。

"我在村裡倒聽說過治驢用這種辦法。"

"說得夠俏。"他忽然收斂了笑容。"你為啥不去上班？"

"你管不著。"

"咳，別傷了和氣，咱們師徒倆這回該一塊敘敘舊，來，再陪師傅喝一盅。"他從口袋裡摸出半瓶酒，在空中晃了晃，湊了過來。

我霍地站起來。"你要幹什麼？"

"喲，廠裡人都說你膽大，啥事不在乎，陪師傅喝頓酒咋就驚著啦？"他眨眨充血的眼睛，伸手想搭在我肩上。我一閃身，狠狠抽了他一記耳光。他愣了愣，朝地上啐了口帶血的唾沫，向我逼過來。我氣得渾身發抖，一棵樹一棵樹地往後退，最後碰到臨街的鐵柵欄上。"我要讓你認回頭，看馬王爺是不是三隻眼……"他喘著粗氣說。

"嘿，咱燒香磕頭，總算求著佛了，誰是馬王爺？"忽然，外面人行道有人搭話。

我扭頭一看，長出了口氣。"哦，白華，幫幫忙吧，他有點兒病。"

"我剛出診回來，截了半隻胳膊，敲了口豬，累是有點兒累，不過實行革命的人道主義嘛。"

他一縱身跳進柵欄，拍拍"二踢腳"的肩膀。"老弟，哪兒不對勁呀？"

"別碰我！""二踢腳"觸電似的跳開。

"羊角瘋。來，咱們這邊檢查檢查。"白華捉住他的胳膊，把他拖到樹叢後面去。

"放開我，小心你的腦袋！""二踢腳"嚎叫著。

"安靜點兒。胃疼嗎？肝呢？腰子？不懂啥是腰子？廢物……"

累極了，我把臉貼在冷冰冰的鐵欄桿上。一切都完了，他還站在那棵白楊樹下嗎？恨我吧，恨吧，這樣會好一些。風在空中呼嘯，天那麼黑，雪那麼白，多強烈的對比呀。我只有硬著頭皮走下去，冒著寒風的冷酷和烈日的威嚴，在路的盡頭為自己立一塊小小的墓碑……

白華搓著手走回來。"總算打發了。"

"弄死了？"

"哪兒的話，不過是卸了下巴摘了環兒，好歹能爬回窩去。"

我們走到街上。雪正在融化，銀白的世界被敲得支離破碎，你本是什麼，仍要歸於什麼，幻影總要結束的，那就結束吧，我不在乎！

"到我那兒去坐會兒。"白華說。

"太晚了。"

"瞧不起咱？"

我搖搖頭。

"你說句話吧，說吧，我準死跟你一輩子。你信不？"

"白華，你尊重我嗎？"

"那還用說。"

"尊重的直接意思就是，我不想聽的話你不要說……"突然，我看見了他，他站在不遠的電線桿下盯著我們。我的心猛地收縮了。"白華，扶我一把，我頭暈。"

白華的嘴唇微啓，似乎有什麼東西壓得他喘不上氣來。終於，他伸出胳膊，我依在他肩上走進一條昏暗的胡同。

"放開我。"我低聲說。

白華哆嗦了一下，沒動彈。

"放開！"我粗暴地推開他，轉身跑開。

路燈一閃一閃的，到處都是泥濘。

六

（林東平）

六點二十分：黨委擴大會議開了整整三個小時。

"……兩個多月來，我們整天在這兒扯皮，省裡的精神遲遲貫徹不下來，商品供應仍處在混亂中。"王德發四下掃了一眼，又說下去。"我們剛脫下軍裝，地方工作的經驗不足，有的人就錯誤地估計了形勢……"

開始了。我把一根火柴架在兩指之間，這是一條危險的路，它會導致什麼樣的結局？我有過不少結局，有的在當時看來是可怕的。事過境遷，時光往往會把一切都打得粉碎，再重新塑起來。也許不該想這麼多，集中精力。到處彌漫著煙霧，每張臉都彷彿在煙霧中沉浮。他們在想什麼？人的思想是很難看清的。小張擔憂地看了我一眼，謝謝你，孩子，這算不了什麼。畢竟，煙霧不會遮蔽一切。風從一扇打開的窗戶吹進來,把一縷縷煙霧帶走,飄向很遠的地方。春天……

"有人想的是給老百姓一點小恩小惠,以此達到自己不可告人的目的。張莊煤礦爲什麼長期不能上馬?這些應該由誰來負責?"

火柴折斷了,我抬起頭。"由我負責。"

王德發一愣,隨後打開菸盒,取出支香菸。"那好哇,就請林主任跟大家談談吧。"

"先談談張莊煤礦,"我說,"去年冒頂死傷二百多人,這在全國的煤礦事故中也是罕見的。是的,坑道已經修復了,但冒頂的原因至今沒有查清。我們怎麼能趕著工人再去冒生命危險幹活呢?同志們,我們在座的都是共產黨員,應該有良心……"

"良心?"王德發從鼻子裡哼了一聲,"無產階級談的是黨性!"

我沒理睬他,繼續說下去。"至於商品供應,也不能不顧人民死活。這幾年生產上不去,原因很多,但關鍵一點,人沒力氣拿什麼幹活?最近,我去過幾家工廠,和工人關於小恩小惠,我不知道是指什麼,又施捨給誰了。幾年來,我們許多帳目都是不明不白的,去年去年五千萬元的救災款……"

"這是什麼意思?"王德發陡地從嘴上拿上拿下尙未點燃的香菸。"會計組長在這兒嘛,老呂,你說說,哪項帳目不清,嗯?"

老呂扶扶眼鏡,垂下頭。"我怎麼知道?亂七八糟,手續,哼……"

"那你是幹什麼吃的?"王德發把菸盒往桌上一拍。

"王主任,這個習慣不太好吧?"我把火柴一點點折碎,慢吞吞地說。

"用不著你來教訓我!咱們站得穩,行得正,到哪兒都過得去，怕什麼？倒是那些自稱老資格的人，該念念自己那本賬⋯⋯"

"王主任，請不要把個人成見帶到黨委會上來。"小張憤憤地頂了一句。

"個人成見？"王德發冷發了一聲，"請問，林主任，你那套宅子花了十五萬塊人民幣，錢又打哪兒來的？"

"有一筆市委宿舍的修建費。"老呂說。

"每年多少？"

"二十萬。"

會場上頓時議論紛紛。

"看看吧，"王德發往後一仰，攤開兩隻手。"你倒占了一大半。市委有多少職工？人民呀，良心呀，說的比唱的好聽⋯⋯"

腦袋嗡嗡直響。若虹把小訊託付給我，除了母親的慈愛之外，還有一種感情的暗示。小訊長大成人了，那次入獄多少削弱了幼稚的熱情，使他變得冷靜多了。讓人擔憂的是，他容易受別人影響。他的女朋友是個什麼樣的姑娘？但願不是本地的，這裡的女孩太俗氣。嫒嫒還是稚氣未脫，讓人不放心⋯⋯不，不是時候，集中精力。

"⋯⋯八條地毯哪兒去了？兩套高級沙發哪兒去了？連省裡撥來的一台日本電視機也飛到林主任家了。"王德發說。

"王主任，你爲什麼這樣清楚？"我問。

"我搞過調查⋯⋯"

"不對，因爲這些都是你經手辦的，前年十月份我到北京開會，你批準動用十五萬元蓋房子，忘了吧？"

"這，這⋯⋯"王德發含糊其詞了。"可住的是你呀。"

"是我，但這筆錢畢竟有出處。而五千萬的救災款⋯⋯"我說。

"慢著。"王德發掏出一個小本，嘩嘩地翻著。"這一筆一筆沒個差錯，別在我頭上打主意。"

“爲什麼災民們來信，許多人至今露宿街頭，乞討要飯？”

王德發砰地拍了一下桌子，杯子震得叮噹響。“你當這點兒錢能管那些口子人大口大口喝香油？！”

“我沒有提到香油。王主任，我們可以成立一個專門的小組，來清理這幾年的帳目，免得誰擔嫌疑，你看怎麼樣？”

“請吧。”他說。

王德發抬起眼皮，死死盯著我。我把目光迎上去，我倒想看看，你能把我怎麼樣，靠威脅是沒用的，一點用處也沒有，反過來你倒該留神：自己的神經是否靠得住？他的眼皮哆嗦了一下，把目光移開。

我走下樓梯。敞開的大門下，星星、夜空和濕滋滋的風揉在一起。後面一陣腳步聲，蘇玉梅喘吁吁地追上來。

“會可真不短，我要提意見了。”她說。

“你沒走？”

“堅守崗位唄，這種時候，誰也離不開我們。”她戴上紅色的尼龍手套，挑逗地望著我。您不需要嗎？”

我沒吭聲。

“林主任，您怎麼不再找一個？”她問。

“沒考慮過，再說誰會要我這個老頭子。”

“得了吧，如今姑娘們都時興找老頭兒。”

“爲了錢？”

“這倒在其次，毛孩子不懂感情，薑還是老的辣。”她咯咯笑起來。

“你呢，爲什麼不結婚？”

“一個人多清靜，自由自在，我可受不了管。”她停頓了一下，意味深長地眨眨眼。“聽說，聽說您並不是個規矩人，過去挺風流呢……”

“可靠？”

“官方消息，您別在意，我給您保密。”她跑下臺階，揮揮手。“再見吧。”

我走到汽車旁，深深吸了口氣。春天，總是讓你感到它的存在，其實連冰還沒有化完呢，也許這僅僅是一種心靈上的召喚吧。人到遲暮之年，往往更眷戀開花的季節。官方消息……

我拉開車門。

“散了？”吳胖子打個哈欠，伸伸懶腰。

“開開收音機，聽聽有什麼節目。”

貓眼燈亮了，撥來撥去，都是枯燥的新聞和刺耳的樣板戲。

“關上！”我說。

路燈。商店。電影院。路燈。飯館。垃圾堆。小土房。路燈……我閉上眼睛，這是一座多麼破舊的城市，夜色也遮掩不住它的寒傖。難道居住在這土房裡的人，在垃圾裡翻來翻去的人，就是人民嗎？這個形象一旦從宣傳畫上走下來，顯得多麼蒼白可怕。十五萬元、沙發、地毯、電視機……不，這算不了什麼，在階級社會裡，人是不可能完全平等的。我們出生入死的時候，他們安居樂業，過著太平日子，這一點用不著心虛。再說，你到省裡，到北京看看，誰的住宅不比我強呢，強上一百倍。聽聽這種口氣，簡直像在說服我自己。

回到家，我吩咐陳姨把晚飯送到書房去，然後在洗澡間擦擦身子，換上件睡衣，走進書房。在臺燈柔和的藍光下，小訊正靠在沙發上看書。

（楊訊）

我抬起頭。朦朧中，林伯伯站在門口，扶著銅把手，似乎已站了很久。

我站起來。“不舒服了，林伯伯？”

“哦，沒什麼，有點累了。”他用手擦擦額頭。“嫒嫒呢？”

“還沒回來。”

他走到窗前，拉上窗簾。"媽媽有信嗎？"

"昨天來了一封，想讓我轉回北京去，她正託人給我辦困退手續。"

他在窗前沉思了一會兒。"回去吧，媽媽需要你，這邊手續由我來辦。"

"我不想回去。"

"爲什麼？"

我沒吭聲。

"因爲女朋友？"

我苦笑了一下，把書放開，點上支菸。

"沒關係，可以一塊辦嘛，她家也在北京？"林伯伯走過來，在旁邊的沙發上坐下。

"她沒有家。"

"孤兒？"

"我並不太清楚，而且……"

"是她不肯講？"

"不，這種事……"

"小訊，你應該多爲媽媽著想，她年歲大了，總希望兒子能在身邊。"他探過身來，聲調有點反常。我忽然覺得，他過去也是個向媽媽要糖吃的孩子，也會爲姑娘的負心而偷偷哭泣。

這時，陳姨把飯端來，放在茶几上，轉身出去。

"再吃點吧。"他說。

"不，吃得很飽，我該回廠了，您早點休息吧。"我站起來說。

"這件事再考慮考慮。

"好吧。"我朝門口走去。

"小訊一"

我轉過身。

“沒事，把門帶上。”他擺擺手。

我順著燈光柔和的走廊，來到門口，剛走下臺階，發覺有人躲進松樹的陰影裡。“誰？”我問。

嬡嬡走出來，臉扭向一邊，氣沖沖地朝臺階走去。我攔住她的去路。

“去，躲開！”

“呵，好大的脾氣。說說吧，怎麼回事？”

“我沒工夫。”

“什麼時候有工夫？”

“去問她吧。”

“她？”

“得了，別裝傻充愣了。”

我恍然大悟。“嬡嬡，你聽我說……”

“我沒工夫，”她繞過我，竄上臺階。“你以後少到我們家來！”

門砰地關上。

回廠的路上，我走進一家酒館。裡面煙霧騰騰，彌漫著一股煙酒混雜的氣味。一個

中年乞丐在杯盤狼藉的桌子之間轉來轉去，把殘湯剩飯倒進油污的塑膠袋裡。幾個小夥子正在劃拳喝酒，喊聲震耳欲聾：

“哥倆好哇……六六六哇……酒常有哇……全來到哇……”

我要了半斤白乾，正想找個清靜的角落，忽然一隻手搭在我肩上。“老弟，往哪兒走？要不嫌棄，就這兒忍忍吧。”白華擦擦嘴巴說。

我在他對面坐下。

“有日子沒見，來，先乾一杯。”他說。

我盯著他。

"咋這副愁眉苦臉相，有啥事不順心？"

我盯著他。他放下杯子，用指頭在杯子上當當地彈著，額頭上顯出一道深深的皺紋。我舉起杯，一氣把酒喝乾。

"好樣的，再來點兒。"他拿起酒瓶，說。

我用手擋開酒瓶，繞過桌子，走到他跟前，他慢慢站起來。

"她呢？"我壓低聲音問。

他沒吭聲。

"她呢？"我又問。

"見鬼，老子正想問你。"

"白華，"我一把抓住他的衣領。"你少跟我來這套……"

他一把揉開我，惡狠狠地眯縫起眼睛。"要是活膩了，你他媽的吭一聲！"

"我問你，那天晚上是怎麼回事？"

"哪天晚上？"

"入冬的頭一場雪。"

"嘿，真邪了門兒，老子正沒處問去呢。這沒啥可遮的蓋的。你說說看，我從一個兔崽子手裡搭救了她，說了沒兩句話，她念叨不舒服，讓我扶一把，轉眼工夫又撒腿跑了……"

我扶住桌角站穩。大大小小的杯子。白華。閃閃發亮的鍍鎳管。白華。在劃拳中伸屈的手指。白華。牆上撕掉一半的宣傳畫。白華……我跌跌撞撞地走出去。

我坐在渠埂上，凝視著水波中晃動的燈窗，竭力想理清自己紛亂的思緒。咚，一塊石子滾進渠裡，燈窗搖成昏黃的一片。我攥起一把半濕泥塊，慢慢捏碎，在指縫中篩落，然後起身朝土房走去。

我在門上敲了敲，發現門是虛掩著的，便推開了門。她從桌子後面無聲地站起來，臉色蒼白，幾乎沒有任何表情，只是兩手擺弄著一個鋼筆帽。

"你來了。"隔了半晌，她終於說。

"我來了。"

"坐吧。"

我依然站著。

"看來咱們都不太懂禮貌。"她試圖一笑，結果嘴角抽動了一下。她猛地把頭扭過去，轉向視窗。雪白的脖頸上，一條藍色的脈管突突跳著。

"蕭凌，"我向前跨了兩步，扳過她的肩膀，"你為什麼要這樣呢？"

她垂下眼簾，一顆晶瑩的淚珠掛在睫毛上，顫了顫，順著臉頰緩緩滾下。

"告訴我，為什麼？"我問。

她睜開眼睛，搖搖頭，慘然一笑。我伸出手指，把那顆停在她嘴邊的淚珠抹掉。

"瞧，月亮升起來了。"她悄悄地說，似乎在告訴我一個隱藏已久的秘密。

我抬頭望去。"月亮是紅色的。"

"真的。"

"為什麼呢？"

"你呀，還是老毛病。"

"蕭凌，你知道我這幾個月是怎麼度過的？"

她用手掌捂住我的嘴。"別訴苦，好嗎？"

我點點頭。

突然，她摟住我的脖子，信賴地把嘴唇貼過來，還沒等我反應過來，她已經推開我，躲到桌子另一邊，扮了個鬼臉。"你就站在那兒吧，我想這樣看看你。"

我想繞過去。

"不許動！"她警告說。

"劃地爲牢。"我說。

"比縣大獄怎麼樣?"

"強點兒。"

"我要把你關在這兒,"她指指心口,"怎麼樣?"

"那就強多了。"

我們都笑了。

"這是什麼,"我隨手拿起攤在桌上的筆記本,"可以翻翻嗎?"

"不行,"她一把搶過去,抱在胸前。"現在,不行。"她補充了一句。

"以後呢?"

"一定讓你看。"

"裡面記了些什麼,警句格言?"

"不,只是我的一些想法,還有往事。"

(蕭凌)

正午時分,我和李鐵軍沿著蒸氣騰騰的河邊走著,兩名造總近衛團的戰士倒背著自動步槍跟在身後。熾熱的陽光下,幾個小夥子正沒精打采地在岸邊挖掩體。

"說不定明天龜孫子們要發動進攻了,"他用柳條在空中抽著,"讓你們北京人開開眼。"

"又不是來看戲。給挺機搶吧,我留在前沿陣地。"我說。

"你?"他譏笑地撇撇嘴。

"別小瞧人,咱們戰場上見。"我停頓了一下,突然問:"你是強者嗎?"

"什麼是強者,不怕死,對不?"

"這還不夠。"

"那還有什麼,殺人不眨眼?"他半開玩笑地說,"你不信?"

我搖搖頭。

我們來到公路橋口。沙袋構築的工事中,燒藍的重機槍槍口直指前方。在鐵絲網的路障旁,幾個造總的戰士正在檢查來往的行人。

我們倚在橋頭的石欄桿上,天南海北地閒扯起來。忽然,李鐵軍的目光轉向人群,指著一個小夥子,手指勾了勾,叫他過來。

"去哪兒?"

"進城看看姨媽,她病了。"

"什麼東西都不帶,嗯?再仔細搜搜。"

搜查結果:一張姑娘的照片和一枚像章。

"她是誰?"李鐵軍拿起照片,問。

"我的女朋友。"

李鐵軍捏起那枚像章,仔細地看看背後,冷笑了一聲。"就帶著紅炮團的像章去看姨媽?說老實話吧。"

"我確實去看姨媽。"小夥子執拗地說。

"跪下!"李鐵軍在他身後踹了一腳,他咚地跪在地上。"給你最後的機會。"

"我說的是實話。"

"準備告別吧。"李鐵軍把姑娘的照片扔到他跟前,隨手拔出手槍。

小夥子拿起照片,貼在胸口,然後扭過頭,臉色煞白,哀求的目光從槍口滑到我身上。

"鐵軍,慢點兒……"我剛想撲過去攔住他,槍響了。

在這熾熱的中午,在寧靜的河面上,槍那麼響,聲音久久回蕩著。隨著每聲槍響,

小夥子的頭都在堅硬的水泥路上磕一下。血噴出來,染紅了姑娘的照片,淌進河裡……

李鐵軍踢踢屍體,收起手槍,得意地望著我驚呆的臉。"這

回你賭輸了,請客吧。"

"你,你這個劊子手,混蛋!"我聲嘶力竭地叫喊著,扭頭跑去,淚水模糊了整個視野。

"喂,起來!"

我揉揉眼睛:一個戴"值勤"袖標的小老頭站在我跟前。

"起來,跟我走一趟。"他說。

我疊好鋪在地上的雨衣,越過東倒西歪的人們,跟他走進車站值班室。

"坐下。"他指指辦公桌旁的一張凳子。

我仍舊站著。

"北京人?"他問。

"就算是吧。"

"那為啥天天晚上到這兒睡覺來?"

"這是頭一次。"

"當我是個沒長眼的老傻瓜,嗯?"他咳起來,用塊大手帕掩住嘴,咳了一陣,他突然問:"家呢?"

"我沒有家。"

他點點頭。"也沒有親戚朋友?"

"我去找誰?學校正通緝我。"我暴躁地說。"你要怎麼樣?去告發吧……"

老頭兒脖子上尖尖的喉結動了動,他伸手從口袋裡摸出個小紙包。"來,拿著。"

我猶豫了一下,接過紙包,原來是十塊錢。一塊又鹹又澀的東西堵住喉嚨。"大伯……"

"拿著,孩子,別逞強,添件衣服什麼的,天涼了;不然也讓我喝進肚裡啦。拿著呀,我還沒告訴老伴,她準同意,別瞧她人不起眼,心可實誠……"

"大伯。"我說。

“去吧，去吧。”

“沈伯伯，我再也不信那些謊話了。”我合上書，放在膝蓋上。“可是，這段歷史……”

“青年人嘛，總要往前走。記住，任何結論都不是最後的結論。”他繞過地板上堆放的書籍，關上小屋裡的唯一一扇窗戶，又繞回來，靠在一張吱吱作響的破籐椅上。“凌凌，和你父母認識的時候，我正在哈佛學東方史，這看來有點兒可笑，其實不然。”他指指我膝蓋上的書。“老黑格爾有這麼句話：‘種種的存在把自己聯結在它們自己所創造的歷史之中，並且歷史作爲一種具體的普遍性而判斷它們和超越它們……’這就是說，人們很難通過自身去認識歷史，而處在歷史潮流頂峰的人們就更缺乏這種認識了，這也就是某些大人物的可悲之處。”

“也是我們民族的可悲之處。”我說。

“不對，”沈伯伯做了個堅決的手勢。“一個人的生命是有限的，而一個民族的生命是無限的；我們中華民族的潛力遠遠沒有煥發出來。也許它是老了點兒，認識自己的覺醒過程因而會緩慢一些。但這一過程正在進行，通過一代人和一代人的鏈條在進行。如果一個國家吹著音調不定的號角，這既是某種權力衰敗的象徵，也是整個民族奮起的前奏……”

鈴聲響了，月臺上告別的喧囂達到了高潮，叫喊和抽泣聲連成一片。一架手風琴瘋狂地拉著，幾個小夥子挽著手臂聲嘶力竭地唱個不停。我坐在窗口，冷眼望著這一切。

“蕭凌，”來送行的小雲輕輕拉住我的手，“今年冬天回來吧，住在我們家，我媽媽可喜歡你了。”

“不，我不回來了。”

“那什麼時候回來？”

“我永遠不回來了。”

“爲什麼？蕭凌……”

突然，整個車站晃動了一下，緩緩向後退去。小雲的聲音被淹沒了，她伸出手，向前跑了幾步，被一股人流擠開。

別了，北京！忘掉我吧，北京！

七

（楊訊）

薄霧托著紫盈盈的陽光沉到穀底的窪地裡，露出了高高的、灰藍色的杉樹林。溪流在看不見的地方喧響，夾雜著鳥兒悅耳的呼哨。鋪石的山路旁，野花星星點點。峭崖上一棵老樹的枯枝上吐出一層嫩綠的茸毛。

蕭淩邊走邊采著各種野花。"記得上小學的時候我寫過一篇作文，長大了做個植物學家，只跟花呀草呀打交道……"

"幸虧你的願望沒實現。"我說。

"怎麼？"她抬頭問。

"那我該怎麼辦？"

她微微一笑。"我就把你當做一棵狗尾草，夾在一本書裡。"

"要是夾在書裡，我只能看到其中一頁。"

"不，我每看一頁，給你換個地方。"她笑了起來，連肅穆的山谷也不得不低聲應和著。

一道清澈的山泉切斷了石路，落進深深的山谷，谷底的水潭上揚起白濛濛的水霧。她站在崖邊朝下看著，似乎在傾聽那濺落的轟鳴。幾隻灰色的鳥兒在水霧上淒厲地叫著。

"這下面就是死嗎？"她抬起頭，神情變得嚴肅而憂鬱。

我沒有回答。

"它離咱們很近。"她的眼睛褪色了，陽光在裡面輕輕顫慄著。

"你怎麼啦？"我問。

她默默地依在我肩上，又朝下望瞭望。"我怕……"

"怕什麼？"

"怕分開。"她含糊地說。

"不會的，什麼也不會使咱們分開。"

"死也不會嗎？"

"不會。"

她信任地望著我。

我撫摸著她的肩頭。"咱們別站在這兒了，好嗎？"

她點點頭，轉身在泉邊蹲下來，望著自己的倒影，歎了口氣。她捧水洗了洗臉，扭過頭來。"怎麼過去？"她問。

我抱起了她，縱身跳過去。

"我不該這樣，剛才你一定掃興了。"她躺在我的懷裡，說。

"沒有。"

"真的？那你看看我，別把眼睛躲開……好了，放開我吧。"

一級級風化的石階通到漢白玉雕成的牌樓下，殘缺的影壁上四個大字"法輪飛轉"已金漆剝落，滿目淒然。馱著石碑的烏龜沉陷在泥土裡，只露出半個腦袋。坑窪的石道上鋪滿了去冬的枯葉和羊糞。右配殿坍了一大半，從十八羅漢的殘肢斷臂中長起了高高的蒿草，微風吹過，簌簌作響。我們走進正殿，裡面有一股淡淡的黴爛味。昏暗中，一線陽光落在正面佛像那纖長的手上。

"你好啊，觀音菩薩 ——"蕭凌孩子氣地喊了一聲，陰森森的大殿甕聲甕氣地響起來。

"這是釋迦牟尼，"我說。

"印度人？"

"對。"

"釋迦牟尼先生，歡迎你到我們國家來玩。不過有護照嗎？"

"他有經書。"我說。

"我們這兒經書夠多的了。要是犯了禁,說不定會送你去勞改呢。"蕭淩忽然轉過身來,問:"你對宗教感興趣嗎?"

"不得不感興趣,我們這些年就是生活在一種宗教氣氛中。"我說。"你呢?"

"我嘛,現在才感興趣,"她說著,閉上眼睛。"但願在冥冥之中有個上帝來保佑我們……"

"為什麼不是菩薩或老天爺?"

"什麼都行,只要是個神。"

"你真信這些?"

"不,我也說不清。"她眨眨眼。調皮地一笑。"我的宗教感是實用主義的……哎,你看,那有個洞。"

果然,在牆角有個一人高的洞口,蕭淩探探頭。"黑極了,帶打火機了嗎?"

我舉起打火機走在前面,洞很深,走進十幾步遠,出現了一排窄窄的臺階。蕭淩抓住我的袖口。我轉過頭,在她睜大的眼睛裡,閃著兩粒飄忽不定的小火星。石階在火光中慢慢上升著。忽然豁亮起來,我們來到一間不大的頂樓中,裡面分放著八個青面獠牙的鬼怪。

"哎喲,這是個什麼鬼地方。從高度來講,是天堂,不過實質上可是個地獄。"蕭淩挨個打量著每個鬼怪。"還好,並不太可怕,倒是有點兒可憐,它們準是受了好多苦才變成這樣的。"

我走到窗前。"你來看,這裡是制高點。"

居高臨下。殘垣斷壁在荒草中蕭立,彷彿在緬懷過去的繁榮。閃光的溪水從院牆外流過,衝刷著一棵老柏樹裸露的樹根。藍色的遠山遙遙在望。

她側身望著我,目光中含著一種驚訝的成分。陽光撫摸著她的肩膀和手臂,彷彿要透過她的全身照過來。她戴著的那塊紅紗巾被風掀動著,一會遮住太陽,一會又飄開,我的眼前飛騰著五顏六色的小圓圈。

"咱們永遠這樣，該多好啊。" 她說，把雙手搭在我肩上。

我把她拉過來，緊緊摟住她。她的頭向後仰去，嘴微微張開，急促地喘著氣，忽然，大顆大顆的淚珠滾落下來。

"蕭凌。" 我輕輕呼喚著。

她索性在我肩上哭了起來。過了好一陣，她推開我，擦去淚水，不好意思地搖搖頭，笑了。

"心裡不好受？" 我問。

"你真傻，什麼也不知道。" 她喃喃地說，手指插進我的頭髮中，弄亂了，又慢慢地梳平。

撲簌簌，兩隻燕子從頂棚的破洞裡飛了出去。

"準是咱們打擾它們了。" 蕭凌說。

"不，是它們打擾咱們了。"

"可這是它們的家呀。"

"也是咱們的家。"

"別胡扯。" 她嗔怒地瞪了我一眼，用手捂住我的嘴。我攥住她的手，吻了吻。她抽回手，理理頭髮，"我餓了。"

我打開書包，抽出塊塑膠布在地板上鋪開，然後把酒、熟菜和水果擺好。我又拎出一個小鋁罐，在手裡搖了搖。"我去打點水，順便再拾點柴禾上來。"

"我也去。" 半路上，她用胳膊肘碰碰我。"你看，不知怎麼回事，一離開你就害怕，我的膽子這麼小嗎？"

"你是個勇敢的姑娘。"

"這些天，我總覺得在變，變得自己都有點不認識……"

"變得更像你自己。"

"難道有兩個我嗎？"

"也許還不止呢。"

"越說越可怕，那你到底愛哪個我？"

"都愛。"

"你在耍滑頭，"她狡猾地撇撇嘴。"其實你只愛你心目中的我。而這個我又是不存在，對嗎？"

"不，這個你是各種各樣的你的集合。"

她笑了。"簡直變成數學演算了，，搞這麼個三頭六臂的我，你吃得消嗎？"

"試試看吧。"

"我在想，咱們怎麼會這樣的？走在這條小路上，好像什麼事情也沒發生，好像咱們一直規規矩矩地生活，出生、上學、工作、戀愛……偶爾到郊外散散心，你明白我的意思嗎？"

"明白。"

"如果讓你重新選擇生活，你選擇哪一種？"

"還是前一種。"

"因爲你沒有付出足夠的代價。"

"不對，否則我不可能認識你。"

"哦，這個理由很充分。"她滿意地點點頭。

我們來到泉邊。

"我想洗洗頭。"她探身用手指試試水溫。

我擔心地望著陰沉的天空。"小心著涼，看樣子快下雨了。"

她哼起一支輕快的曲子，摘掉髮卡，頭髮悄然瀉進水裡。"楊訊，咱們那些寶貝不會讓耗子吃了吧？"她說。

"要是有耗子的話，恐怕也該成精了。"

"別嚇唬我，我可不怕。來，說明擰擰乾。"我挽起袖子，擰了兩下，她打開我的手。"你當這是搓麻繩呢，還是我自己來吧。"

樹枝劈啪作響，火光在她的臉上搖晃著。由於光影的變幻，她的樣子顯得有點古怪。"這地板不會著吧？"我擔心地問。

“你怎麼了，熱度是由下往上啊。”她說。

熱度。我怎麼沒想到呢，也許這個熱度是此時此刻才感到的，它慢慢地上升，上升。而在這之前，我們總感到很冷呢，這是一種從內心裡散發的寒冷，一種由於需要熱量、吸收熱量而排出的寒冷；終於，它們在草葉上凝成露珠，在山谷裡揚起水霧……

蕭淩跪在塑膠布上，打開葡萄酒，把兩個杯子斟滿，遞給我一杯。“來，乾杯吧。”

“咱們先想幾句祝酒詞。”我說。

“爲了你，也爲那位號稱勇敢的姑娘，祝你和她幸福……”

“爲了這個悲劇的時代有一對倖存者……”

“爲了這對倖存者像燕子一樣，被人打擾後還能一塊回窩來……”

“爲了那些槍口不對準燕子……”

“爲了燕子刀槍不入……”

“爲了美麗的神話……”

“爲了釋迦牟尼先生的健康，乾杯！”

我們一飲而盡。

遠處響起了雷聲。她站起來，走到窗口，風吹拂著她的頭髮。“要下雨了。”她喃喃地說。

“咱們回不去了。”我說。

她回頭用異樣的目光瞥了我一眼。

夜晚，充滿了威脅的夜晚，帶著雷鳴、閃電和沙沙的低語向我們壓過來。閃電劃過的瞬間。她那清晰的側影疊在破碎的天空上。

“窗口風大，到這兒來。”我說。

她依然靠在視窗，向遠方眺望。

“蕭淩。”我喚道。

她轉過身，大夢初醒地看了看我，悄悄走過來，坐在我身邊。

火光漸漸暗下去，最後的餘光映在她寧靜的臉上，勾出一條柔和的曲線。我把她拉過來，她默默地依從了。她的嘴唇冰涼，衣裳也有點單薄。

“冷嗎？”

她搖搖頭，呆癡地望著我。我俯下身去，在她的額頭上吻了吻。她那雪白的脖頸向下延伸，在衣領裡微微隆起。一排白色的紐扣在暗中發亮。我用手指摸了摸頭一顆，輕輕撥開。

“別這樣……”她握住我的手，驚慌地說。

我去摸第二顆。

啪，她狠狠打開我的手，緊緊攏住衣領，“滾開！聽見沒有？滾開！”閃電照亮了她那顫抖的下頷。

我站起來，悻悻地走到窗口。雨滴敲打著窗楞，風漸漸小了，看不見的溪流咆哮著……

突然，我的眼睛被蒙住了。我掰開她的小手，轉過身來，她撲進我的懷裡。

閃電。鬼怪們猙獰地笑著，在我們的頭上顯現。黑暗。

（蕭凌）

愛情在痛苦的泥潭中慄慄站起。這個解脫，像死亡一樣強烈，使我不時地想打開閘門，讓歡樂的浪花呼嘯而出。

你瘋了？

是的，我瘋了。如果我還沒有被平庸窒死，我倒願做個瘋子，快活的瘋子，因為面對所謂正常的生活來講，瘋狂則是一種對立，對立則是美的。

你忘掉自己的責任了？

不，我不過在責任之中，也想到了責任之外的東西，我想到了愛，她浴在異樣的陽光中。

夠了，多抽象！

我喜歡生活中抽象的東西，它們沒有被冷酷而骯髒的現實鎖住，因而更實在、更長久。

告訴我，你幸福嗎？

幸福是什麼，只是一種滿足嗎？滿足是令人生厭的。真正的幸福也許是不能回味的，否則它就像遠去的風暴，只留下遍地的殘跡。

難道是希望的復活嗎？

希望從來就有，即使在最沉重的時刻，我仍爲它留下明媚的一角。這本身就有意義，甚至是全部的意義。當然，這絕非夢幻的希望，而是探求目的的希望，如今，在破碎中它終於被一隻孩子的手緊緊捏攏，又高高擎起，讓它如願地打破萬斛的黑暗吧！

你在探求什麼樣的目的？

這正是我們這代人所提出並要回答的問題。也許探求本身就已經概括了這代人的特點。我們不甘死亡，不甘沉默，不甘順從任何已定的結論！即使被高牆、山巒、河流分開，每個人掙扎、彷徨、苦悶，甚至厭倦，但作爲整體來講，信心和力量是永恆的。

你扯到哪兒去了，爲什麼沒提到他？

我討厭你這種口氣，別再像個老太婆似的盤問我，讓我安靜一會。

我打開書，讀了幾行又合上。剛拿起針線活，針偏偏紮在指頭上，滲出一顆圓溜溜的小血珠。我笑了笑，用嘴吮乾。直到這時候，我似乎才真正領悟了那種感受的意義。我才開始震驚，我才開始陶醉，我才開始羞怯。其實，如此興奮的原因不僅在於愛情，而是找到了新的起點。我有很多事情可以去做，心裡尚存的那小片陽光並沒有冷卻，它可以去溫暖別人……

我哆嗦了一下，目光停在桌上那個小小的玻璃夾中。晶晶，你在嘲笑我嗎？是啊，應該找個機會告訴他，告訴他這一切，他會理解嗎？

我走進車間，砂輪的馬達轟轟地響，“二踢腳”正在專心地打一把刀子，不時地用手試試刀鋒。這陣子，他變得遲鈍極了，是不是讓白華打壞了？

“喂，今兒什麼活？”我問。

他沒聽見，繼續磨著。我伸手啪地關上開關，他嚇了一跳，迅速地把刀子藏在身後。“是你，我、我沒別的意思，想修修腳……”

“誰管你這閒事，我問你有什麼活。”

“活倒是有，不過，不過政工組讓你去一趟。”他吞吞吐吐地說。

“什麼事？”

“我、我也不知道。”

我在政工組的門上敲了兩下。

“進來。”一位胖老太太坐在一張特製的大辦公桌後面，從花鏡上面足足打量了我一分鐘。桌上支著塊小木牌：“謝絕遞煙。”她身邊坐著一位姑娘正在抄東西。那姑娘放下筆，好奇地看了我一眼。

“你叫蕭凌？”老太太終於說。

“對，有什麼事？”

“坐吧，蕭凌，這位是……”她剛想介紹一下旁邊的姑娘，又停住了。她從椅背上拉出一條大圍巾披在肩上。“你們不冷嗎？這屋子簡直像冰窖。嗯，你叫什麼名字呀？”

“您已經叫過我兩次了。”我說。

“是嗎？”她扶扶花鏡，在一張卡片上看了看。“噢，蕭凌，你是臨時工？”

“臨時工。”

“合同期是三年，對吧？”

“對。”

“是這麼回事，我們想瞭解一下你的情況……”

“檔案裡都寫著。”

“不，有幾個額外的問題。”

“提吧。”

“你在北京還有什麼親戚？”

“沒有。”

“國外呢？”

“沒有。”

“那你父母死後，你靠誰來撫養？”

“靠我自己。”

胖老太太和那位姑娘彼此交換了眼色，然後她在一張紙上劃了個記號。“另外，你六八年在學校隔離審查的時候，有沒有結論？”

“我不知道。”

“還有，你在農村這幾年，嗯，交沒交過朋友？”

我站起來。“對不起，這你無權過問。”

“蕭淩同志。”老太太用鉛筆在桌上敲了敲，提高了聲調。“你應該端正態度……”

“讓您費心了，我沒什麼可說的。”

我推門出去，後面傳來老太太斷斷續續的聲音：“嘖，嘖，看她多厲害，要打人了……上回把她師傅打得半死……幹我們這行，得擔多大風險……你不冷嗎……”

八

（白華）

我瞇起眼，舒舒坦坦地靠在小鋪的門板上養神。兩隻蘆花雞在腳邊轉悠來轉悠去，

咯咯地找食吃。前邊集上鬧哄哄的：賣滷肉的老頭用勺當當

地敲著鍋沿；爆米花的風箱拉得呼呼響；賣豆腐皮的小啞嗓吆喝個沒完；再湊上老母豬挨刀地尖叫，真夠得上一台戲……咪咪、咪咪，哪兒來的貓？我四下掃了一眼，扭頭順著門縫瞅去，原來櫃檯上蹲著只肥胖肥胖的老貓。我的祖宗，呸。

"喂！"有人說。我回過頭，一個手指上轉著串鑰匙的妞兒上下打量著我。

我指指門縫。"賊！"

"哼，我看你倒像個賊。靠邊，到別處買不行，還非得一棵樹上吊死？"她一邊拆窗板，一邊說。"來，幫幫忙。"

"咳，有啥法子。那年趕走了印度反動派，"我一瘸一拐走過去，幫她搭了把手。"弄得連老婆都說不上。"

"瘸啦？"她半信半疑地瞅著我。

"哎，主要是這兒，"我指指頭上的一塊刀疤，"挨了一刺刀，不好使喚嘍。"

"我看你還挺機靈，"她打開門。"你現在幹啥工作？"

"看大門。"

"能行嗎？"

"對付著吧，好歹賊都有點忼我，繞著走。"

"你的模樣是不善。"她走進櫃檯，在一個破碗裡拌著棒子麵，老貓叫得更歡了，圍著她直轉悠。"急個啥，黃黃……你每月掙多少錢？"

"沒個準數，反正加一塊夠花的。"

"我們鄰居家有個姑娘，長得不錯，屬小龍的，就是有一樣差點兒事，是個啞巴，你看咋樣？"

我抬頭打量著天窗。"跟我說話？"

"噴，你是有點缺心眼兒，不過現在姑娘家時興找這路人……"

我拽了拽一截從天窗上垂下的繩子，打上面飄上來一陣塵土。

“你對我們這兒天窗很感興趣？”她問。

“唔，上吊挺合適。”

“呸，少這兒添喪！”她騰地站起身，把辮子一甩，氣呼呼地說，“買啥，快說吧！”

我咧嘴笑笑，掏出張十元的鈔票，用指頭彈了彈玻璃櫃。“來盒工字的。找得開嗎？”

“你還自以為是財神爺呢。告你說吧，再大的票子也找得開。”

我一瘸一拐地出了小鋪，拐進左邊的小胡同。蠻子正靠在土牆上抽菸，不停地朝地上啐唾沫。

“有貨嗎？”他急忙問。

“挺滿。”

“集一散就端？”

“急啥？裡頭有個姐兒，別讓她坐蠟……”

蠻子嘿嘿笑了。“老爹看上了？”

我啪地打掉他嘴上的菸捲。“別找不自在。滾吧，去找條結實繩子，再揀上個颶風下雨的好日子，心急喝不了熱米湯。”

我出了胡同口，迎面碰上嬡嬡。她拎著草籃子，眼睛盯著鞋尖，一副沒精打采的樣兒。

“站住：”我說。

她抬起頭，吃了一驚。“你？”

“你叫嬡嬡？”

“幹嗎？”

“怪水靈的名字。”

“少廢話，我不怕你！”

“扯哪兒去了，”我雙手抱在胸前。“我衝了你的生日，恨我不？”

"恨你！"

"是階級仇恨？"

"反正你不是好人。"

"這雞多少錢一斤？"旁邊有人問價錢。

"一塊七。"

"好人？"我笑了起來。"你指指看，這世上哪個是好人？就拿你爹他們來說吧，人模狗樣的⋯⋯"

"不許你說我爸爸！"

"老嬸子，這雞怕有瘟病吧？"

"你們城裡人咋這嘎法兒，昨兒還下了個蛋呢。"

"如今分大盜小盜，大賊小賊，不過使的法子不一樣。大盜大賊們啥都要，連人的心都偷。我們不過他媽的賣了自己的心，換點兒他們的剩撈⋯⋯"

"胡說！別給你臉上貼金了。"

"好吧，我問你，挨過餓嗎？"

她一愣，搖搖頭。

"要過飯嗎？睡過馬路嗎？被人家打過半死嗎？嗯？"我低聲吼著，向前逼了一步。

她的小辮子搖來甩去，像個撥浪鼓。

"怎麼不吃食？"

"大清早給小米兒撐著啦。"

"出來曬曬太陽吧，瞧溫暖的小窩給你捂得白白胖胖的。"

"幹嗎訓人？"嫒嫒委曲地鼓起腮幫子，眼裡閃著淚花。

"好啦，"我撣撣袖口上的塵土。"這是我三八年當政委時的老毛病。"

嫒嫒噗嗤一聲又笑了。"你這個人真神。"

"少要倆錢吧，老嬸子。"

"你叫姑奶奶，也這個價。"

“嘿，瞧誰來了？”我說。

嬡嬡順著我指的方向瞅去，皺皺眉，扭頭就走。

“慢著 ——”我喊了一句。

嬡嬡擠進人群中。

（楊訊）

白華擠了過來。他捏捏頭上那頂揉皺的黃帽子。“夥計們，你們是來買鍋碗瓢盆，還是買鋪的蓋的？”

“買星星。”蕭淩說。

“又是星星，”白華冷笑了一聲，“喪門星要不？”

蕭淩笑了。“見到你很高興。”

“我不高興。”白華說。

“爲什麼？”我問。

“別他媽裝蒜了，姓楊的。”白華把帽檐推向一邊，陽光落在他那張陰沉的臉上。“話是怎麼說，兩山碰不到一塊，倆人可有碰上的時候……”

“我不明白。”

“換個地方讓你開開竅。”

“走吧。”

“不能去，”肖淩一把攥住我的胳膊。“白華……”

“說下去呀，天地良心，我倒想聽聽你怎麼個說情法兒。”

我推開蕭淩。“白華，別那麼狂，你說怎麼辦，我奉陪到底！”

“呵，好樣的，我還當你們這號人都他媽的辰包軟骨頭呢，好吧，咱們先來文的，就這兒說答說答。蕭淩，你去邊上呆會兒，他丟不了。”

去吧。”我說。

蕭淩看看我，又看看他，轉身朝路邊的舊貨攤走去。

白華從口袋裡摸出一盒工字牌雪茄，拆了封，彈出兩顆。我伸手按下第一顆，抽出第二顆，掏出打火機點燃。

"嘿，還在點行，在北京也蹚過半著這條路？" 他說。

"就算是吧。"

"可咱們打娘胎裡就不是一路人。"

"我想，你一定吃過不少苦……"

"哼，你倒他媽的可憐起我來了。"

"咱們誰也不值得可憐。"

"少口囉嗦，你總該明白這麼個理：我幹掉你很容易。"

"你也該明白：我從來不怕什麼威脅，就是關在死牢裡，也沒說過一句好聽的。"

"你也坐過牢？嘿，真是新鮮事兒，是搶東西還是玩女人？"

"反對交公糧。"

他吹了聲口哨。"政治犯。"

我們默默地抽著菸。從他的目光裡可以看出，我在他心中的地位提高了，也許他並不願意對自己承認這一點。

"你喜歡蕭凌？" 我突然問。

"這話沒你問的份兒，" 他咬了咬嘴唇說。"老實說，你有一手。"

"你不瞭解她，她不是你想像的那種人。"

"你又不是我肚裡的蛔蟲……好吧，咱窮叫化子識相點兒，嗯？！" 他把牙齒咬得咯崩響，腮幫上的肌肉繃得緊緊的。"我恨透了你們這些有錢有勢的傢伙，啥都讓你們占著……"

"我一無錢，二無勢。"

"你以為她和你是一路人？哼，這我早看透了，你不過圖個新鮮，根本不會一輩子死跟著她，玩膩了就再換_個……"

"我很奇怪這話出自你的嘴。"

"你不懂得愛，不懂……"

　　"也許吧，如果我們每個人多懂得一點兒愛，世界就不會這樣。"

　　"我看你是鑲金邊的夜壺，儘是嘴上的功夫。"白華把煙頭扯碎，拋在地上。"這事不能算了，沒那麼便宜。"

　　"那是你的事。"

　　我們朝舊貨攤走過去。一排五顏六色的舊衣服掛在竹竿上，在蕭凌的頭頂上飄蕩。她正抬頭望著其中的一件白連衣紗裙，用手指摸著；這裙子和周圍的氣氛，和塵土、喧鬧聲及盤腿坐在地上的小販，顯得極不協調。

　　"我的老天爺，這是打哪兒飛來的？"白華說。"我敢賭點啥，準是王母娘娘穿過的。"

　　"太貴了，他要三十。"蕭凌說。

　　"二十五。"小販半閉著眼咕嚕一聲；一隻蒼蠅正跟他的禿頂糾纏不休。

　　"老哥，冒冒煙吧。"白華蹲下去，遞給小販一支雪茄，接著用地方土腔說。"打哪兒來？"

　　"定鄉。"

　　"聽話音咋這熟哩，俺北辛堡的，才三里地。老哥，聽說家裡又鬧水啦，哪碗飯都不好吃……"

　　"是哩，"小販毫無表情地吐出一口煙。"俺也是沒法子，掙點兒奔命錢。看在鄉親面子上，這褂兒賣十五，你扯了賣布頭都值當。"

　　"敢情。"白華拍了拍小販的肩膀，壓低聲音說。"還在趕毛驢，老哥①（係當地鴉片販的行話）。"

　　小販哆嗦一下，睜開眼斜盯著白華，露出驚訝的神色。"這位大哥在哪個櫃上吃糧②（係當地鴉片販的行話）？"

　　"豆腐房後邊種高粱③（係當地鴉片販的行話）。"

　　小販眨了眨狡點的小眼睛，跟白華低聲攀談起來。蕭凌偷偷地捏了捏我的手，微微一笑。

"板上釘釘，五塊。"白華說。

"要是大哥瞧得起，揀好的拿吧。"

白華掏出五元錢。"嘿，留點兒酒錢。"

小販接過錢，對著太陽照了照，小心翼翼地揣進懷裡。白華取下裙子，抖了抖，遞給肖淩。

"白華。"蕭淩說。

"拿去試試，算咱的一點兒意思。姓楊的，打起精神來，你要是對不住她，可別怪我屬牲口的，翻臉不認人。回見吧。"

失去熱力的落日，垂在小土房的屋簷下，像盞過早點燃的燈籠。遠處的村莊升起了寧靜的炊煙。生產隊的高音喇叭播放著地方戲。偶爾傳來一兩聲狗叫。蕭淩走到渠邊。"來，這兒坐一會兒，我不想馬上回到屋裡去。"

"這兒的傍晚真美。"

"人類建造牆壁，不僅是為了防禦別人，也為了防禦自己，有誰能經得住大自然的誘惑呢？"

"恐怕只有我。"

"怎麼？"

"有了你的誘惑，我別的早顧不上了。"

蕭淩怪樣地一笑。"說說看，我怎麼誘惑了你？"

"你有一顆金子的心。"

"那才可怕呢，有一股博物館和商人的氣味。我只是一個普通人。誰輕易地建造偶像，誰也就會輕易地砸碎它。"

"不會的。"

"那你就不要建造偶像。"

"我，建造牆壁。"

我們在渠邊坐下來，肩靠著肩，默默地望著雲霞浮動的遠方。天色漸暗，初夏的田野上各種混雜的氣息顯得更濃重了。

“兔子！”蕭凌的肩頭動了動。

我順著她指的方向望過去，果然在不遠的田埂上，一隻野灰兔正嗅來嗅去。“看樣子，它很滿足。”我說。

“爲什麼？”

“準是剛偷了蘿蔔。”

“可我偷了你，卻一點也不滿足。”她笑了，但笑容很快從她嘴邊消失。她若有所思地搖搖頭，拔起幾片草葉。“真的，有時候我居然會有一種做賊的感覺，彷彿這一切都是偷來的……”

“哪一切？”

“落日、晚風、莫名其妙的微笑，還有幸福。”

我把她拉進懷裡，用手托起她的下巴頦，凝視著她的眼睛。“這一切屬於你。”

“不，落日和晚風屬於大自然，微笑屬於瞬息，而幸福，”她停頓了一下，垂下眼簾，“只屬於想像。”她推開我，趴在渠邊，把撕碎的草葉一點點放進水裡，看著它們漂走。然後她把辮梢纏在一株野花上，又慢慢地繞開。“楊訊，我有點擔心。”她忽然說。

“擔心什麼？”

“咱們的差異太大了。差異並不是壞事，可在一個一元化的社會裡，往往是不合法的。”

“我看不出有什麼差異。”

“那你可能被歡樂蒙住了眼睛。首先，我問你，你爸爸媽媽知道我的存在嗎？”

“我在信裡提過你。這一點儘管放心，他們雖有點糊塗，卻是真正的‘民主派’。”

“我懷疑你的話裡摻有過多的感情色彩。不過，暫且相信它的可靠性。我再問你，你瞭解我嗎？”

“還要我怎麼瞭解呢？”

"比如，你瞭解我的經歷嗎？"

"咱們的經歷恐怕差不多。"

"這'恐怕'二字就差得不少。你怎麼就不知問問呢？"

"我的釘子還沒碰夠？"

"怪我不好，可那是很久以前的事情了呀。再有，你瞭解我的心情嗎？"

"我看你挺快活。"

"你錯了，直到我死那天，不可能再有什麼完全的快活。看得出來，你是挺快活的；而我呢，既快活，又辛酸。這也正是咱們的差異。"

我頹喪地揀起一塊石頭，在地上畫來畫去。

她抓住我的手，取掉石頭，把掌心貼在自己臉上。"別喪氣，好嗎？我並不想掃你的興，是你改變了我的生活。我也願意相信幸福是屬於咱們的。"她跳了起來，撢撢身上的土。"好啦，關於幸福所有權的歸屬問題，誰還有什麼意見？現在舉手表決。"她舉起手，又拉起我的手。"加上那棵小楊樹，一共三票，全體通過。等一等，我去拿點酒來慶賀慶賀。"

蕭淩走進屋裡，拉開燈，窗格子分割著她那頎長的身影。她正脫掉衣服，整個動作好像電影中的慢鏡頭。過了一會，燈熄了，她站在門口，穿著那件雪白的連衣裙，走了過來。茫茫的夜空襯在背後，在整個黑色的海洋中，她是一個光閃閃的浪頭，而星星則是那無數的飛沫。她把酒瓶和杯子放在一邊，走到我跟前，微笑地望著我。

"來，抱緊我。"她說。

我依舊呆呆地望著她。

"來呀。"她伸出兩隻光滑的胳膊。

我站起來，緊緊地摟住她，弄得她的關節咯咯作響。

"輕點兒，楊訊。"她喘著氣，說。

酒杯中，無數碎銀子沉澱成一輪明月。我抬起頭。“蕭淩，我告訴你件事。”

“說吧。”

“我的困退手續辦成了，媽媽來信催我回去。”

她平靜地望著我，臉上沒有任何表情。她的肩後彌漫著銀灰色的冷光，黑暗似乎在這冷光中輕輕顫動。“你怎麼不早說？”

“我本來都不想告訴你。我根本不打算回去。”

她轉了轉手裡的杯子。“爲了我？”

“也是爲了我自己。”

“回去吧，媽媽需要你。”

“不。”

“你不懂做母親的心理。”

“你懂嗎？”

她悽楚地笑笑。“當然。”

“除非把你也辦回去，否則我不會走的。”

“這不可能，我沒有家。”

“沒關係，如今越是不可能的事越能辦得到。”

“不，不，我不想回去。”

“那咱們就在這兒一起生活吧。”

“楊訊。”她抓住我的手，熱切地說，“我從沒有向你要求過什麼，不過這回你一定聽我的話，回去吧，咱們分開了，心還在一起，不是挺好嗎？”

“別勸我，沒用。”

“你、你太固執了。”忽然她的肩膀抽動起來。

我慌了。“怎麼啦，蕭淩？”

“呸，你糊塗得真該挨揍。”她破涕爲笑，抹掉眼角的淚水。“我爲你的固執高興呢。”

“我的固執第一次成了優點。”

“也許我太自私了……說點別的吧。”

“談談你的經歷，怎麼樣？”

“先乾了這杯酒。”

我們碰了杯，一飲而盡。

“嗯 ── ，從哪兒說起呢？”她把雙手枕在身後，仰望著星空。“今晚很美，不是嗎？”

“很美。”

她歎了口氣。“我不想說了，咱們還有明天。”

遠處傳來隆隆的馬達聲，一道雪亮的燈光跳動著，照亮了樹叢和柴垛。無數個影子在田野上旋轉，像千軍萬馬的隊伍。燈光忽地朝我們掃來，晃得人眼不開眼睛。蕭淩偎依過來，緊緊抓住我的胳膊。

拖拉機開過去了。

（蕭淩）

中秋夜。我們女生的那間低矮的小屋裡煙霧騰騰，大夥聚在土炕上喝酒、閒聊。有人用口琴吹著一曲曲憂傷的歌；有人站在窗前，怪聲怪氣地朗誦著高爾基的《海燕》；一個喝得醉醺醺的女生衝到院子裡，在月光下跳舞，招來一陣陣老鄉和孩子們的哄笑。我環視了周圍一眼，縮了縮肩膀，又湊在油燈下抱著書看下去。

忽然，有人碰了碰我，原來是謝黎明。“怎麼不跟大夥一塊樂樂？”他問。

“這叫樂嗎？我看比哭還難受。”

“應該理解別人的心情。”

“我學的是獸醫，對人不感興趣。”

“你幹嗎老嗆人？”

“對不起，你打擾我看書了。”

他悻悻地走開。

煤油燈爆出最後一朵燈花，晃了晃，終於熄滅了。屋裡一片死寂。忽然，剛才朗誦著《海燕》的男生嚎啕大哭起來。

　　我從昏迷中醒來。風還在呼號，雪粒打在窗戶紙上，沙沙作響。渴！肺裡彷彿塞滿了熾熱的木炭。我舔了舔乾裂的嘴唇，伸手去拿杯子。可一滴水也沒有，原來杯裡結上厚厚的冰塊。噹啷一聲，杯子掉在地上，我又昏了過去。

　　我再次睜開眼睛，一張臉在霧氣中浮動，漸漸清晰了：原來是謝黎明坐在我的床前。

　　“總算醒了，”他興奮地擦擦額頭，“大夫剛來過，說是急性肺炎，打了針……”

　　“大夫？”我疑惑地喃喃說。

　　“電話打不通，我到公社去了一趟。”

　　三十里山路，風和雪，我渾身一震。“謝謝……”

　　“哎，提這個幹什麼？”

　　“你怎麼也沒回家？”

　　他苦笑了一下，轉身端來一碗熱氣騰騰的麵片湯。“我媽早就整死了，老頭子還關在牢裡，北京的親戚們躲還躲不及呢……我想找你借本書，一看門倒插著，怎麼敲也沒動靜……喝吧，趁熱喝，多發發汗就好了……”

　　一陣輕輕的敲門聲。

　　“誰？”

　　“是我，我來借本書。”

　　遲疑了一下，把門拉開。謝黎明呆愣愣地站在門口。一陣風忽地把煤油燈吹滅了。

　　“蕭凌，太晚了吧？”

　　“進來吧。”

　　我關上門，劃亮一根火柴去點煤油燈。忽然，我的手被緊緊抓住，火柴掉在地上，熄滅了。

　　“蕭凌。”他的嗓音有點顫。

"放開！"

"蕭凌，你，你聽我說……" 他握住我的手，喃喃低語。 "我，我喜歡你……"

"也就是說，你需要我？" 我猛地抽回手，冷笑著說。

"難道人和人就沒有感情嗎？"

"言外之意，就是我應該報答你。"

"你太無情了。"

"我喜歡無情，我喜歡別人的冷眼，我喜歡死！爲什麼要救活我？"

"我們都沒有家。" 他咕嚕了一句，轉身跟蹌地朝門口走去。

"回來！" 我說。

他站住了。

"你剛才說什麼？"

"我們都沒有家。"

長途汽車站。

"……爸爸說，等我大學一畢業，就幫你也轉回去。到那時候，咱們就可以正式結婚了。" 謝黎明咽著唾沫，吃力地說。

"我希望聽你自己說。"

"我，當然，也是這個意思。" 他匆匆地看了看手錶。 "至於孩子，我看還是打掉吧，別太固執了。"

"你別管，這是我自己的事。"

他從口袋裡摸出一枚硬幣。 "算一卦吧，看看咱們將來的運氣。"

"你的運氣就值這麼點錢。" 我搶過硬幣，扔進路邊的水溝裡。他蹬上車門的踏板，徐徐地舒了口氣。我毫無表情地盯著他。

"等著我！" 他舉起一隻手，說。

我默不作聲。

汽車吼叫著，捲起一陣塵土，消失在土路的盡頭。

九

（林東平）

"孩子幾歲了？"我合上卷宗，用手指揉了揉太陽穴，問。

"兩歲。"小張的皮鞋在桌腳旁動了動。

"現在放在哪兒？"

"洪水峪村，她插隊的地方，寄養在一位老鄉家。"

"招工的時候怎麼沒發現？"

"生產隊長幫的忙。"

"這麼說，廠裡並不知道這件事？"

"我已經告訴他們了。"

不知爲什麼，這雙式樣美觀的皮鞋讓人並不舒服，大概是擦得太亮的緣故吧，光可鑒人。"廠裡打算怎麼處理？"我問。

"他們想聽聽您的意見。"

我用指關節在玻璃板上敲著。"小張，你有朋友了嗎？"

"看您問的……"

"這有什麼，女大當嫁嘛。"

"嗯——，就算有個吧。"

"在哪兒工作？"

"部隊上。"

"多大歲數？"

"四十出頭。"

我發現，在她左腳的襪子上有個小小的煙洞。"你們感情怎麼樣？"

"感情好也不頂飯吃呀。"

"好了，你去吧。"

"噢，差點忘了，這是調查小組的報告，有關單據和群眾來信的影印件也在裡面。"皮鞋咯咯地走出視野,門關上了。

我翻開調查報告,一頁一頁讀著。王德發瞇起眼冷冷地笑著;王德發伸出一隻手低聲恐嚇;王德發跪在地上苦苦哀求;王德發……我閉上眼睛。我在幹些什麼?證明我的無罪?證明黨性原則的感召力?證明世間懲惡報善的公理的存在?可是不晚了點嗎?這畢竟不是在十六歲的年紀上。再說,這些年普遍的腐敗現象,我一個人的力量能改變了嗎?

一股無名的煩躁襲上心頭。我推開報告,摘下花鏡,踱步到窗前。生活,已經不在這間屋子裡,不在我身邊;我變成了一個生活的旁觀者,沒有什麼激情能夠打動我。這太可怕了。也許生活的意義就在於使你不斷失去曾經有過的一切:幻想、愛情、自信、勇氣……最後是生命。門口的警衛戰士正轟開一個衣衫襤褸的老鄉,他牽著個赤腳的男孩哀求著什麼,甚至要趴在地上磕頭。高大的法國梧桐樹簌簌作響。我轉過身去。人總不能什麼都看,生活也正是教會人們去看什麼,不去看什麼。

我回到桌前,拉開抽屜,又關上了。我點了支菸,透過紛亂的煙縷,目光落在桌面的卷宗上:蕭淩,女,23歲,革調字0394號。終於我找到了這個煩躁的名字:蕭淩。哎,這個黃色的卷宗似乎把我僅有的一切都遮蓋起來。她是個什麼樣的姑娘?在這樣的年紀上怎麼會有這麼多秘密?可怕的是,這些秘密和小訊的命運都夾在這裡了。

小張出現在門口。"林主任,廠裡來電話,問怎麼處理。"

"按原則辦事,我不參與意見。"我急促地說,生怕被另一個念頭打斷。"另外給楊訊打個電話,約他下午在家裡等我。"

"好吧。"

"等一等,你見過蕭淩嗎?"

"見過一面。"

"印象如何?"

"怎麼說呢？"她矜持地一笑。"很漂亮。"

哼，這恐怕是姑娘之間最主要的評價了。

我重新翻開調查報告，剛要讀下去，門推開了，王德發站在哪裡。我合上報告，用張報紙匆匆蓋住。

"老林，這陣子你可瘦多了。"他不慌不忙地在桌對面坐下，拿起一塊玻璃鎮書石在手裡擺弄著。

我點上支菸，朝椅背上一靠。"王主任，有事嗎？"

"事嘛，倒是有一椿。"他歎了口氣，說。

"什麼事？"

"向您賠個禮，認個錯。"

"這話從哪兒說起？"

他伸出一根熏黃的指頭，在複著報紙的調查報告上點了點。"憑這玩意兒，我夠定個什麼罪名？"

我沒有回答。

"咱們關起門來說話，用不著繞圈子。這玩意兒我手上湊巧也有一份……"

"不可能。"

"我看了一遍，情況基本屬實，不過也有那麼一星半點的差錯，我想有個交代，免得讓您費心勞神。"

"有話直說吧。"

他從口袋裡掏出個小本子，用指頭蘸著唾沫刷刷地翻了幾頁。"關於我盜用國家文物二十七萬六千元，應由您分擔三萬五千元，因為那張由市政協保管的明代山水畫掛在您的客廳裡，可卻記在我的帳上……"

"唔，這個詞還文明點兒，比'盜用'順耳多了。"王德發清清嗓子，迅速地瞥了我一眼，又刷地翻過一頁。"至於我挪用二百五十萬救災款建化肥廠的事，也有點出入。其實最大的受益者是您，看看。由您介紹進廠的人共十三名，其中居然有一位住押犯人，他的刑期是十五年，可不到一年就放了……"

"胡說！"

"用不著動肝火嘛，這兒有縣公安局長的證明，簽字畫押的，沒個錯。"

"那是錯判。"話一出口，我才感到這種辯解是多麼無力。

"我看這事用不著你我操心，可以提交省裡去解決。"王德發又翻了一頁。"還有……"

"夠了！"

王德發合上小本，慢悠悠地從桌上的鐵盒裡拿了支菸，在手裡捏鬆。"事到如今，沒什麼說的。我嘛，撤職、檢查、開步走，還不是那套。您呢，倒也簡單，山水畫一退，再把放出籠的豹子關回去……"

"什麼意思？"

"犯人哪。小窩頭一啃，再呆上十四年，倒也圖個清閒。"

我的頭嗡嗡直響。

王德發吐了口濃煙，探過身子來。"咱們有話在先，這是關起門來說話，哪說哪了。

拿我這小民百姓的開刀，不是殺雞給猴看？抬眼往上瞧瞧吧，誰也不是乾淨人。林主任，你也替我想想，你我都掛個主任的頭銜，你每月拿二百多，我一百還朝裡拐，老婆孩子一大堆，家裡老人也眼巴巴地瞅著。人心都是肉長的。乍從部隊下來，我也轉不過這個彎兒……俗話說，只見魚喝水，不見鰓裡漏，按商業名詞叫做'正常損耗'，我有個戰友老愛用這詞兒。前不久，我把他介紹給你們那位小張了……"

（楊訊）

我踏上臺階，迎面碰上出來晾衣服的陳姨。"林伯伯在嗎？"

"快去吧，老頭子正在書房等你。"

“嬡嬡呢？”

“這陣子跟丟了魂似的，一天到晚不著家。”

我推開書房的門，林伯伯兩手交疊在胸前，靠在沙發上閉目養神。

“坐吧。”他說，依然保持原狀。

我在他對面的一張籐椅上坐下來。

“外面熱嗎？”

“有點悶。”

“把風扇打開。”

我打開牆角的落地式風扇，又回到原處坐下。寂靜。似乎由於風扇均勻的聲響，我們都找到了沉默的藉口。

“你喜歡客廳裡的那幅畫嗎？”他突然問。

“我不懂畫。”

“那是抗美援朝期間，一個本地資本家捐獻的，估價三萬五千元。”

“怎麼到您手裡的？”

“小訊，講講你的監獄生活吧。”

“沒什麼可講的，很單調。”

“像你這樣的很多嗎？”

“有一批從北京轉來的政治犯，大部分是幹部和知識份子，有些年輕人。”

“罪名？”

“五花八門，有的僅僅因爲一句話。”

“判幾年？”

“死刑。”

他沒有吭聲。

“監獄是社會的縮影。”

“別扯到一起，那是兩回事。好了，不談這些。”他坐了起來，目光轉向窗外。"小訊，你愛上了一位姑娘？"

"這您早知道了。"

"她叫什麼名字？"

"蕭淩。"

"人怎麼樣？"

"不錯。"

"這個不錯包括什麼？家庭、思想、表現……"

"您問的是人怎麼樣，並沒問是否符合黨員標準。"

"人的概念不是抽象的。"

"對，我同意，您找我來，就為這件事？"

"隨便聊聊嘛。"他站起來，走到書櫃之間的小桌前，握著玻璃瓶頸，倒了一杯涼水。"年輕人，容易一時衝動……"

"我們認識一年了。"

"可你們今後還要生活幾十年。"他放下杯子，背手踱了幾步。"小訊。你到底瞭解她嗎？"

"當然。"

"瞭解什麼？"

"內在價值。"

他作了個嘲弄的手勢。"我頭一回聽說。"

"是的，只有那些家庭條件之類的陳詞濫調才會被人們重複千百次。"

"我反對一定要門當戶對。"

"只是口頭上？"

"看來在今天這個世界上，一個人要想說服另一個人幾乎是不可能的。"

"也許。"

他站在窗前，伸出手指摸了摸窗臺上的塵土，歎了口氣。"那好吧，你去看看桌上的材料。"

　　我坐在寫字臺前，打開那份早已擺好的材料。風扇嗡嗡地響著。我感到渾身發冷，似乎屋裡的空氣正慢慢地凍結起來。

　　"就這些？"我合上材料，問。

　　"你還要什麼？"

　　我陡地站起來，轉身盯著他。"不是我要什麼，而是您！"

　　"冷靜點，小訊。"

　　"請問，您有什麼權利這樣做？"

　　他繼續踱著步子。

　　"您的好奇心實在令人可笑……"

　　他站住了。"這不是好奇心。"

　　"是什麼？"

　　"責任。"

　　"責任？"我冷笑了一聲。"是帝王對於百姓的責任呢，還是父親對於兒子的責任？"

　　他的右手神經質地朝後摸了一陣，終於抓住一把籐椅的扶手，坐了下來。他的目光呆滯，似乎一下子衰老了。"小訊。"他喚道，聲音微弱。

　　"您怎麼啦？"我倒了一杯水，遞給他。他一手握著杯子，一手緊緊地抓住我的袖口。

　　"我老了，也許不該帶著秘密進墳墓吧？"他彷彿在自言自語。

　　"什麼秘密？"

　　"她不會答應的，不會……"

　　"誰？"

　　他渾身抖得很厲害，以致杯裡的水都灑了出來，他放下杯子，輕輕地拍了拍我的手。"孩子……"

　　"嗯。"

　　"歲月不饒人，太晚了……"

“您是說……”

“沒什麼。”他掏出手絹，擦著手和額角，漸漸恢復了常態。“去吧，我有點累了。這件事你再想想。我已經給你訂好了明天下午的車票，走不走由你決定。”

（蕭淩）

楊訊站在門口，臉色陰沉，目光斜向一邊。我放下小毛衣走過去，想撣掉他肩上的灰塵，他觸電似的躲開，慢慢地走到桌前，拿起晶晶的照片，又放下。“我是來告辭的。”他說。

“去哪兒？”

“北京。”

“要去多久？”

“一輩子。”

一陣窒息。過了一會，我才徐徐地吐了口氣。“什麼時候的車？”

“明天下午。”

“好吧，我去送你。”

他走到床邊，拿起那件小毛衣看了看，扔到一邊，在床上頹然坐下來，雙手抱著頭。我走到他跟前，用手撫摸他的頭髮。這次他沒有拒絕，只是隨著每一下觸摸，都引起一陣輕微的顫慄。

“我要走了。”他說。

“你還會回來的。”

“不，男人是不走回頭路的。”

“地球是圓的，只要你堅定地走下去，還會從另一個方向回來。”

“我不是哥倫布。”

“對，現在不是哥倫布的時代。”

“別扯這些！”他粗暴地推開我的手，抓起床上的小毛衣。“這是給誰織的？”

“孩子。”

“我沒工夫開玩笑。”

“開始了。”

“什麼？”

“一場悲劇。”

“我問你，誰的孩子？”

“楊訊，我求你，別用這種口氣和我說話，我受不了。”

“你以爲我輕鬆？”

“活著都不會輕鬆。我希望等你平靜下來再談。”

“我沒時間了。”

“你曾有那麼多時間……”

“那是過去。”

“明天也會成爲過去。”

“可惜明天不存在了。”

我默默地拿起本書，坐到旁邊的凳子上。

“蕭凌，你爲什麼不早告訴我？”

我翻著書。

“我並沒有譴責你。”

我翻著書。

“你說話呀。”

“我沒什麼可說的了。”

“一切就這麼完了？”

我啪地合上書。“你想讓我懺悔，用淚水洗刷自己嗎？對不起，我的淚水早就乾了。”

“我只要求你誠實。”

“誠實？像我們學生時代所理解的誠實早就不存在了。你怎麼可能要求一個你愛的人去拆自己傷口上的繃帶呢？而另一種誠實需要的是沉默，默默地愛，默默地死！”

"我不習慣談論死。"

"那就隨便吧。人們以爲習慣就是一切,而不知道習慣是一種連續性的死亡。"

"你應該對我負責。"

"不,我只對自己負責。"

"蕭凌 ── " 他絕望地喊了一聲,雙手緊緊抱住頭。

我走過去,扳開他的手,把他的頭緊緊壓在我胸前。"訊,我理解你的痛苦……"

"原諒我。" 他抬起充滿淚水的眼睛,呆呆地望著我。

我們緊緊地擁抱著,吻著。我的嘴唇沾滿了他那鹹澀的淚水,一種母愛的感情油然而生。我應該幫助他,保護他。

"蕭凌,你在想什麼?"

"你還記得那次小廟裡的祝酒詞嗎?咱們恐怕永遠逃不脫槍口呢。"

"你指的是誰?"

"不是具體的某個人,這支槍是由許許多多的零件組成的。更可怕的是那準星後面獵人的心理,它是由許許多多的心理組成的……"

"你在指傳統觀念?"

"它不會放過咱們。"

"別這樣想了,蕭凌。"

"嗯。"

忽然,他的目光從我肩頭望過去,落在晶晶的照片上。"她幾歲了?"

"兩歲零三個月。"

"把她送人吧。"

我推開他,默默地盯著他。

"真的,把她送人吧,這樣會好一些。"

我走到門前，推開門。"你走吧。"

"蕭凌……"

"你走吧。"

"難道不愛我了？"

"你還居然談到愛。我看你只愛你自己，愛你的影子，愛你的歡樂與痛苦，還有你的未來！走吧。"

他遲疑地望著我，走到門口，停了一下，然後大步地走出去，連頭也沒回。

我撲在床上，失聲地哭了。

（林媛媛）

照片，右下角已發黃：媽媽摟著一個瘦瘦的小姑娘站在花叢裡。這就是我嗎？記事本："今天是媛媛五周歲生日。體重 21.5 公斤，身高 1.06 米。用儲蓄罐裡的零錢買了一盒巧克力，結果吃得滿臉都是。" "媛媛的算術不及格，真急人。從今天起，每天檢查她的作業。"髮卡、鋼筆、小手錶、皮夾、信件……我把媽媽的遺物一件件重新放好。

忽然，從一疊子信件中飄出張紙片，忽悠忽悠地落到桌上。

"東平：

一切不必隱瞞，你過去的事情我已知道。對你的過去，我沒什麼可責備的。但希望你今後不要再和她來往（你上月到北京開會，仍和她保持關係。這件事人人都在議論，唯獨我蒙在鼓裡），我知道，你對我沒有感情，但為媛媛想一想吧，這是我唯一的請求……"

血液呼地湧上太陽穴，砰砰直響。我又讀了一遍，記起來了，他們每回吵架都把門關死，可總像在為一件事。我走到五屜櫃前，盯著瑞士小鐘那跳動的金色秒針。媽媽，你真可憐，爲什麼不跟這個道貌岸然的僞君子離婚，僅僅爲了我？媽媽。

發發走進來，屋裡頓時飄著一股難聞的香水味。趁她沒注意，我匆匆擦掉眼角的淚花。

"嫒嫒，看我這條百褶裙怎麼樣？"發發走到穿衣鏡前，轉了個圈。

我瞟了一眼。哼，一條剛剛遮住屁股的小裙子。"漂亮。"我沒好氣地說。

"我自己做的。"

"能幹。"

"我幫你也做一條吧？"

"用不著。"

她一愣。"怎麼又吃槍藥啦？"

我沒吭聲。

"嫒嫒，"發發走過來，想把手搭在我肩上。"咱們幹嗎老擰著勁呢？"

我躲開她的手。"我又沒請你來。"

"下驅逐令了？"

我轉身走到桌前。

"呵，擺上譜了。別以爲你爹官大，你也沾光。誰還不知道你們家那點兒底……"

"滾！"

"姓楊的怎麼不來了？他爹官更大，你攀得上嗎？"

我隨手抄起硯臺。發發嚇得退了兩步，一閃身溜出門去。硯臺扔在地上，摔得粉碎。我伏在桌上哭了。

時間一點點地滑過去。我抬起頭，擦掉臉上的淚痕。哭有什麼用？哭死也沒人心疼你。媽媽。牆上的年曆是張登山隊員在冰山上考察的照片。多麼純潔的冰，哪裡的空氣一定新鮮極了，可摔下去準沒命了。咳，人生一死，哪有什麼可怕的。真的，一走了事，沒什麼留戀的。我從檯曆上扯下一頁，胡亂塗了幾個字，然後打開五屜櫃，拉出幾件衣服，塞進書包裡。

正午的太陽火辣辣的。行人都縮在路兩邊窄溜溜的陰影裡，只有我在太陽底下漫無目的地躕蹀著。去哪兒呢？離開家足足兩個小時了，主意還沒拿定。總的感覺還算良好，只是肚子咕咕地叫個沒完，嗓子也有點冒煙。

我走進一家鋪子裡，櫃檯前面擺著三四張桌子，幾個三輪車夫模樣的傢伙紛紛扭過頭來，色迷迷地盯著我。討厭！我站在櫃檯前，手伸進口袋。糟糕，錢包沒帶，只有幾個硬幣叮噹響。我咽了口唾沫，把硬幣放在汙跡斑斑的櫃檯上，數了數。

"來兩塊蛋糕。"我說。

"不，來一斤。"背後有人搭腔，同時一張五塊錢的鈔票蓋在我的硬幣上。

（白華）

嬡嬡扭過頭。"嘿，白華。"

"咋這副窮相？"

她笑了。"真奇怪，我一到緊要關頭就碰上你。"

"啥關頭？是房著火還是娘嫁人？"

"咱們邊上說。"她擠擠眼，拿起那張票子。"再買點酒，行嗎？"

"這錢是你的。"

我倆在一張桌旁坐下。嬡嬡呷了口白酒，嗆得滿臉通紅，咳個不停。

"悠著點兒勁。"我說。

"真辣……我以前只喝葡萄酒。"

"那是糖水。"

"沒錯，這才帶勁呢。"她又呷了一口。

"我說，你慢著點兒。"

"白華，我從小窩裡逃出來了。"

我瞟了她一眼。

"你不信？"她問。

"不信。"

"騙人是小狗！告你說，我再也不想回去了。"

"爲啥？"

"我煩，我討厭那個死氣沉沉的窩，我喜歡像你這樣的生活，又輕鬆又自由……"

"你倒會添彩。我勸你一句，回去吧。"

"爲什麼？"

"像你這樣描金畫鳳的日子連影兒也沒有，趁沒喝上西北風，趕緊回去吧。"

"不，就不！你別小瞧人。"

"這麼說，主意打定了？"

"那還用說。"

我用指頭彈著杯子。"你打算去哪兒？"

"哪兒都行。"

"咋個走法兒？"

她用食指蘸著酒在桌上畫著道道兒。"真的，我也沒想好。"

撒尿揀小錢，算我走運。三天前，我連想也沒想過離開這兒呢。準是那輛往南開的火車動了哪根弦，害得我在大野地裡躺了半宿……樹挪死，人挪活。再說，老天爺又給捎上這麼個寶貝疙瘩，夠樂一陣子的。我白華離開這兒也沒你們的安生日子過，堂堂主任的千金被拐跑了，哈哈，又是一台戲。

"這事嘛，我可以幫點小忙。"我說。

"白華，你太好了，我早知道你會幫忙的……"

"聽著，今晚十一點在東站門口等我。我先去辦點事，晚上見。"

西站候車室門口，三五個小販蹲在牆根，沒精打采地吆喝著。一個老瞎子用棍子噠噠地敲著水泥地面，慢慢地從我跟前蹭過去。蠻子用破草帽遮住臉，正縮在牆角打呼嚕。

我打掉他的草帽。"醒醒。"

"媽的，誰呀？噢，老爹。"他打了個哈欠，直直腰，揀起草帽扇著風。"這鬼天氣悶死人。"

"今晚十點，在小鋪門口等我。"我壓低聲音說。

"日子咋提前了？"

"今晚上看樣子有雨，再說，我打算夜裡離開這兒……"

"走多長日子？"

"也許三五年，也許一輩子。"

"老爹，我跟你走。"

"不行，"我停頓了一下，然後慢悠悠地說。"我走後，這裡的家當都歸你。"

"連小四？"

"對。"

蠻子的小眼珠都亮了。"多謝老爹！"

吱地一聲，一輛綠色小轎車剎住，鐵門拉開了，車子開了進去。

"誰的車？"我問。

"林東平林主任，呸！"蠻了朝車的方向啐了口唾沫，做了個玩弄的手勢。"上回幣捅了他的馬蜂窩，這賬他還沒跟你算呢。"

"我得先跟他算。"

（楊訊）

月臺上，我和林伯伯默默地吸著菸。

風拖著烏雲緩緩地移動。紙屑飛舞，和塵埃一起打著旋，沿著長長的月臺飄去。這個城市突然變得十分陌生。往事似乎被這堵高牆隔開。我就像一個途經這裡的旅客,走到月臺上,抽一支菸,吸一口新鮮空氣,然後在汽笛和鈴聲的催促下,重新爬上車廂。

廣播器吱地叫了一聲,響起女播音員特有的那種催人入睡的聲音。列車進站了。隨著車頭的噴氣聲,一個個車門的扶梯砰砰地放下來,上下車的旅客叫嚷著。擠成一團。

"這兒太吵,咱們到車裡坐一會兒。"林伯伯說。

我前後張望著,心不在焉地點點頭。

"你還在等誰?"

"沒有。"我不知在回答他,還是自己。

我們坐在汽車的後排座上。

"老吳,"林伯伯說,"你先走吧,我自己開回去。"

吳胖子應了一聲,摘掉手套,拎起小包,端著茶缸子,一搖一晃地哼著小曲走開。

"小訊,我理解你的心情。"林伯伯打破了沉默。

"理解是沒有義務的,用不著付出任何代價。"

"代價。"

我把目光轉向窗外。

"你給家裡拍電報了嗎?"

"沒有。"

"該讓媽媽早點知道。"

"沒必要。"

"你太不通人情了。"

我扭過頭。"對,這是從你們身上繼承來的。"

"我們並不是這樣的人。"

"那就更可悲。"

"為什麼?"

“你們不配做一個模範官僚。”

“小訊，太放肆了！”

“對不起，我並不想和您吵架……”

忽然，一個熟悉的身影沿著月臺奔跑，朝每個視窗張望。我砰地推開車門。“肖淩——”

她停住了，慢慢地轉過身來，站在哪裡。我遲疑了一下，衝了過去，“我來晚了。”她說。

“不，蕭淩……”

她從書包裡掏出藍皮筆記本。“帶上吧，我答應過，等車開了再看。”

我默默地接過本子，緊緊抓住，好像怕被風吹走似的。

廣播器響了：“……馬上就要開車了，請旅客們上車……”

“蕭淩，我……”

她搖搖頭。“別說話了，好嗎？”

我們默默地注視著。她皺著眉，鼻樑上出現了幾條淺淺的皺紋。有什麼東西在我心裡溶化了，這個過程如此突然，遠遠超過了我的適應能力。

“上車吧。”林伯伯在我背後說。

我閃開身。“介紹一下，林伯伯，蕭淩。”

蕭淩大方地伸出手去。“您好！”

林伯伯尷尬地把手在褲子上擦了擦，把住她的手。“唔，我們本來早該認識了。”

“現在也不晚吧？”

“不晚，不晚。”

鈴聲響了。

我踏上扶梯，把手伸給她。“再見！”

“你說什麼？”

“再見，蕭淩。”

"再說一遍吧，我求你。"

"再見，我會回來的。"

她悲哀地閉上眼睛。"再見。"

突然，喔的一聲，列車緩緩移動了。她的下巴頦哆嗦了一下，猛地背過身去。

"蕭淩 ——"

她轉回身，臉色蒼白，神情呆滯。她舉起手臂，袖子滑落了。這纖細的手臂，浮在人群的上面，浮在遠去的城市上面。

（林東平）

我的眼前模糊了：綠色的信號燈，晚霞染紅的烏雲，建築物黝暗的輪廓和那股久久不散的濃煙揉在一起。

姑娘垂下手，失神地站在哪裡。

"小蕭，坐我的車走吧。"

"不用了。"

"沒關係，我送你回廠。"

"我已經被廠裡解除合同了。"

"什麼？這不可能。"我吶吶地說，"我馬上給他們打電話……"

"來糾正您自己的決定？"她搖搖頭。"我都知道了。可您為什麼在這種時候還要迴避現實呢？其實從您的角度上來說，您做得很對。"

"年輕人在感情上的波動是一時的。"

"林伯伯，您體驗過這種一時嗎？"

"我們有過許多慘痛的經驗。"

"所以您拿這些經驗來教訓年輕人，告訴他們也註定失敗，對嗎？"

"我不希望悲劇重演。"

"悲劇永遠不可能重演，而重演的只是某些悲劇的角色，他們相信自己在悲劇中的合法性。"

"你指的是我？"

"也就是說，您相信這種合法性嘍？"

"蕭凌，我是為你們好。"

"我們小時候去看電影，總有大人告訴我們好壞之分。可在今天，我不知道這種詞還有什麼意義？"

我看了看手錶。

"對不起，耽誤您的時間了。"她說。

"沒什麼，我很喜歡這樣的談話。下一步，你打算怎麼辦？"

"回村去。"

"我可以給你重新安排工作。"

"謝謝，我恰恰不想得到這種恩賜。"

"你太固執了。"

"我們得把各自的角色演完。"

"你也相信自己的合法性？"

"對，我相信這個世界不會總這樣下去，這也許就是我們不同的地方。"

"你還年輕。"

她微微一笑。"所以這個世界顯得太老了。再見，林伯伯。"

"再見。"

她朝出口處走去，風緊緊地裹著她的衣服，吹拂著她的頭髮。她消失在迷茫的暮色中。

我幹了件什麼蠢事啊，這個女孩被廠裡開除了，今後的生活該怎麼辦？可我有什麼責任呢？我只對我的兒子負責，這又有什麼不對？再說，即使負責，也是廠方、小張、習慣勢力的事情，我什麼也沒說，甚至連個眼色也沒使。不，責任不在我。她往哪兒走，不會是尋死吧？也許應該追上她，安慰她。不，責任不在我。他們的心思真難以捉摸，這代人哪，他們在想些什麼，他們要往哪兒走呢？

我打著火，把頭俯在方向盤上，聽著馬達均勻的聲響。隔了好久，我才踩動油門，汽車拐到大街上，人和樹木的暗影一閃而過。綠燈……有人伸手攔車，我踩住閘，原來是蘇玉梅。

"呸，這風真討厭。"她用手壓住粉紅色襯衣的一角。"把我捎上吧。"

我推開前門。"去哪兒？"

"哪兒都行。"她坐進來，撣撣身上的土。然後瞅了我一眼，用手指擦著車上的錶盤。"您有什麼不順心的事呀？"

我猛地扳動離合器，車子向前衝去。她摔在靠背上，愣了一下，咯咯大笑起來。"我喜歡您現在這副模樣，像個……"

方向盤大幅度地轉動著。車子在廣場上拐了個彎，朝城門的方向駛去。閃電在車身上劃過，雨點斜刺過來，眼前灰濛濛的一片，我打開雨刷。

在那個瘦弱的女孩子面前，我顯得多麼虛偽和不義啊，這一切是怎麼開始的？然而就在她即將消失的一瞬間，我怎麼覺得她很像若虹，年輕時的若虹，尤其是那道責備的目光。感情的波動只是一時的，而後果不堪設想。陳子健鐵青的腮幫子上有一道刮破的小口。怎麼我一想起這位當時的地下黨區委書記就是這副模樣？他當時的模樣確實讓人終生難忘，恐怕還不是模樣，而是那些彷彿釘進心裡的話："……你怎麼敢和若虹同志有這樣不正當的關係，她的愛人是解放區的領導同志……組織上決定：給予你留黨察看處分，立即離開這裡……"人的記憶有時清晰得可怕。在那條小河旁的樹叢裡突然出現的男孩子，拎著破口袋，手裡拿著樹枝，在他驚訝的臉上露出一絲狡點的笑。月光從背後照亮了他的肩頭上的一塊補釘，上面滿是密密麻麻的針腳。其實，我並沒有看清他的樣子，只是從他露出的白花花的牙齒上感到了他在笑，一種初窺秘密的孩子式的笑。他猜到了我們在這幽靜的地方幹些什麼。當時，若虹已經穿好衣服，緊緊地偎依在我身上，無聲地抽泣。是的，這是我們最後的分別。七年之後儘管我們又在北京重逢，但畢竟已不是原來的若虹了，小訊也長得好高……

「停住！停住！」有人喊道。

呼地一聲，一棵小樹擦著車身飛過。我這才發現，車子正離開公路，沿著田野上的坑窪劇烈地顛簸著。計速器的指針搖來搖去。我踩住閘，車身晃了晃，停下來。好險，前邊是一道深渠。

「你抽什麼瘋！」蘇玉梅瞪著眼，握著雙拳，好像準備隨時撲過來。「快回去！」

輪子空轉著。終於向後退去，泥塊向前甩著，落進看不見的渠水中。車子兜了個圈，拐上公路。

雨停了，大街上空蕩蕩的。昏暗的路燈下，幾個男孩子光著腳蹚水玩。他們追著車子跑了一陣，怪聲怪氣地喊著什麼。

「送我回家。」小蘇餘怒未消地說。

「住什麼地方？」

「人民東路75號。」

這個位址似乎在哪兒見過？職工登記表，工會會員表……記不起來了。

她用胳膊肘碰碰我。「到了，前邊的小門就是。」車子停下來。她舒了口氣，用手理理頭髮。「進去坐會兒吧。」

「不晚嗎？」

她沒吭聲，推門跳下車。我愣了一下，把車鎖上。　跨出車門，腳就踩進水坑，灌了一鞋水。院裡黑著燈。她從手提包裡掏出串鑰匙，走在前面。

「到哪兒去了？」忽然從房檐下走出個人影，說。

「喲？嚇我一跳。」小蘇退了一步，「我以為你下雨不來了呢。」

「後面是誰？」

"哦，我忘記介紹了，認識認識吧。"小蘇閃到一邊，咯咯地笑了。

王德發湊到我面前，他的前額上貼著一綹濕漉漉的頭髮。

我打了一個寒顫，掉轉了頭。

（蕭凌）

售票處的小窗關著。一個盤辮子的姑娘背對視窗，一邊嗑瓜子，一邊和穿紅背心的小夥子聊天。她的肩頭顫動著，顯然在笑。

我在小窗的玻璃上敲了敲。

小夥子朝視窗指了指，姑娘轉過身，拉開小窗，把臉一沉。"啥事？"

"買一張到洪水峪村的車票。"

"你沒看見外面的牌子？！"她氣呼呼地哼了一聲，砰地把小窗關上。

我抬起頭，牌子上寫著："因有大雨，明後天不通車。"結尾畫了個扁扁的句號，在句號附近粘著個濕瓜子皮。

候車室裡，幾位老鄉正聚在一堆，吧噠吧噠地抽著旱菸，你一言我一語地扯著什麼事。門外，雨淅淅瀝瀝地下著，像塊飄動的灰色門簾。我走下臺階，倚在房檐下，望著停車場上一排排長途汽車的輪廓。一束耀眼的光在車後閃了閃，照亮一格格窗子，像是淘氣的孩子在玩手電筒。

我從書包裡摸出玻璃夾，晶晶甜甜地笑著。忽然一大滴淚水順著她的面頰滾下來，原來是飛濺的雨水。我用拇指抹掉。不，我得回去，馬上回去，哪怕徒步。哦，我可憐的孩子。

忽然有人閃進屋簷下，把一個書包放在地上，傳來硬幣的叮噹聲。他脫掉上衣，用手擰著，朝我瞥了一眼。"嘿，你窮瞅個啥，當這兒要猴呢？"

我沒有吭聲。

"姐們，昨啦？"

“白華。”

他驚愕地張大嘴，湊了過來，擰緊的衣服像根濕棍子垂在地上。

“怎麼，不認識了？”我問。

“蕭淩，你可真會逗悶子。咋就你一個人？”

“一個人。”

“避雨？”

“還避風，避雷。”

“哎，這發了黴的鬼天氣！”

“你不喜歡？”

“幹這行圖個黑燈瞎火，風吹雨淋，扯不上喜歡不喜歡。”

“你喜歡陽光嗎？”

“不，我看沒有也行，曬得人腦門子疼。”

“喜歡風嗎？”

“還行，別趕上寒冬臘月倒是不賴，溜溜地吹著，挺自在。”

“喜歡這個城市嗎？”

“算你說著了，我一會就離開這塊豬不吃狗不啃的鬼地方。”

“去哪兒？”

“沒個準地方，世界大著哩。”

真的，很大很大，一個人的悲哀和不幸算不了什麼。

他掏出懷錶，敲了敲錶蒙子。“到點了。”

“好，再見。”

白華默默盯著我。突然，他緊緊抓住我的雙手。

“輕點兒，白華，你瘋了？”

“聽我說句話吧。”

“說吧。”

“蕭淩，我這輩子女人見多了，可沒見過你這樣的人……吭一聲，喜歡我嗎？"

我想了想。"就像你所說的喜歡風那樣，只要別趕上寒冬臘月……"

"可眼下是夏天。"

"你心裡不覺得冷嗎？"

他咽了口唾沫，似乎還想說什麼。然而他卻鬆開手，拾起書包和上衣，轉身搖搖晃晃地走去，影子被燈光拉得長長的。

一隻蝙蝠尖叫著，在空中兜著圈。雨停了，我也該起程了。

十一

（楊訊）

我合上藍皮本，點上一支菸。雨絲在玻璃窗上劃出一條條不規則的細線。點點燈火在遠處浮動。路基旁的灌木叢被散射到窗外的燈光照亮，一閃而過。

我朝玻璃窗上吐了口濃煙，又打開本子，繼續看下去。

（蕭淩）

左側是深不可測的懸崖。崖邊的樹木在雨中沙沙作響，枝椏微微擺動。遠處城市的燈火，已被山巒遮去。

道路，道路。

（林東平）

我從車庫走出來，沿著花磚小路，踏上臺階，走廊裡靜悄悄的，壁燈射出柔和的光芒。

在嫒嫒臥室門前，我停下來，諦聽著，然後敲了敲門。"睡了，嫒嫒？"

沒有動靜。我擰動門柄，拉開燈，床上空空的。屋裡一片雜亂。五屜櫃的抽屜半開著，一條長褲拖在外面。桌上的茶杯下壓了一張紙條："爸爸，我走了，也許永遠不回來了！"

（林媛媛）

腳下的碎石嘩啦嘩啦響著，旁邊停著輛長得沒頭沒尾的悶罐貨車。

"你什麼時候離開家的。"我問。

"我沒有過家，"白華說。

"那你是怎麼生下來的？"

"少囉嗦！"

"幹嗎這麼厲害，哼，人家隨便問問。"

他在一個敞開門的悶罐車前停住。"上去。"

我費了好大勁兒才爬上去。嘿，挺暖和，角落裡還有堆乾草。我脫掉塑膠雨衣。"就在這兒睡？"

"再吭聲，我掐死你！"

（楊訊）

我合上本，拎起提包，朝車門走去。緩衝器嘎嘎地響著，列車在一個小站上停下來。我走下扶梯，迎著略帶涼意的微風，朝亮燈的車站調度室走去，門口站著個精瘦的中年人。

"往南開的車什麼時候經過這裡？"我問。

"四十分鐘以後。"

（蕭凌）

傳來一陣陣奇怪的轟鳴聲。我還沒明白怎麼回事，咆哮的山洪蓋過來。我隨手抓住路邊的一棵小樹，滾動的石塊嘩嘩作響，撞在腳踝和腿上，陣陣劇痛。

忽然，腳下的泥土鬆動了。我身子一歪，倒了下去……

（白華）

哐當一聲，車身晃了晃。不大工夫，一聲長長的汽笛。

"下去！"我說。

"我？"

"回家去，回到你爹那兒去。"

“你、你幹嗎騙人？！”她咬著嘴唇說。

“下去！”我一步一步地把她逼到門口。

“壞蛋！”她說完，轉身跳下去。

列車慢慢地移動了。

（楊訊）

我走下車廂。檢車工的小錘叮叮噹當的敲擊聲，在這雨夜裡顯得格外響。水銀燈被雨絲網住，變成朦朧的光暈。

柵欄門旁，檢票的老頭打著哈欠，他的膠布雨衣閃閃發亮。

（蕭凌）

我醒過來，一棵小草輕拂著我的臉頰。在頭頂的峭崖之間，迷霧浮動著。不久，天放晴了，月亮升起來。

忽然，一位和我酷似的姑娘，飄飄地向前走去，消失在金黃色的光流中⋯⋯

一九七四年十一月初稿

一九七六年六月修改

一九七九年四月再次修改

（選自《長江》1981 年第 1 期）

附　　錄

長篇小說（存目）

1966 年

彝族之鷹　楊大群　人民文學出版社上海分社 1966 年 1 月

鋼鐵巨人　程樹榛　人民文學出版社上海分社 1966 年 2 月

清江壯歌　馬識途　人民文學出版社 1966 年 3 月

大甸風雲　鐘　濤　北方文藝出版社 1966 年 3 月

豔陽天（二）　浩　然　人民文學出版社 1966 年 3 月

豔陽天（三）　浩　然　人民文學出版社）966 年 5 月

海島女民兵　黎汝清　人民文學出版社 1966 年 4 月

1972 年

牛田洋　南　哨　上海人民出版社 1972 年 2 月

激戰無名川　鄭　直　人民文學出版社 1972 年 5 月

金光大道（一）　浩　然　人民文學出版社 1972 年 5 月

金光大道（二）　浩　然　人民文學出版社 1974 年 5 月

江畔朝陽　鄭加直　上海人民出版社 1972 年 5 月

礦山風雲　李學詩　上海人民出版社 1972 年 5 月

春風楊柳　沙　群　上海人民出版社 1972 年 6 月

飛雪迎春　周良思　上海人民出版社 1972 年 8 月

虹南作戰史　寫作組　上海人民出版社 1972 年 9 月

桐柏英雄　前　涉　天津人民出版社 1972 年 11 月

1973 年

新橋　叢　敏　上海人民出版社 1973 年 3 月

紅雨　楊　嘯　人民文學出版社 1973 年 5 月

戰地紅纓　石文駒　人民文學出版社 1973 年 5 月

沸騰的群山（一）　李雲德　人民文學出版社 1965 年 12 月

沸騰的群山（二）　李雲德　人民文學出版社 1973 年 5 月

沸騰的群山（三）　李雲德　人民文學出版社 1976 年 9 月

征途　郭先紅　上海人民出版社 1973 年 6 月

草原輕騎　張長弓天津人民出版社 1973 年 6 月

東風浩蕩　劉彥林　人民文學出版社 1973 年 10 月

劍　楊佩瑾　江西人民出版社 1973 年 10 月

龍灘春色（上）　馬　春　天津人民出版社 1973 年 10 月

龍灘春色（下）　馬　春　天津人民出版社 1975 年 9 月

草原新牧民　邢鳳藻　天津人民出版社 1973 年 11 月

鹽民遊擊隊　集體創作（崔椿蕃執筆）天津人民出版社 1973 年
　11 月

青春　張長弓　內蒙古人民出版社 1973 年 11 月

黃海紅哨　集體創作（李伯屏執筆）　人民文學出版社 1973 年
　12 月

春潮　海　笑　江蘇人民出版社 1973 年 12 月

雁鳴湖畔　紀延華　吉林人民出版社 1973 年 12 月

壁壘森嚴　陳定興　廣東人民出版社 1973 年 12 月

1974 年

碧空雄鷹　齊　勉　山東人民出版社 1974 年 1 月

膠林兒女　張　楓　廣東人民出版社 1974 年 1 月

風雨杏花村　牧　夫　廣東人民出版社 1974 年 1 月

建設者　冉淮舟　天津人民出版社 1974 年 2 月

地下長龍　李德複　衛士洪　湖北人民出版社 1974 年 2 月

春潮急（上）　克　非　上海人民出版社 1974 年 4 月

春潮急（下）　克　非　上海人民出版社 1974 年 7 月

較量　李良傑　俞雲泉　上海人民出版社 1974 年 5 月

霞島　周　蕭　解放軍文藝出版社 1974 年 5 月

中流砥柱　長　正　河北人民出版社 1974 年 7 月

鐵騎　照日格巴圖　內蒙古人民出版社 1974 年 7 月

戈壁花　張長弓　上海人民出版社 1974 年 9 月

江水滔滔　杭　濤　上海人民出版社 1974 年 9 月

望雲峰　張恩儒　黑龍江人民出版社 1974 年 9 月

保衛馬良山　李豐祝　遼寧人民出版社 1974 年 9 月

千重浪　畢方　鐘濤　人民文學出版社 1974 年 9 月

劍河浪　汪　雷　上海人民出版社 1974 年 9 月

水下尖兵　沈順根　北京人民出版社 1974 年 12 月

擒龍圖　張　峻　河北人民出版社 1974 年 12 月

　　1975 年

驚雷（上）　集體創作（王忠瑜執筆）　百花文藝出版社 1975 年
　1 月

驚雷（下）　集體創作（王忠瑜等執筆）　百花文藝出版社 1975
　年 3 月

激流　劉懷章　河北人民出版社 1975 年 4 月

煤城怒火　向　春　山東人民出版社 1975 年 4 月

大海鋪路　上海造船公司文藝創作組　上海人民出版社1975年5月

三探紅魚洞（上、下）　程　建　上海人民出版社 1975 年 5 月

山風　周嘉俊　上海人民出版社 1975 年 5 月

渤海漁歌　單學鵬　人民文學出版社 1975 年 5 月

鐵旋風（第一部）　王士美　人民文學出版社 1975 年 5 月

奔騰的東流河　陳大斌　天津人民出版社 1975 年 5 月

烽火　牟崇光　山東人民出版社 1975 年 5 月

鑽天峰　集體創作（奚植執筆）　人民文學出版社 1975 年 6 月

邊城風雪　張長弓　鄭士謙　人民文學出版社 1975 年 6 月

大刀記（一、二、三）　郭澄清　人民文學出版社 1975 年 7 月

奴隸的女兒　王致鈞　內蒙古人民出版社 1975 年 8 月

路　魯之洛　湖南人民出版社 1975 年 8 月

萬年青　諶　容　人民文學出版社 1975 年 9 月

分界線　張抗抗　上海人民出版社 1975 年 9 月

克孜勒山下　柯尤慕·圖爾迪　人民文學出版社 1975 年 9 月

疾風　蔡維才　湖北人民出版社 1975 年 9 月

大雁山　李榮德　王　穎　北京人民出版社 1975 年 9 月

草原明珠　王　棟　遼寧人民出版社 1975 年 9 月

風雲島　閔國庫　遼寧人民出版社 1975 年 9 月

拂曉的號角　集體創作　江蘇人民出版社 1975 年 10 月

紅石口　龔　成　人民文學出版社 1975 年 10 月

志氣歌　杜　峻　廣東人民出版社 1975 年 10 月

洪流滾滾　李明性　河南人民出版社 1975 年 11 月

"04"號產品　丁盈川　陝西人民出版社 1975 年 11 月

睜大你的眼睛　劉心武　北京人民出版社 1975 年

1976 年

萬山紅遍（上）　黎汝清　人民文學出版社 1976 年 1 月

雨後青山　集體創作　人民文學出版社 1976 年 1 月

戰火催春　孫家玉　江蘇人民出版社 1976 年 1 月

前夕　胡尹強　人民文學出版社 1976 年 1 月

伐木人傳（上、下）　屈興岐　人民文學出版社 1976 年 1 月

漳河春　王東滿　山西人民出版社 1976 年 2 月

咆哮的松花江（上）林予　謝樹　黑龍江人民出版社 1976 年 2 月

咆哮的松花江（下）林予　謝樹　黑龍江人民出版社 1976 年 3 月

火網　王世閣　解放軍文藝出版社 1976 年 3 月

使命　王潤滋　山東人民出版社 1976 年 4 月

銀沙灘　馮育楠天津人民出版社 1976 年 4 月

不息的浪潮孫景瑞　上海人民出版社 1976 年 4 月

百丈嶺　紹　闖　浙江人民出版社 1976 年 4 月

長虹（上、下）　田東照　山西人民出版社 1976 年 5 月

青石堡　朱　劍　江蘇人民出版社 1976 年 5 月

瀾滄江畔　李惠新　人民文學出版社 1976 年 5 月

延河在召喚　寫作組　人民文學出版社 1976 年 5 月

我們這一代盧　群　江蘇人民出版社 1976 年 5 月

晨光曲　集體創作　人民文學出版社 1976 年 5 月

鐘聲　集體創作（俞天白、王錦園執筆）　上海人民出版社 1976
　年 5 月

鬥熊　尙　弓　上海人民出版社 1976 年 5 月

鼓角相聞　鐘虎　石冰　上海人民出版社 1976 年 5 月

萬里戰旗　王精忠　湖北人民出版社 1976 年 6 月

甘泉　戴　帆　廣東人民出版社 1976 年 6 月

響水灣　鄭萬隆　北京人民出版社 1976 年 6 月

縣委書記（第一部）　閻豐樂　北京人民出版社 1976 年 6 月

孔雀高飛　高中午　人民文學出版社 1976 年 9 月

山川呼嘯　古　華　湖南人民出版社 1976 年 9 月

雲燕　管建勳　人民文學出版社 1976 年 10 月

邊塞風嘯　許特生　解放軍文藝出版社 1976 年 10 月

李自成（二）　姚雪垠　中國青年出版社 1976 年 12 月

昨天的戰爭（一）　孟偉哉　人民文學出版社 1976 年 12 月

創作於"文革"期間，出版於"文革"之後

東方（一、二、三）　魏　巍　人民文學出版社 1978 年 9 月

第二次握手　張　揚　中國青年出版社 1979 年 7 月